马 勇◎著

完美的劳动合同

设计好核心条款，让你的用工零风险

示范条款·使用指南·以案说法

条款设计·风险提示·法律依据
★
理论+案例

海天出版社
HAITIAN PUBLISHING HOUSE
·深 圳·

图书在版编目（CIP）数据

完美的劳动合同：设计好核心条款，让你的用工零
风险 / 马勇著. — 深圳：海天出版社，2020.7（2022.9重印）
（HR精通劳动法律系列）
ISBN 978-7-5507-2897-4

Ⅰ. ①完… Ⅱ. ①马… Ⅲ. ①劳动合同－合同法－研
究－中国 Ⅳ. ①D922.524

中国版本图书馆CIP数据核字(2020)第067836号

完美的劳动合同：设计好核心条款，让你的用工零风险
WANMEI DE LAODONG HETONG：SHEJI HAO HEXIN TIAOKUAN，RANG NI DE YONGGONG LINGFENGXIAN

出 品 人　聂雄前
责任编辑　南　芳　朱丽伟
责任校对　万妮霞
责任技编　郑　欢
装帧设计　知行格致

出版发行　海天出版社
地　　址　深圳市彩田南路海天综合大厦　（518033）
网　　址　www.htph.com.cn
订购电话　0755-83460239（邮购、团购）
设计制作　深圳市知行格致文化传播有限公司　Tel：0755-83464427
印　　刷　深圳市华信图文印务有限公司
开　　本　787mm×1092mm　1/16
印　　张　24.75
字　　数　340千
版　　次　2020年7月第1版
印　　次　2022年9月第2次
印　　数　5001—12000册
定　　价　68.00元

谨将此书献给

我的父亲、母亲、

太太以及女儿、儿子！

你们的爱与理解让本书成为现实！

序言一

让企业用工管理不再"一抹黑"

拿到本书的书稿，我快速通读了一遍，从这本书中，我看到了马勇的成长，这让我深感欣慰。

马勇本科毕业于中国人民大学劳动人事学院，在校读书期间就给我留下深刻的印象，聪明好学，善于思考，长得还帅。离开校园步入职场后，马勇一直保持着高效的自律自觉，经过多家企业人力资源职场的历练和磨砺，身经百战，对人力资源乃至企业各种疑难问题的解决可以说是举重若轻，二十年如一日，始终坚守在人力资源领域，初心不改，颇有成就。这本书就是他理论与实践结合所取得的成果之一。

现代人力资源管理理论告诉我们，人力资源管理决策与行动必须在国家法律边界内行事，因此，熟悉与掌握劳动用工领域的合规能力就成为现代 HR 基础技能之一，纵览全书，我认为本书有以下三个方面的突破：

第一，从知道走向做到。

众所周知，人力资源从业者是一个非常热爱学习的群体，劳动法律领域便是其中一个非常热门的学习话题。但就我的观察来看，不少 HR 懂得劳动法规也知道风险点，但真正面对实务的操作和屡见不鲜的用工风险时却仍然一筹莫展，每次遇到问题，都是上网百度，在良莠不齐的众多答案中搜寻临时的解决方案。

劳动合同是维系企业与劳动者之间的法律纽带，也是 HR 最快速、最直接了解企业现存风险的最好方式，制定一份完善的劳动合同对用人单位来说意义重大。那么，如何通过拟定劳动合同的关键条款，帮助用人单位规避不必要的风险，本书便为 HR 提供了一套可以随时组合使用的解决工具。

第二，从单点走向全面。

人力资源管理不是一个点的管理，而是一套组合拳，从招聘配置到绩效薪酬、培训发展、员工关系等，无一不是劳动争议的重点，稍有不慎，企业用工风险便会不断攀升，将会给用人单位带来巨大的经济损失与负面影响，甚至一系列的恶性连锁反应。

在本书中，作者凭借开阔而敏锐的管理视角，基于人力资源管理体系的逻辑来设计劳动合同的核心条款，从整体上把握人力资源法律的规则，帮助 HR 在烦琐庞杂的人力资源工作中抓到风险点和解决点，更好地理解劳动合同核心条款设计的内在逻辑。

第三，从观点走向实证。

对于劳动合同条款的设计，作者不仅仅给出示范条款，并在使用指南中指出了各地司法实践的差异，在每个条款后加上裁判案例，通过实操＋指引＋案例的方式，从理论到实践，环环相扣，相信可以更加有效地帮助 HR 将书本知识转化为实际的解决方案，将法律变成人力资源管理的工具，预防他人钻法律空子、钻管理漏洞。

一册在手，管理不愁。对人力资源从业者而言，此书提供了实实在在的工作指南，可以帮助 HR 轻松掌握劳动合同设计及用工管理实操技巧，快速完成从职场小白到 HR 达人的跨越；对企业家来说，本书不仅对企业经营具有参考和借鉴意义，更是能帮助自己成长为劳动用工管理资深专家的绝佳辅导工具书。

这是一本难得的读完就能懂、拿来就能用、可操作性强的工具书，势必将成为人力资源从业者的杀手锏，这样的精品，值得一读。

周文霞

中国人民大学劳动人事学院副院长

序言二

站在专业高度，推动行业发展

近几年来，国家大力鼓励人力资源服务产业的发展，全国人力资源服务产业园超过 200 个，其中国家级人力资源产业园超过 18 家，人力资源服务产业的增速超过 10%，北上广深等主流城市人力资源服务产业的增幅超过 20%。

面对发展的机遇和竞争愈加激烈的行业挑战，2019 年我们明确了以"专业＋技术"驱动人力资源外包服务的发展战略。在技术方面，我们组建了互联网团队，先后开发出了"今日招工""新人事 HRO""兼得云"等互联网产品，推动了公司业务向前发展。然而，在专业化的人力资源管理方面，我却有些力不从心。

虽然我从事人力资源服务行业近 20 年了，可一向只重视业务，对专业化的人力资源管理并不甚了解，知识水平仍然比较浅薄。我一直希望能够找到一个精通人力资源管理的专家来指导我们，为我们提供更加专业化的服务。我相信，未来的组织会越来越小型化、扁平化，而人力资源管理将会越来越专业化。一个再小的公司，在人力资源管理上都要做到依法用工、科学管理。会有更多的公司选择将人力资源管理工作交由专业化的人力资源公司来完成。小公司因为不专业，而将人事管理工作外包给更为专业化的公司，大公司因为要集中精力做核心业务，也会将大量的事务性工作外包。

然而，当大量的客户将人力资源工作外包给我们，而我们却不专业的话，又如何能为客户创造价值呢？这件事情一直困扰着我，我希望能够找到专业的团队，大家一起来推动中国人力资源外包服务产业向前发展。

在马老师担任我们公司的顾问期间，我多次向他讲述了人力资源外包服务产业的发展前景，他深深地认可，觉得自己的知识技能及管理经验能够在人力资源外包服务产业的发展上添砖加瓦、贡献力量。2019年初，马老师正式加盟捷仕达人才服务公司。我们一起致力于推动人力资源外包服务产业的向前发展，未来，我们将迎来一个新的发展高度。

马老师拥有近20年人力资源从业经验，先后任职过数万人的国企、民营互联网创业公司、国内领先的咨询机构，非常精通企业管理，曾为多家上市公司提供咨询服务。他一直痴迷于劳动用工领域法律法规的研究，对劳动法的理解融会贯通，更是将人力资源管理融入其中，融理、法、情于一体，在合法合规的基础上，指导企业更好地去开展人力资源管理。劳动合同的签订是每个企业的HR都必须要面对的问题，然而怎样签订一份劳动合同才算科学呢？怎样才能做到既不伤害员工利益，又能保证企业合法用工、正常实行机制、保持企业活力呢？

劳动合同是一个很重要的管理武器，然而很多企业却并不重视，甚至直接在网上下载一个通用版本，在上面填空，一旦发生劳动争议，往往要付出很大的代价。有些企业，为了防止争议的产生，在用人的过程中处处小心谨慎，不敢处罚员工，更不敢辞退员工，害怕因此产生纠纷。这样一来，企业奖惩机制失灵，员工工作效率低下，管理人员的工作缺乏有效性，整个公司长期在低效率的环境下运作，最后企业慢慢失去了市场竞争能力，最终被市场无情地淘汰。

本书没有太多纯粹的理论性文字，也没有大篇幅照章摘录法条，而是站在 HR 的角度，从工作中最常遇到的一些问题入手，结合具体的条款来逐一进行分析，指导 HR 从业者处理这些具体的问题，具有很强的知识性和实操性。

本书共八单元 37 个条款，先从签订劳动合同的格式条款出发，紧接着阐述相应的法律条款，再来是对各地的仲裁或法院判决的案例进行分析。逻辑清楚，案例真实，内容丰富。我相信读完此书，即便是一名不熟悉劳动法规的 HR 小白，也能够为企业建立起科学、合规的劳动用工管理制度，大大降低企业的劳动用工风险。

HR 从业者可以将此书作为一本工具手册放在身边，遇到问题经常查阅。我相信他的作品，一定能够为读者带来非常好的价值。

刘光云

深圳市捷仕达人才服务有限公司董事长

序言三

从用工管理源头入手，让风险无处可藏

劳动关系是现代社会最基本的社会关系。劳动关系的和谐是企业稳定发展的基础。当前，我国劳动关系总体和谐稳定，但是，一些用人单位存在不规范管理的情况，导致产生劳动纠纷。

自 2008 年 1 月 1 日《中华人民共和国劳动合同法》施行以来，劳动争议逐年增加，涉案人数众多的群体性劳动争议案件亦不鲜见。一方面，通过不断的普法宣传和法制教育，劳动者的法律意识和维权意识不断提高。另一方面，企业在人力资源管理、规范用工方面仍存在较多不足，用工模式未能依据新法及时调整转变，对法律风险预见及防范不足。此外，在双方产生争议时，企业管理者与劳动者沟通不够，处理问题简单粗暴等原因，使得大量劳动争议案件产生。我国在劳动争议处理上适用举证责任倒置制度，用人单位往往因没有合同约定或合同约定不明、缺少相关证据等，使得企业处于较被动地位，往往导致败诉。这给企业管理者提出了更高要求，迫切需要企业提升劳动用工管理水平。

本书作者从事人力资源管理多年，有丰富的人力资源管理经验，对劳动法律及劳动合同方面有深入的研究和实践，在运用劳动合同规范企业用工管理、降低用工成本、减少企业用工法律风险方面积累了丰富的经验，并有独到的见解。

本书针对劳动合同的基本信息、招聘录用与试用、工作时间与休假、劳动报酬与福利、劳动合同的管理、规章制度与纪律、知识产权

与保密、附则八部分涉及的 37 个方面的核心条款逐条进行了详细解读。针对每个具体问题，列出了示范条款、使用指南。示范条款可以直接参照使用，使用指南详细说明该条款所涉及的相关法律法规的规定及具体要求，具有很强的操作性、实用性。作者还针对每个条款列举了司法实践中的典型案例，让读者明晰司法裁判的尺度和法律后果，使读者知其然，也知其所以然。让企业管理者在充分了解法律规定的基础上，实现劳动合同与企业管理的完美结合，帮助企业规范用工管理，降低劳动争议风险，提升企业管理效率和效用。

当然，任何一份完美的劳动合同或者合同条款都不可能适合所有企业。使用者需要在示范条款基础上，充分理解使用指南的内容，结合本企业的实际情况，制订出适合本企业的完美的合同条款。

这是一本难得的人力资源管理工具书，对企业人力资源管理者大有裨益。劳动者、律师、法官（仲裁员）等也都可以从中获得很好的指引。非常感谢作者在此书成稿之时让我先睹为快，让我受益匪浅。我也非常乐意将此书推荐给广大读者，祝愿读者朋友们开启愉快的读书之旅。

李秀英

广东国知律师事务所合伙人

自 序

让劳动合同成为人力资源管理的利器

2007 年国家颁布《中华人民共和国劳动合同法》，2013 年颁布《中华人民共和国劳动合同法》修正案，两个劳动法律的出台，劳资双方法制意识增强，使得劳动争议案件数量处于高位运行，2014 年 1 月 1 日至 2016 年 12 月 31 日期间审结的共计 622044 份劳动争议案件裁判文书[1]，表明随着中国劳动领域法制建设的不断完善，劳动者法律意识持续增强，劳动者维权力度持续上升，走向劳动争议已经成为一个必然的结果。从劳动争议案件结果的数据来看，用人单位完全胜诉与劳动者完全胜诉的比例大致为 1:2[2]，用人单位基本上在劳动争议中处于不利地位。

此外，用人单位在人力资源管理实践过程中，还出现了不少恶意诉讼的案件，主要表现为[3]：

1. 部分劳动者推诿拒签劳动合同，事后反而以未签订书面劳动合同为由向用人单位索要双倍工资；

2. 部分劳动者以各种理由表示无须用人单位为其缴纳社会保险以获取相应现金，事后又以用人单位未为其缴纳社会保险为由，提出解除劳

---

[1] 大成律师事务所劳动法与人力资源管理专业委员会通过对全国各级法院在中国裁判文书网上公开的 2014 年 1 月 1 日至 2016 年 12 月 31 日期间审结的共计 622044 份劳动争议案件裁判文书进行分类、整理和分析。

[2] 从 2010—2015 年深圳市劳动争议仲裁数据中得出。

[3]《广州劳动争议诉讼情况白皮书（2011—2013）》。

动合同，以获取经济补偿；

3. 部分劳动者在办理住房按揭或者其他事务中，要求用人单位开具高于其实际收入的证明，在离职后以该收入证明向用人单位索要工资差额等。

除了用人单位本身存在违规违法的行为之外，用人单位大量的败诉案例原本可以通过完善的人力资源管理来避免，而劳动关系管理最为重要的工具就是劳动合同。然而，大部分用人单位并不重视劳动合同管理工作，也不擅长劳动合同条款的设计工作，即使参加过大量的劳动风险防范的培训，具体落地的时候，仍不知道怎么办。绝大多数HR都采用地方劳动和社会保障局的模板合同，结果导致很多用工管理过程中应当明确约定的内容没有约定，当出现劳动争议的时候，用人单位往往采取简单粗暴的方式来处理，为用人单位的败诉埋下伏笔。

我想，从人力资源管理角度出发，若有一个专业且相对完善的劳动合同模板，其中的劳动合同条款规定全面、具体、准确，势必可以大幅度降低劳动争议风险以及用工管理的难度，会帮用人单位减少许多不必要的麻烦，有效地控制用工风险。基于这种考虑，我从2015年开始在深圳、广州，为超过1000家企业讲授"完美劳动合同核心条款设计与管理"课程，受到广大HR热烈欢迎，课后也有大量学员找我索要相关的劳动合同模板。2019年伊始，我又组织人力物力，开发了一套"新人事"①HR 在线管理系统，已经帮助近 500 家企业客户全面实现劳动合同电子签工作。

　　真正帮助用人单位建立起完善的用工风险防范体系，不仅仅是为用人单位提供一份完善的劳动合同模板，更为重要的是帮助用人单位理解劳动合同的条款设计背后的逻辑，从而可以对本单位的劳动合同模板进行迭代与升级。因此，本书的撰写思路就是我在培训课程的基础上，通过研究现实中大量的劳动争议的案件②，对容易出现劳动用工风险的管理环节，设计对应的劳动合同核心条款③，并加以深度解读与分析，以帮助使用者不但知其然，而且知其所以然。作为国内第一本针对劳动合同条款设计的专业书，相信读者可以在结合本单位实践的基础上，对劳动合同核心条款进行组合或修订，最终形成适用本单位的劳动合同模板，从而能够有效化解用人单位大部分的用工管理风险。

　　最后，我要感谢苏燕君女士的协助，她承担了大量的案例搜集整理工作，并以读者的角度给予我诸多有益的建议，使得本书增色不少。鉴于本人的水平和能力有限，书中难免会有偏颇疏漏之处，欢迎各位读者批评指正，我的联系方式为 okmayong@126.com。

---

① 感兴趣的读者搜索公众号"新人事"即可了解。
② 全书中涉及的案例全部来自人民法院的正式裁判案例。
③ 但不包括法律上已有详细规定的内容，例如劳动合同的终止条件等，此类劳动合同条款只是简单重复法律条款的内容，并无实际意义，故不在本书撰写范围内。

与此同时，我和我的团队也组建了一个劳动法律交流群，各位读者可以搜索微信号 xinrenshi1 与我们取得联系，期待您的加入。

马勇

2020 年 4 月

CONTENTS 目 录

**第三部分
工作时间与休假**

第六部分
规章制度与纪律

第一部分

PART I

合同的基本信息

第1条

合同期限：小条款有大乾坤

一、合同类型

示范条款

本合同按以下第 ＿＿ 种方式确定合同期限：

1.甲乙双方协商一致或乙方提出订立有固定期限：从 ＿＿＿ 年 ＿＿＿ 月 ＿＿＿ 日起至 ＿＿＿ 年 ＿＿＿ 月 ＿＿＿ 日止。若乙方符合签订无固定期限劳动合同条件的，乙方按照本方式签订劳动合同的，视为乙方书面向甲方申请签订有固定期限劳动合同。

2.甲乙双方协商一致或依法律规定订立无固定期限：从 ＿＿＿ 年 ＿＿＿ 月 ＿＿＿ 日起至法定的终止条件出现时止。

3.以完成一定的工作为期限：从 ＿＿＿ 年 ＿＿＿ 月 ＿＿＿ 日起至 ＿＿＿ 工作任务完成时止，并以甲方正式通知乙方工作任务终止为标志。乙方理解并同意，甲方有权根据工作任务完成及收尾工作的需要安排合同终止的具体时间。

若本合同起始时间与乙方实际到岗时间不一致的，本合同期限从乙方实际到岗时间起算。

✅ 使用指南

使用本条款应注意以下几个问题：

第一，一般情况下，有固定期限的劳动合同，其期限通常为若干个完整年度，则劳动合同到期所在年份的终止时间比劳动合同开始所在年份的开始时间要减少 1 天，例如若在 2019 年 8 月 3 日与劳动者签订一年期的劳动合同，则劳动合同终止时间应为 2020 年 8 月 2 日。

第二，无固定期限劳动合同签订事宜，必须严格按照《中华人民共和国劳动合同法》第十四条规定执行，即"用人单位与劳动者协商一致，可以订立无固定期限劳动合同。有下列情形之一，劳动者提出或者同意续订、订立劳动合同的，除劳动者提出订立固定期限劳动合同外，应当订立无固定期限劳动合同：（一）劳动者在该用人单位连续工作满十年的；（二）用人单位初次实行劳动合同制度或者国有企业改制重新订立劳动合同时，劳动者在该用人单位连续工作满十年且距法定退休年龄不足十年的；（三）连续订立二次固定期限劳动合同，且劳动者没有本法第三十九条和第四十条第一项、第二项规定的情形，续订劳动合同的"。特别是第三种情形，用人单位必须要建立精准的劳动合同信息管理体系，准确地记录劳动合同期限与次数，避免签订的劳动合同违法。

第三，实际用工时间与劳动合同时间竞合。在人力资源管理实践过程中，可能存在劳动者入职时间与劳动合同签订时间不一致的情形，则劳动关系建立时间从用工之日起开始。《中华人民共和国劳动合同法》第七条规定："用人单位自用工之日起即与劳动者建立劳动关系。用人单位应当建立职工名册备查。"第十条规定："建立劳动关系，应当订立书面劳动合同。已建立劳动关系，未同时订立书面劳动合同的，应当自用工之日起一个月内订立书面劳动合同。用人单位与劳动者在用工前订立劳动合同的，劳动关系自用工之日起建立。"

⚖ 以案说法

◎ 达到签订无固定期限合同条件，实际签订有固定期限合同能否申请双倍工资赔偿？

2011年9月30日，某人力资源公司与付某签订《劳动合同》，合同自2011年9月30日开始至2013年9月29日终止；根据工作需要，乙方同意被派遣至某公司销售部门，担任柜员职务，工作地点为北京；发薪日期为每月15日，发放上月工资。2013年9月11日，双方第一次续签劳动合同，除将合同期限约定为自2013年9月30日起至2015年9月29日之外，其余合同内容与前述《劳动合同》一致。2015年8月22日，双方第二次续签劳动合同，除将合同期限约定为自2015年9月30日至2017年9月29日外，其余合同内容亦与之前签订的《劳动合同》一致。

2016年6月1日，付某申请劳动争议仲裁，要求确认与某人力资源公司自2015年9月30日起存在无固定期限劳动合同关系，某人力资源公司支付2015年9月30日起未订立书面无固定期限劳动合同的双倍工资差额。

📝 案例解析

用人单位与劳动者协商一致，可以订立固定期限劳动合同。依法订立的劳动合同具有约束力。某人力资源公司与付某第一次续订的劳动合同期限届满前，某人力资源公司已启动与付某第二次续订劳动合同，付某亦与某人力资源公司完成了劳动合同的第二次续订，且未有证据显示该次续订劳动合同过程中存在某人力资源公司欺诈、胁迫或乘人之危的情形，此次续订劳动合同为双方达成一致而订立。付某现又以其依照《中华人民共和国劳动合同法》规定符合签订无固定期限劳动合同条件为由，在双方已经签订了固定期限劳动合同的期间要求确认应存在无固定期限劳动关系及支付未签无固定期限劳动合同二倍工资差额，理由不成立。

《中华人民共和国劳动合同法》第十四条虽对用人单位与劳动者在连续二次订立固定期限劳动合同后再续订劳动合同的期限类型作出了相应规定，但付某在第二次续订劳动合同时并未依据该条款主张自己的权利，而是直接与某人力资源公司签订了固定期限劳动合同，且双方签订固定期限劳动合同的行为系双方当时真实意思的表示。付某在该劳动合同续订完成后，又以所订立的合同免除了某人力资源公司与其签订无固定期限劳动合同的义务、排除了其要求签订无固定期限劳动合同的权利为由，主张合同的订立违反公平原则及合同无效，于法无据，法院不予支持。

案例出处：北京市第二中级人民法院民事判决书（2016）京 02 民终 10261 号。

二、合同效力

示范条款

若甲乙双方订立多份仍处于生效状态的劳动合同，双方按照以下规则确定优先使用其中一份劳动合同，作为履行双方权利义务的依据：

1. 签订时间在后的劳动合同优先于签订时间在前的劳动合同。

2. 签订时间相同的劳动合同，有固定期限的劳动合同优先于无固定期限的劳动合同。若乙方已符合签订无固定期限劳动合同的条件，则签订固定期限的合同视为乙方向甲方提出书面申请要求签订有固定期限劳动合同。

3. 签订时间相同的劳动合同，固定期限短的劳动合同优先于期限长的劳动合同。

4. 同时签订中文文本劳动合同和外文文本劳动合同，若出现两者不一致的情况，以中文文本为准。

劳动合同的签订时间以甲乙双方签字落款的时间为依据，若双方时间不一致的，以较晚的时间为签订时间。

使用指南

在部分人力资源管理薄弱、HR 更换频繁的用人单位中，可能会存在同一个劳动者与同一用人单位签订了多份同时生效的劳动合同，这就带来了竞合的问题，即到底以哪个合同为准，如何进行合同生效时间判断的问题。国家法律层面并未对多份有效的劳动合同效力问题作出规定与判断，从而导致劳动争议冲突、实践中的矛盾时有发生，客观上需要用人单位在劳动合同中作出特别约定。

我国个别地方对劳动合同效力有零散规定，例如山东省青岛市《关于规范劳动关系有关问题的意见》青人社发〔2015〕1 号中规定："（二）劳动合同应当用中文书写，也可以同时用外文书写。中、外文劳动合同文本内容不一致的，以中文文本为准。（三）用人单位和劳动者在劳动合同文本上签字或者盖章日期不一致的，以最后的签字或者盖章日期为劳动合同生效时间。一方未署明签字或者盖章日期的，以另一方签字或者盖章日期为劳动合同生效时间。双方均未署明签字或者盖章日期的，以劳动合同期限开始时间为劳动合同生效时间。"

⚖ 以案说法

◎ 同时签订固定期限和无固定期限劳动合同，到底以谁为准？

黄某、梁某、梁某某为某器材厂员工，入职时间分别为 1994 年 2 月、1994 年 6 月及 1997 年 5 月。2008 年 1 月 1 日，某器材厂分别与黄某、梁某、梁某某签订了为期一年（2008 年 1 月 1 日至同年 12 月 31 日）的固定期限劳动合同。同日，某器材厂还分别与黄某、梁某二人另行签订了无固定期限劳动合同。其中，固定期限劳动合同上盖有劳动行政部门鉴证章，鉴证日期为 2008 年 2 月 27 日；无固定期限劳动合同则未经劳动行政部门鉴证。合同其余内容基本一致。

2008 年 12 月，某器材厂在当地社保部门办理了黄某等人的停保手续，社保费已缴纳至当月。2009 年 1 月 12 日，某器材厂以 2008 年劳动合同已自动终止、三人未于 2008 年 11 月 22 日回厂签订 2009 年劳动合同为由，通知黄某等人办理离职手续和领取经济补偿金。

黄某等人申请劳动仲裁，要求某器材厂与其订立无固定期限劳动合同并支付违法解除劳动关系的双倍补偿金。

法院认为，黄某等人已于某器材厂连续工作满十年，符合签订无固定期限劳动合同的法定条件，在存在两份合同难以认定的情形下，用人单位应承担举证责任，而不是由黄某等人自己证明主动提出签订无固定期限劳动合同。所以，法院判决黄某等人与某器材厂签订的是无固定期限劳动合同。

📖 案例解析

用人单位与劳动者同时订立了固定期限劳动合同和无固定期限劳动合同，不能简单地以劳动合同是否经过劳动行政部门鉴证作为认定依据，而应综合考虑劳动者的工作年限和用人单位举证责任等因素认定应采信哪份劳动合同。

首先，由于两份劳动合同载明的签订日期均为 2008 年 1 月 1 日，无法以此判断合同签订的先后顺序，也无法确定是否属于双方协商后的合同变更。

其次，黄某等人在该器材厂均已连续工作满十年，符合签订无固定期限劳动合同的法定条件。根据《中华人民共和国劳动合同法》第十四条规定，除劳动者提出订立固定期限劳动合同外，用人单位应当与连续工作十年以上的劳动者订立无固定期限劳动合同。换言之，只有当黄某等人主动提出订立固定期限劳动合同的情况下，该器材厂方能与其订立固定期限劳动合同。

因此，本案的举证责任应由某器材厂承担，即该器材厂应举证证明黄某等人主动提出签订为期一年的劳动合同。而在案件审理过程中，某器材厂没能举证证明这一点，所以，黄某等人与某器材厂签订的应该是无固定期限劳动合同。

案例出处：广东省高级人民法院民事判决书（2010）粤高法民一申字第 2301 号。

三、自动续签

📖 示范条款

本合同到期后，如乙方继续在甲方工作而甲方无异议的，或劳动合同期限届满前甲乙双方均未书面提出续签意向，则视为甲乙双方同意按本合同约定条件续签 2 年期的固定期限劳动合同，以此类推并可多次自动延期。如乙方满足《中华人民共和国劳动合同法》规定的应签署无固定期限劳动合同条件的，则双方续签的为无固定期限劳动合同。

但甲方已向乙方发出终止（解除）劳动合同通知或终止（解除）劳动合同证明书，或者乙方不再上班时除外。

✅≡ 使用指南

《中华人民共和国劳动合同法》第八十二条规定："用人单位自用工之日起超过一个月不满一年未与劳动者订立书面劳动合同的，应当向劳动者每月支付二倍的工资。用人单位违反本法规定不与劳动者订立无固定期限劳动合同的，自应当订立无固定期限劳动合同之日起向劳动者每月支付二倍的工资。"

这一规定不仅适用于新签订劳动合同的情形，同时，还适用于续签劳动合同的情形。为避免续签劳动合同时，用人单位的人力资源管理出现技术性失误，本书专门设计了续签劳动合同的条款。此类条款法律层面并无禁止，并得到国内一些地方政府的认可，例如山东省青岛市《关于规范劳动关系有关问题的意见》青人社发〔2015〕1 号："（八）劳动合同法定续延期间，用人单位可以不与劳动者续延书面劳动合同。续延书面劳动合同的，不视为再次订立劳动合同。（九）用人单位与劳动者在劳动合同中约定劳动合同期满后自动续延的，视为再次订立劳动合同。（十）劳动者的劳动合同出现法定续延情形，法定续延情形消失时符合订立无固定期限劳动合同条件的，用人单位应当订立无固定期限劳动合同。"

此外，用人单位常常困惑的是，若劳动者以各种理由拖延与用人单位签订劳动合同，导致超过一个月的话，用人单位还需要承担赔偿责任吗？答案是肯定的。《中华人民共和国劳动合同法》2008 年刚推出来的时候，有些地方司法实践中还支持用人单位，例如《广东省高级人民法院、广东省劳动争议仲裁委员会关于适用〈劳动争议调解仲裁法〉〈劳动合同法〉若干问题的指导意见》（2008）第二十一条："自用工之日起一个月内，劳动者与用人单位就签订劳动合同事项协商不一致，用人单位提出终止劳动关系的，无须支付经济补偿金。自用工之日起超过一个月不足一年，用人单位有足够证据证明其与劳动者未能签订书面劳动合同的原因完全在劳动者，且用人单位无过错的，用人单位无须支付两倍工资。但用人单位提出终止劳动关系的，须支付经济补偿金。"

但很快这一做法就被纠正，因为从裁判机关的角度出发，很难判断未签订劳动合同的原因是否为劳动者，即使真的是劳动者的原因导致劳动合同未在 1 个月内签订，那么用人单位本身也有权在 1 个月内终止与劳动者的劳动关系，并不承担任何法律责任。自此，只要是超过 1 个月未签订劳动合同的，用人单位均应承担支付两倍工资的法律责任。广东省在 2012 年《广东省高级人民法院 广东省劳动人事争议仲裁委员会关于审理劳动人事争议案件若干问题的座谈会纪要》中进行纠偏："用人单位自用工之日起超过一个月不满一年未与劳动者签订书面劳动合同，或者虽通知劳动者签订书面劳动合同但劳动者无正当理由拒不签订，用人单位未书面通知劳动者终止劳动关系的，应当按照《劳动合同法》第八十二条的规定向劳动者每月支付二倍工资。"

⚖ 以案说法

◎ 劳动合同中约定到期自动续签有效吗？

李某 2013 年 6 月 6 日入职某织造公司任业务部跟单员，月薪 3800 元，双方签订了书面合同，合同约定"本合同有固定期限，自 2013 年 6 月 6 日起至 2016 年 6 月 5 日止。甲乙双方同意：本合同到期后，如双方无异议，本合同可自动按同等年限续签延期；合同自动延期的履行期间，甲乙双方任一方均可按自身意愿，提前一个月提出解除本合同"。

合同到期后，双方未续签书面劳动合同，李某因此申请仲裁，要求某织造公司支付2016年6月6日至2017年5月31日共12个月未签订劳动合同而产生的双倍工资。某织造公司认为其与李某2013年6月6日签订的劳动合同，已约定本合同到期后，可自动按同等年限续签延期，双方已按同等年限（三年）续签了劳动合同，故无须再与李某续签新的劳动合同，无须向李某支付未签劳动合同的双倍工资差额。

法院经审理后裁决该合同条款具有法律效力，某织造公司无须支付李某未签订劳动合同的双倍工资差额。

📑 案例解析

法院认为，法律规定未签订劳动合同双倍工资差额的目的系为了防止用人单位恶意不签订劳动合同、否认与劳动者之间的劳动关系从而逃避法定义务。本案中，因双方当事人签订的劳动合同中明确约定"甲乙双方同意：本合同到期后，如双方无异议，本合同可自动按同等年限续签延期；合同自动延期的履行期间，甲乙双方任一方均可按自身意愿，提前一个月提出解除本合同"，即该合同到期后，双方均未提出解除劳动合同，也没有签订新的劳动合同，应视为双方协商一致，同意按照原来的劳动条件延续合同期，该约定并未免除某织造公司的义务及排除李某的权利。上述约定可以确定双方劳动关系的持续存在，劳动合同合法有效。故李某主张未签订劳动合同双倍工资差额没有事实和法律依据。因此，某织造公司无须支付李某未签订劳动合同双倍工资差额。

案例出处：广东省惠州市中级人民法院民事判决书（2018）粤13民终1639号。

第 2 条

试用期限：换个思路来管理

一、期限长短

📖 示范条款

模式 1：试用期从 ＿＿＿＿＿ 年 ＿＿＿＿＿ 月 ＿＿＿＿＿ 日起至 ＿＿＿＿＿ 年 ＿＿＿＿＿ 月 ＿＿＿＿＿ 日止，其中续签劳动合同、完成一定工作任务的劳动合同、合同期限少于 3 个月的不得约定试用期。

模式 2：试用期从 ＿＿＿＿＿ 年 ＿＿＿＿＿ 月 ＿＿＿＿＿ 日起算，试用期为 ＿＿＿ 个月，其中续签劳动合同、完成一定工作任务的劳动合同、合同期限少于 3 个月的不得约定试用期。

✅ 使用指南

试用期是用人单位考察劳动者是否胜任工作，劳动者考察用人单位是否符合自己期望的重要时间段，一般来说，试用期内无论是辞退或辞职，法律均给予相对宽松的要求。因此，不少用人单位期望与劳动者约定的试用期越长越好，然而法律对用人单位的试用期管理提出不少强制性的要求，用人单位必须要把握以下三点：

第一，劳动合同试用期的法律依据。2008 年开始施行的《中华人民共和国劳动合同法》对试用期的长短、适用条件作出明确的规定，第十九条："劳动合同期限三个月以上不满一年的，试用期不得超过一个月；劳动合同期限一年以上不满三年的，试用期不得超过二个月；三年以上固定期限和无固定期限的劳动合同，试用期不得超过六个月。同一用人单位与同一劳动者只能约定一次试用期[①]。以完成一定工作任务为期限的劳动合同或者劳动合同期限不满三个月的，不得约定试用期。试用期包含在劳动合同期限内。劳动合同仅约定试用期的，试用期不成立，该期限为劳动合同期限。"

第二，违法约定试用期的责任。用人单位可能的违法点主要有二：一是违法约定试用期工资。《中华人民共和国劳动合同法》第二十条："劳动者在试用期的工资不得低于本单位相同岗位最低档工资或者劳动合同约定工资的百分之八十，并不得低于用人单位所在地的最低工资标准。"那是不是意味着劳动者转正后的工资就不能是用人单位所在地最低工资呢？答案是否定的，因为用人单位可以直接约定试用期工资与转正后的工资相同。二是违法约定了试用期长短。即违反了《中华人民共和国劳动合同法》第十九条的规定，用人单位将可能按照第八十三条承担法律责任。即"用人单位违反本法规定与劳动者约定试用期的，由劳动行政部门责令改正；违法约定的试用期已经履行的，由用人单位以劳动者试用期满月工资为标准，按已经履行的超过法定试用期的期间向劳动者支付赔偿金"。

第三，试用期与实习期、见习期的区别。试用期是法律上的概念，具有普遍的法律效力。实习期主要是针对在校学生，他们尚未毕业不

[①] 作者认为对于多次入职以及更换工作岗位的劳动者而言，只能约定一次试用期并不符合用人单位人力资源管理实践。解决之道可以详见本书条款《二次入职》，此处不再赘述。

具备用工主体资格，无法签订劳动合同，只能签订实习协议到用人单位参加劳动。而见习期是行政概念，主要的来源是教育部、原国家计划委员会、原国家人事局 1981 年发布的《高等学校毕业生调配派遣办法》（2009 年被废止），其中的第二十六条规定："毕业生到达工作岗位后，实行一年见习的制度。见习期满后，经所在单位考核合格的转正定级。考核不合格的，可延长见习期半年到一年。延长见习期考核仍不合格的，按定级工资标准低一级待遇。"1987 年发布的《高等学校毕业生见习暂行办法》第二条规定："高等学校本、专科毕业生分配工作后，原则上都要安排到基层见习。见习期为一年。对入学前已从事一年以上有关本专业实际工作的，经所在单位批准，可免去见习期。有些行业的人才，需要更长时间的实际锻炼，可以在见习期满后自行安排。"实际上，从《中华人民共和国劳动合同法》颁布之后，见习期概念可以说是寿终正寝，试用期完全可以替代见习期了。

🔨 以案说法

◎ 一年期劳动合同约定三个月试用期，会承担什么责任？

王某 2017 年 7 月 26 日入职某国际交易中心有限公司，从事行政相关工作。双方于 2017 年 7 月 28 日签订书面劳动合同，合同载明："本合同期限为壹年，自 2017 年 7 月 28 日起至 2018 年 7 月 26 日止，其中，试用期 3 个月，自 2017 年 7 月 28 日起至 2017 年 10 月 28 日止。"王某试用期工资为 3520 元，试用期满月工资标准为 3979.8 元。2018 年 1 月 30 日王某以某国际交易中心有限公司未足额发放薪酬等为由书面向某国际交易中心有限公司申请辞职。此前，某国际交易中心有限公司一直以每月 3520 元的工资标准向王某发放工资。

王某辞职后即申请仲裁，要求某国际交易中心有限公司支付 2017

年 9 月至 2018 年 1 月应发放薪酬 2299 元。仲裁委员会于 2018 年 5 月 22 日作出裁决限令某国际交易中心有限公司支付王某工资差额 2299 元。该裁决下达后，双方均未向人民法院提起诉讼。

2018 年 6 月 5 日，王某再次申请仲裁，要求：一、某国际交易中心有限公司因克扣王某工资加付赔偿金 2299 元；二、某国际交易中心有限公司违法约定试用期，并已实际履行，向王某支付赔偿金 19899 元。仲裁委员会于 2018 年 7 月 26 日作出恩市劳人仲案字（2018）第 339 号裁决书，裁决驳回王某的仲裁请求。王某对该裁决不服，于法定期间提起诉讼。

📑 案例解析

本案争议焦点有二：

一、关于王某要求某国际交易中心有限公司因克扣工资加付赔偿金 2299 元的问题。

根据《中华人民共和国劳动合同法》第八十五条规定："用人单位有下列情形之一的，由劳动行政部门责令限期支付劳动报酬、加班费或者经济补偿；……逾期不支付的，责令用人单位按应付金额百分之五十以上百分之一百以下的标准向劳动者加付赔偿金。"而本案不存在劳动行政部门责令限期支付劳动报酬的情形，故王某要求某国际交易中心有限公司支付克扣工资加付赔偿金 2299 元的诉讼请求不予支持。

二、关于王某要求某国际交易中心有限公司支付违法约定试用期赔偿金 19899 元的问题。

根据《中华人民共和国劳动合同法》第十九条规定："劳动合同期限三个月以上不满一年的，试用期不得超过一个月；劳动合同期限一年以上不满三年的，试用期不得超过二个月；三年以上固定期限和无固定期限的劳动合同，试用期不得超过六个月。"第八十三条规定："用人单位违反本法规定与劳动者约定试用期的，由劳动行政部门责令改正；

违法约定的试用期已经履行的，由用人单位以劳动者试用期满月工资为标准，按已经履行的超过法定试用期的期间向劳动者支付赔偿金。"本案双方签订的《劳动合同书》的期限为 2017 年 7 月 28 日起至 2018 年 7 月 26 日止，合同期限不足一年，试用期应当不得超过一个月，而本案《劳动合同书》约定试用期为 3 个月，且实际已履行的试用期达 6 个月，确认用人单位违法履行试用期 5 个月。王某的试用期满月工资标准为 3979.8 元，故某国际交易中心有限公司应当依法向王某支付赔偿金 19899 元（3979.8 元/月×5 月）。

案例出处：湖北省恩施土家族苗族自治州中级人民法院民事判决书（2019）鄂 28 民终 2652 号。

二、试用延长

📖 示范条款

1. 甲乙双方确认试用期为六个月，从 _____ 年 _____ 月 _____ 日起至 _____ 年 _____ 月 _____ 日止，经甲方考核评估后，有权提前结束乙方试用期，其薪酬福利待遇亦作相应调整。若试用期履行期间，出现本合同约定劳动合同中止的条件时，则试用期暂停计算，待合同中止条件消除后再予以计算。

2. 若乙方实际到岗时间与约定到岗时间不一致的，则本合同试用期的开始时间从乙方实际到岗时间起算，试用期的终止时间按照原有约定标准相应顺延。

✅︎ 使用指南

　　一般情况下，试用期不能通过单方或双方协商延长，《中华人民共和国劳动法》规定若试用期期限超过法定标准，超过部分的试用期间视为劳动者已经转正。若试用期工资与转正后工资存在差额，企业须补足劳动者工资。

　　而在《中华人民共和国劳动合同法》中，这一法律责任已由补充责任变为补充加赔偿的双重责任。《中华人民共和国劳动合同法》第八十三条规定："用人单位违反本法规定与劳动者约定试用期的，由劳动行政部门责令改正；违法约定的试用期已经履行的，由用人单位以劳动者试用期满月工资为标准，按已经履行的超过法定试用期的期间向劳动者支付赔偿金。"根据该规定，如果试用期期限超过法定标准并已履行，每超过一日，用人单位应当向劳动者支付一日的赔偿金，即试用期超时赔偿金=试用期满月工资 ÷ 法定记薪天数 × 试用期超时天数。也就是说，与《中华人民共和国劳动法》相比，用人单位在违反试用期约定上面容易承担更为严格的法律责任。

　　对于用人单位而言，最佳的策略应当是在劳动合同期限内，按照法定的最长期限约定试用期。这样对于表现优秀的劳动者，用人单位可以通过提前转正的方式来缩短试用期，而对于不适合提前转正的劳动者来说，不转正实际上也就实现了延长原先较短试用期的目的。

⚖︎ 以案说法

◎ 企业能否以"未达转正条件"为由延长员工试用期？

　　郭某自 2014 年 4 月 17 日至 2014 年 12 月 5 日在某新材料公司担任业务员，双方口头约定试用期为 3 个月。根据双方口头约定及某新材料公司2014年3月18日会议精神，郭某薪资标准为试用期底薪2000元/月加提成，转正工资底薪2500元/月加提成，某新材料公司按照员工实际出勤的天数发放中餐补贴。郭某在某新材料公司工作期间，双方没有签订劳动合同，某新材料公司没有给郭某转正，一直按底薪2000元/月加提成的标准发放郭某自2014年4月17日至2014年12月5日的工资。2014年12月5日，郭某以"从4月份来公司到现在7个多月一直没有出单，没什么干劲了"为由向公司提出辞职。

离职后，郭某以某新材料公司一直按月工资2000元发放薪酬为由提起劳动仲裁。而某新材料公司诉称，郭某从入职到自动离职，始终没有完成过销售任务，不符合公司在2014年3月18日的会议记录中明确的转正条件。且公司分别在2014年7月17日和10月17日两次对郭某作出了终止劳动合同关系的决定。所以郭某在某新材料公司工作的期间都属于试用期，从未转正过。故某新材料公司按试用期工资标准2000元/月给郭某发放工资是合法合理的，不应补发转正工资。

📑 案例解析

本案中，郭某自2014年4月17日至2014年12月5日在某新材料公司担任业务员，故双方之间存在劳动关系。双方口头约定试用期为三个月，试用期的长短不是任由用人单位决定的，而是以签订的劳动合同期限或者劳动者实际工作期限为准，某新材料公司不能以郭某从未达到转正条件为由单方延长试用期期限，且某新材料公司自郭某入职起到离职止一直未给郭某转正，根据《中华人民共和国劳动合同法》第十九条"劳动合同期限三个月以上不满一年的，试用期不得超过一个月；劳动合同期限一年以上不满三年的，试用期不得超过二个月；三年以上固定期限和无固定期限的劳动合同，试用期不得超过六个月。同一用人单位与同一劳动者只能约定一次试用期。以完成一定工作任务为期限的劳动合同或者劳动合同期限不满三个月的，不得约定试用期。试用期包含在劳动合同期限内。劳动合同仅约定试用期的，试用期不成立，该期限为劳动合同期限"之规定，某新材料公司对郭某在职期间的试用期超过了法律规定的试用期的最长期限限制，故某新材料公司应向被告郭某补发转正后的工资差额，即 2000 元（500 元 / 月 ×4 月）。

案例出处：江西省赣州市章贡区人民法院民事判决书（2015）章民三初字第 1003 号。

三、二次入职

📖 示范条款

乙方二次入职公司的，不设试用期，从 _____ 年 _____ 月 _____ 日起至 _____ 年 _____ 月 _____ 日止，薪酬待遇标准为 _____，经甲方考核评估后，甲方有权从 _____ 年 _____ 月 _____ 日开始，将乙方的薪酬待遇标准调整为 _____，否则双方确认仍按照调整之前的标准执行。

✅ 使用指南

劳动合同禁止约定试用期的 3 种情形，《中华人民共和国劳动合同法》第十九条规定："同一用人单位与同一劳动者只能约定一次试用期。以完成一定工作任务为期限的劳动合同或者劳动合同期限不满三个月的，不得约定试用期。"

但法律法规并不禁止用人单位通过薪酬制度设计来实现实质上的

试用期管理，也就是说用人单位可以规定，乙方在二次入职的最初几个月（期限按照用人单位一般情况下的试用期长短来设置）的薪酬水平较低，经过用人单位的评估考核后，甲方认为乙方实际上符合岗位用人标准的，可以将乙方薪酬福利待遇予以调整。这样用人单位就可以在不违反法律法规的前提下，实现对员工二次入职的试用期的有效管理。

需要注意的是，用人单位不能将薪酬调整定义为转正，这不是法律意义上的转正，只是用人单位薪酬管理制度中一种正常的薪酬调整方式而已。

⚖ 以案说法

◎ 再次入职同一家公司同一岗位，能否约定两次试用期？

吴某 2007 年 5 月 10 日第一次入职某骨伤医院，任职医生，2009 年双方解除劳动关系。2011 年 8 月 11 日吴某再次入职某骨伤医院，任职医生，双方约定试用期为 6 个月。吴某工作期间，某骨伤医院以"试用合格后方与其签订劳动合同并参加社保"为由，未与吴某签订劳动合同及办理社会保险。2012 年 2 月，某骨伤医院以吴某试用期不合格为由辞退吴某。

吴某认为，医院违法约定试用期，应向其支付赔偿金。医院认为，医院与吴某约定的试用期未超过 6 个月，且双方并非劳动合同期满后续签，而是在吴某离职后重新入职并约定试用期，医院并未违反法律规定，无须支付赔偿金。

📑 案例解析

《中华人民共和国劳动合同法》第十九条第二款规定，"同一用人单位与同一劳动者只能约定一次试用期"，该条适用的情形应不排除用人单位与劳动者第一次建立劳动关系时已实行过试用期，离职后第二次订立劳动合同的情形。某骨伤医院认为"同一用人单位与同一劳动者只能约定一次试用期"仅指在第一次签订的劳动合同期满后续签不得再约定试用期，系对法律的理解错误。

根据《中华人民共和国劳动合同法》第八十三条："用人单位违反本法规定与劳动者约定试用期的，由劳动行政部门责令改正；违法约定的试用期已经履行的，由用人单位以劳动者试用期满月工资为标准，按已经履行的超过法定试用期的期间向劳动者支付赔偿金。"因此，某骨伤医院应向吴某支付违法约定试用期期间的工资赔偿金。

案例出处：广东省珠海市中级人民法院民事裁定书（2012）珠中法民一仲字第 31 号。

◎ 两次入职同一家公司不同岗位，能否再次约定试用期？

2013 年 3 月 1 日，胡某入职某航空发动机公司，岗位为装配工，2013 年 4 月 30 日，胡某辞职。2014 年 2 月 10 日，胡某再次入职某航空发动机公司，双方签订书面劳动合同，约定岗位为装配工兼售后技术员，试用期 4 个月，试用期工资为 5500 元 / 月，试用期满工资为 6500 元 / 月。双方于当日签订《劳动合同补充协议》，其中第五条约定："胡某的工资由标准工资、加班工资和绩效工资组成，其中标准工资为 6500 元 / 月，包括基础工资（占 80%）和绩效工资（占 20%），即基础工资为 5200 元 / 月，绩效工资 1300 元 / 月，双方协商确认以 3640 元 / 月作为标准工作制、综合计算工时工作制、不定时工作制下依法计算胡某加班工资的基数，亦作为休假工资报酬的计算基数（占基础工资的 70%），基础工资中的 30% 作为各种津贴。"

2016 年 4 月 6 日，胡某以某航空发动机公司违反《中华人民共和国劳动法》《中华人民共和国劳动合同法》等规定，其无法继续履行《劳动合同》为由提出离职，并于 2016 年 5 月 4 日提起劳动仲裁，请求裁决：1. 解除胡某与某航空发动机公司之间的劳动关系；2. 某航空发动机公司在第二次用工时还约定试用期不符合法律规定，应向胡某补回4个月重复试用期少发的工资4000元，并支付4个月赔偿金（6500元/月）计26000元，合计30000元。

而某航空发动机公司认为《中华人民共和国劳动合同法》第十九条规定的"同一用人单位与同一劳动者只能约定一次试用期"是指劳动关系存续期间或者连续签订的劳动合同只能约定一次试用期。胡某与某航空发动机公司的第一段劳动关系因胡某的辞职而解除。2014年2月10日，胡某再次入职某航空发动机公司工作，双方签订了长达6年期限的劳动合同，表明双方重新建立了劳动关系，在该劳动关系存续期间，公司完全可以重新约定试用期，且双方约定的试用期，合计并未超过《中华人民共和国劳动合同法》规定的6个月，故某航空发动机公司不存在违法约定试用期的情形。

📑 案例解析

胡某与某航空发动机公司在二次劳动关系存续期间彼此独立，前一段劳动关系因胡某的辞职而终止，双方于2014年2月10日签订劳动合同应视为彼此建立了新的劳动关系，胡某的岗位也由装配工变更为装配工兼售后技术人员，该岗位的不可替代性强，胡某的资质能力是否胜任该岗位需要重新考查，且胡某与某航空发动机公司签订的劳动合同期限为6年，公司设立4个月的试用期未违反相关法律的规定，故认定某航空发动机公司就全新的劳动合同设立试用期的行为并不违反《中华人民共和国劳动合同法》第十九条规定。因此，某航空发动机公司无须支付胡某重复试用期工资及补偿金。

案例出处：福建省厦门市同安区人民法院民事判决书（2016）闽0212民初3282号。

第 3 条

工作内容：能宽泛不要狭窄

一、工作内容

示范条款

乙方的工作内容为：＿＿＿＿＿＿＿＿＿。甲方因工作需要，依据乙方的专业、特长、工作能力和表现，需合理调整乙方工作内容及报酬的，乙方理解并愿意服从甲方的安排。

使用指南

读者朋友请注意，无论是《中华人民共和国劳动法》，还是《中华人民共和国劳动合同法》，在劳动合同的必备条款中，从来就没有要求用人单位与劳动者约定"工作岗位"，法律上所要求的都是"工作内容"，例如《中华人民共和国劳动法》第十九条："劳动合同应当以书面形式订立，并具备以下条款：……（二）工作内容；……"《中华人民共和国劳动合同法》第十七条："劳动合同应当具备以下条款：……（四）

工作内容和工作地点；……"

因此，用人单位在签订劳动合同时，没有必要在劳动合同中约定为具体的工作岗位，例如一个 HR 岗位，用人单位就不宜约定为人事专员，一旦用人单位要劳动者承担培训工作职责时，是不是就出现劳动合同变更的问题呢？所以，用人单位可以将其工作内容约定为：人力资源管理工作或综合管理工作。我们可以把具体工作岗位留在岗位聘任环节。

当然，也有人认为工作内容其实并非一个概述性的描述，实际上，工作内容包括工作岗位和岗位职责两部分。工作岗位一般表述为劳动者在什么岗位上担任什么职务。岗位职责既可在劳动合同中进行约定，也可以用劳动合同附件的形式进行约定，对于工作可量化的岗位，如销售或生产性岗位，还可以签订目标责任书。不论岗位职责采取何种形式进行约定，一般情况下，应当包含四部分内容：一是干什么（岗位区别）；二是干多少（量的要求）；三是干的标准（质的要求）；四是什么样的人去干（任职标准）。

但以我对中国企业人力资源管理现状的了解来看，极少数用人单位可以做到上面这么细致的要求，因此，对于绝大多数的用人单位而言，最佳的策略仍然是采用宽泛的定义。

⚒ 以案说法

◎ 平级调岗不调薪，员工不同意，公司能调整吗？

2013 年 8 月 19 日，赵某至某生活超市处工作，双方签订劳动合同期限自 2013 年 8 月 19 日至 2016 年 9 月 30 日，试用期为 2013 年 8 月 19 日至 2014 年 2 月 18 日。劳动合同约定根据甲方工作需要和任职要求，乙方同意在商场经营岗位上工作，具体工作内容为经营服务。同时，劳动合同特别约定，甲方有权根据经营管理需要，合理调整乙方的工作岗位，如乙方工作岗位被调整，乙方的工资标准和待遇按调整后的岗位标准核发。

入职之初，赵某职务为预算控制造价主管，2013年11月1日后，赵某职务为造价工程师。2014年度，赵某所任造价工程师岗位的个人年终绩效考核结果为C等级。2015年4月，根据某生活超市"员工个人绩效结果负激励运用工作"要求，拟对于2014年绩效等级为C的管理人员进行调岗，具体为：根据其技能、能力匹配状况进行调岗，异动到门店降职降薪；由营运部组织实施新岗位技能培训，培训周期为1个月，培训期间薪酬按照新岗位工资标准进行发放。

此后，某生活超市多次提出，对赵某进行调岗至某门店，任清洁洗化部部门经理，赵某均以不适合员工个人发展为由拒绝。赵某哺乳期满后，某生活超市于2016年3月4日约谈赵某，要求赵某2016年3月7日上午8点到某门店清洁洗化部经理岗位报到，薪资待遇不变；若不能按时报到，视为旷工，按照公司《员工行为奖惩办法》中相关规定进行处理。

2016年3月7日至3月10日间，赵某始终未至新岗位报到。某生活超市于2016年3月10日作出解除劳动合同决定，内容称自2016年3月7日起至今，赵某已连续旷工超过3天（含），根据《某生活超市员工行为奖惩办法》"连续旷工三天（含）以上或年累计旷工十五天（含）以上的，公司有权按自动离职处理"之规定，公司决定于2016年3月11日起解除与赵某的劳动合同。

赵某收到《解除劳动合同通知》后，于2016年3月18日申请劳动仲裁，请求裁决某生活超市支付违法解除劳动合同赔偿金34500元。劳动争议仲裁委员会于2016年5月24日作出裁决，裁决某生活超市无须支付赵某解除劳动合同的赔偿金。

案例解析

法院认为，本案系因岗位调整引发的劳动争议，焦点在于认定某生活超市调岗是否具有合理性。

作为用人单位，某生活超市有权根据经营管理需要，合理调整赵某的工作岗位，双方在劳动合同中对此亦有明确约定。该约定系双方真实意思表示，未违反法律规定。赵某 2014 年度的绩效评估等级为 C，其本人亦签字认可，根据某生活超市管理规定，应当降薪调岗，某生活超市考虑到赵某系哺乳期，待哺乳期满后，在薪资待遇不变的前提下将赵某平级调岗至门店，且在调整前将调整的情况、所调整的岗位及新岗位报到时间，对赵某进行了告知，并未违反合同中约定"商场经营服务"工作内容。赵某拒绝岗位调整安排，始终未至新岗位上班，其行为客观上构成了"旷工"，某生活超市根据《员工行为奖惩办法》与赵某解除劳动合同，并无违法不当之处，双方之间的劳动合同于 2016 年 3 月 11 日解除，某生活超市无须支付解除劳动合同的赔偿金。

案例出处：天津市第二中级人民法院民事判决书（2016）津 02 民终 5435 号。

二、岗位调整

示范条款

1. 乙方同意在 ＿＿＿＿＿＿＿ 岗位（工种）工作，按时、按质、按量完成该岗位（工种）所承担的各项内容，同时应完成甲方或上级交代的其他任务。乙方同意接受甲方按照制度进行绩效考核，认可考核结果将作为调整乙方岗位、薪酬及判定乙方是否胜任工作的依据。

2. 乙方同意，有下列情况之一时，甲方可将乙方的工作岗位进行调整：

（1）连续 ＿＿＿ 个月无法完成月工作任务或绩效指标的；

（2）因公司项目撤销或完成、机构调整、部门撤销、岗位合并、设备更新等发生变化，导致不能安排原岗位工作的；

（3）乙方不论何种原因连续 ＿＿＿ 天以上未到岗上班，甲方已安排其他员工替换乙方原岗位，乙方重新到岗上班的；

（4）乙方的父母、配偶、子女、兄弟／姐妹在甲方工作，甲方认为不利于工作岗位条件需要调岗的；

（5）订立劳动合同时所依据的法律、行政法规、行政规章发生变化，导致岗位必须进行调整的；

（6）根据乙方的工作表现、身体状况以及甲方生产经营的需要等情况，需要调岗的；

（7）乙方绩效考核结果为不合格或不胜任工作的；

（8）单位规章制度所规定的应调整乙方岗位的情况。

3. 乙方同意，薪酬标准参照调整后的岗位薪酬标准进行相应调整。

使用指南

用人单位在岗位调整上最容易出现败诉的情况，岗位调整本质上就是劳动合同变更，我们知道：只要劳动合同变更就需要协议一致，一旦劳动者不同意岗位变更的协商，用人单位就陷入被动境地。若用人单位在岗位调整上没有主动性，那用人单位岂不是就丧失了用工自主权？因此，司法实践也支持赋予用人单位一定的用工自主权，例如《最高人民法院关于审理劳动争议案件适用法律若干问题的解释（四）》第十一条："变更劳动合同未采用书面形式，但已经实际履行了口头变更的劳动合同超过一个月，且变更后的劳动合同内容不违反法律、行政法规、国家政策以及公序良俗，当事人以未采用书面形式为由主张劳动合同变更无效的，人民法院不予支持。"

广东省对用人单位用工自主权做了更为详细的定义，2012年发布的《广东省高级人民法院 广东省劳动人事争议仲裁委员会关于审理劳动人事争议案件若干问题的座谈会纪要》第二十二条规定："用人单位调整劳动者工作岗位，同时符合以下情形的，视为用人单位合法行使用工自主权，劳动者以用人单位擅自调整其工作岗位为由要求解除劳动合同并请求用人单位支付经济补偿的，不予支持：

（1）调整劳动者工作岗位是用人单位生产经营的需要；

（2）调整工作岗位后劳动者的工资水平与原岗位基本相当；

（3）不具有侮辱性和惩罚性；

（4）无其他违反法律法规的情形。

用人单位调整劳动者的工作岗位且不具有上款规定的情形，劳动者超过一年未明确提出异议，后又以《劳动合同法》第三十八条第一款第（一）项规定要求解除劳动合同并请求用人单位支付经济补偿的，不予支持。"

⚖ 以案说法

◎ 用人单位能否以员工拒绝调岗为由解除劳动合同？

2006年9月6日，司某入职某包装公司，双方最后一期劳动合同系无固定期限劳动合同，合同约定：司某在生产部门从事管理工作，某包装公司根据《就业规则》可以随时变更该工作岗位和工作种类，司某无正当理由必须服从该变更；在合同期内司某必须熟知并且严格遵守就业规则、劳动纪律及公司依法制定的各项规章制度。离职前，司某承担生产部采购管理工作，其离职前 12 个月平均工资为 9229.75 元 / 月。

2015 年 12 月至 2016 年 3 月期间，某包装公司接受街道安全生产监督管理办公室、区安全生产监督管理局等单位安全检查时，发现存在车间内危险化学品超量存放、未按规定制作易制毒化学品购买使用台账等安全隐患问题。鉴于司某存在上述工作失职以及品质管理岗位空缺等问题，2016 年 3 月 23 日，某包装公司以《任命书》的方式通知司某：自 2016 年 3 月 28 日起调离原岗，担任品管部品质管理员一职。对此，司某向某包装公司出示了其 2007 年哮喘确诊的材料，并表示不同意调离岗位。

鉴于此，公司承诺司某调至品管部后不安排制作油墨相关的事宜，并于 3 月 31 日、4 月 6 日多次发出《警告书》，要求其在规定时间内完成工作交接手续并到新岗位工作。然而司某接到上述《警告书》后仍未到新岗位报到。

4 月 8 日，某包装公司向司某发出《解除劳动合同通知书》，认为司某的上述行为耽误了公司正常的人事调整和工作秩序，给公司带来了严重的不良后果和损失，决定自 4 月 8 日起解除劳动合同。2016 年 5 月 23 日，某包装公司将上述解除通知向公司所在地工会组织报备。

2016 年 4 月 26 日，司某向法院提起诉讼，要求某包装公司支付违法解除劳动合同赔偿金 194660 元。

📖 案例解析

第一，某包装公司解除与司某劳动关系所依据的《就业规则》相关规定在 2008 年 1 月 1 日前制定，且双方在劳动合同中约定司某必须熟知并且严格遵守就业规则、劳动纪律及公司依法制定的各项规章制度，因此《就业规则》对司某具有约束力，司某理应遵守上述规章制度。

第二，根据双方劳动合同约定及公司《就业规则》规定，司某的工作岗位虽为"生产部门管理"岗位，但某包装公司可以根据生产经营的需要以及司某的能力、经验、技能等情况合理调整司某的工作岗位，司某无正当理由必须服从该调整。

第三，某包装公司基于司某在原岗位工作中存在一些失职行为以及品质管理岗位空缺等情况，将劳动者调整至品质管理岗位并无不妥。虽然司某向某包装公司出示了 2007 年哮喘确诊的材料，但因某包装公司承诺司某调至品管部后不安排制作油墨相关的事宜，故司某无理由拒绝到岗。

第四，纵观本案调岗之过程，某包装公司从 3 月 23 日发出调岗通知，至 3 月 28 日发出通告，向司某承诺调至品管部后不安排制作油墨相关的事宜，再至 3 月 31 日、4 月 6 日两次发出警告书，反复提醒司某不到岗将按违纪解除合同处理，某包装公司的上述做法尽到了用人单位应尽的义务，管理过程也较为人性化。相反，司某在接到公司 3 月 28 日发出的通告后，却未按某包装公司的要求提供最新确诊材料（提供的是 2007 年的确诊材料），在某包装公司反复提醒并释明不到岗后果后，仍拒绝到岗，上述行为构成《就业规则》规定的"无正当理由不服从上级指示、命令"，某包装公司可以据此解除双方劳动合同。最后，某包装公司将解除劳动合同的情况通知了公司所在地工会，程序上符合法律规定。

综上，某包装公司解除与司某的劳动关系合法有效，故某包装公司无须向司某支付解除劳动合同的赔偿金。

案例出处：江苏省苏州市中级人民法院民事判决书（2017）苏 05 民终 9157 号。

第 4 条

岗聘分离：能上能下真管理

📖 示范条款

1. 乙方所在岗位，实行劳动合同期限与岗位聘用期限分离，岗位聘用实行 _____ 年一聘。首次聘期为：_____ 年 _____ 月 _____ 日至 _____ 年 _____ 月 _____ 日。聘任期结束后，根据甲方组织架构和干部综合评价结果进行重新聘任。任期结束时，乙方未能竞聘上原岗位的，乙方有权向甲方提供的其他岗位申请竞聘。

2. 乙方未能竞聘上原岗位，亦未能竞聘上甲方提供的其他岗位的，则乙方暂时按待岗处理。待岗期间，甲方应尽可能为乙方提供其他可供竞聘的岗位，乙方有权竞聘相应岗位。

3. 如乙方竞聘其他岗位并被任命，则乙方的薪酬标准自动调整为新岗位对应的薪酬标准，劳动合同自动变更，双方无须另外签订劳动合同或变更劳动合同。乙方待岗期间按照正常工作时间工资标准核发，直至乙方重新上岗后按新岗位的相应薪酬标准发放。

4. 岗位聘用的具体操作，依据甲方内部的规章制度执行。

✅️ 使用指南

从某个角度来看，基于平衡劳资双方不平等关系的考虑，《中华人民共和国劳动合同法》的出台，极大"禁锢"了用人单位劳动用工自主权。深圳蛇口经济开发区建设之初提出人力资源管理的"六能"："干部能上能下，工资能升能降，人员能进能出。"这在《中华人民共和国劳动合同法》的限制下难以有效开展，一不小心，用人单位就会惹上官司。

我认为用人单位有必要对传统的单一的劳动合同制进行优化与完善，提升用人单位用工灵活度，这时岗位聘任制就应运而生。当劳动合同期限较长或为无固定期限合同时，用人单位可以采用岗位聘任制，岗位聘任制是指用人单位可以将劳动合同期限和工作岗位期限分别予以规定的管理机制。一般合同期限较长，岗位期限较短，如需要调整岗位的，在岗位到期后重新予以聘任原岗位或新的岗位。岗位聘任制可以与劳动合同制同时存在，前者是用人单位有权利聘请劳动者在具体岗位工作，后者是用人单位与劳动者保持劳动关系的法律状态。

岗位聘任制在实施中应当与岗位工资制相结合。用人单位可以将固定工资分为多个部分，其中一部分为岗位工资，每个岗位的岗位工资各异，待岗人员、脱产人员无岗位工资。用人单位和劳动者约定正常工作时间工资和在岗位聘期内的岗位工资，同时双方可以在劳动合同中对待岗、脱产期间的工资待遇进行约定。在劳动者正常在岗工作时，用人单位按约定标准支付正常工作时间工资、岗位工资，并按考核结果发放绩效工资。在劳动者待岗、脱产期间，则仅发放正常工作时间工资。

⚖ 以案说法

◎ 竞聘失败是否可以调整员工职务并降低薪资？

陈某与某证券中华广场营业部签订的首期《劳动合同》，期限从 2007 年 10 月 26 日起至 2008 年 4 月 25 日止。2008 年 7 月 28 日，双方签订期限从 2008 年 7 月 28 日起至 2009 年 7 月 27 日止的《劳动合同》。2009 年 8 月 26 日，双方签订期限从 2009 年 7 月 28 日起至 2012 年 7 月 27 日止的《劳动合同》。2012 年 7 月 28 日，陈某与某证券黄埔大道营业部签订期限从 2012 年 7 月 28 日起至 2015 年 7 月 27 日止的《劳动合同》。

2012 年 4 月 12 日和 4 月 16 日，某证券广州分公司先后发布《关于对营销团队进行整合及调整的决定》《关于公开招聘区域总监及区域经理岗位的通知》，决定对营销团队各业务部进行整合及调整，之后通过发送《述职报告模板》让竞聘人参与公开选拔活动。

陈某按时向某证券广州分公司处发送其述职报告，参与该竞聘区域经理岗位的活动，后陈某竞聘落选被撤销原业务部区域经理职务。2012 年 5 月 4 日发出的《关于明确营销团队人员归属及网点对应关系的通知》，确定陈某调整后所属营业部为某证券黄埔大道营业部处。2012 年 5 月 14 日，陈某填写了《广州分公司辖区内营销人员调整所属区域团队或所属营业部申请表》（显示的级别为客户经理，现调整营业部为黄埔大道，申请原因栏显示为工作调整，有其签名），并于 5 月 18 日到某证券黄埔大道营业部处工作至 2012 年 9 月 18 日。

后陈某向法院提起诉讼，并提供公司于 2010 年 2 月 1 日及 2011 年 2 月 16 日向其发出的奖状、2011 年 5 月至 2012 年 4 月广州各区域团队人均业绩排名（缺 2011 年 5 月及 10 月，其中显示 2011 年 8 月陈某新增有效客户数排名第 1，2012 年 1 月陈某的团队排名第 6，2012 年 4 月陈某的团队人均业绩排名第 22），2009 年度优秀区域经理二等奖、

2011 年 2 月获得的营销激励基金奖，证明陈某在公司工作优秀。

此外，陈某认为竞聘上岗的人排名于其后，说明竞聘结果既不公开也不公平，业绩差的可以继续做区域经理，业绩好的反而降职降薪，并在没有与陈某协商的情况下发出将其撤职的公告，将其从属于管理层的区域经理职务直接降为普通营销人员，工资也大幅缩水，陈某认为用人单位的行为具有明显惩罚性，严重侵犯其合法权益，要求公司支付经济补偿金。

而公司主张经公开竞聘，陈某落聘，由区域经理降为客户经理。之后，陈某签字申请某证券黄埔大道营业部客户经理职位，但经公司再三提醒，陈某连续两天以上旷工，不到网点上班，故可对其予以除名。因此，陈某指责公司将其降职减薪、严重侵犯其合法权益，缺乏事实依据，公司无须支付经济补偿金。

📑 案例解析

本案中，某证券广州分公司于 2012 年 4 月基于企业生产经营情况决定整合调整营销团队且对部分团队管理岗位进行公开竞聘，该整合调整决定并非特别针对某个或某几个员工作出，没有侮辱性和惩罚性；被调整员工也并非必然降职减薪，还可通过参加公开竞聘的方式恢复甚至取得更高的管理岗位，故该整合调整决定属于用人单位合法行使用工自主权的范畴，不违反现行法律法规的禁止性规定。据此，陈某参加公开竞聘后因没有竞聘上区域团队管理岗位而被调岗降薪，不属于用人单位无正当理由调岗降薪情形。

同时，其时生效的陈某与用人单位签订的《劳动合同》没有约定陈某的具体工作岗位和薪酬，反而约定用人单位可根据业务需要调整陈某的岗位和薪酬，故用人单位基于营销团队整合调整而对陈某作出的调岗降薪决定也没有违反双方当事人《劳动合同》的约定；且由陈某填写的《广州分公司辖区内营销人员调整所属区域团队或所属营业部申请表》

的情形可知，其当时是同意自己因"工作调整"被调到某证券黄埔大道营业部任客户经理的，随后还参加相应的营销培训，与该营业部签订劳动合同并且已实际履行了该劳动合同，无证据证明陈某当时对该公开招聘区域总监及区域经理岗位活动或被调职提出过异议。

因此，陈某以用人单位非法调岗减薪为由请求用人单位支付经济补偿金，不符合《中华人民共和国劳动合同法》第三十八条、第四十六条的规定，即不符合劳动者可单方解除劳动合同并要求用人单位支付经济补偿的规定，缺乏依据，法院不予支持。

案例出处：广东省广州市中级人民法院民事判决书（2013）穗中法民一终字第5147-5148号。

工作地点：大优先于小

📖 示范条款

1. 乙方工作地点：_____，除临时性工作或者短期学习培训外，如甲方需要乙方到本合同约定以外的地点或单位工作和学习培训，甲方可依据业务发展需要调整乙方工作地点，乙方如有异议，应于调整之日起 5 个工作日内，向甲方书面提出异议，乙方未在规定时间提出异议的，视为乙方同意调整。

2. 甲方有权将乙方派往上述工作地点中的不同分支机构，乙方表示完全接受与服从甲方的安排。若乙方无故不到岗就职的，视为旷工；乙方一年内连续旷工 _____ 天及以上的，或者不服从工作安排，或者调动超过规定时间 3 天及以上的，视为严重违反甲方的规章制度，甲方可以解除与乙方的劳动合同，并不承担任何经济补偿。

✓≡ 使用指南

工作地点的约定范围应适当，一般情况下，既不宜约定"中国""××省"一类过于宽泛的地理范围,使得工作地点的约定失去了应有的作用与意义,也不宜约定"××区"一类过于狭窄的地理范围,这将使得用人单位做任何工作地点的调整都会引起双方协商的阻碍。

一般情况下,用人单位可以将工作地点约定到一个具体的行政区域,例如市,也可以根据工作岗位和工作性质的不同,与不同的劳动者约定不同的工作地点,从而更加有效地与用人单位用工实践相结合。

原则上,在约定的行政区域内,用人单位调整劳动者的工作地点,用人单位基本上不存在任何法律风险,例如:

2015年《深圳市中级人民法院关于审理劳动争议案件的裁判指引》中第八十条规定:"用人单位在深圳市行政区域内搬迁,劳动者要求用人单位支付经济补偿的,不予支持。用人单位由深圳市行政区域内向深圳市行政区域外搬迁,劳动者要求支付经济补偿的,应予支持。"

那么因企业搬迁引起的劳动合同履行问题如何处理呢?

2017年《广东省高级人民法院关于审理劳动争议案件疑难问题的解答》中第九条提到:"企业因自身发展规划进行的搬迁,属于劳动合同订立时所依据的客观情况发生重大变化,用人单位应与劳动者协商变更劳动合同内容。未能就变更劳动合同内容达成协议的,劳动者要求解除劳动合同以及用人单位支付解除劳动合同的经济补偿金的,予以支持。但如企业搬迁未对劳动者造成明显的影响,且用人单位采取了合理的弥补措施(如提供班车、交通补贴等),劳动者解除劳动合同理由不充分的,用人单位无须支付解除劳动合同的经济补偿金。"

当然,从逻辑上而言,用人单位的工作地点约定范围大比小更好,甚至将工作地点约定为全国、全球也是可以的。

⚖ 以案说法

◎ 工作地点约定为全国是否有效？

赵某等十人与深圳某公司因劳动争议纠纷一案，不服二审判决，向广东省高院申请再审。赵某等十人称：公司未提供劳动条件，赵某等十人可以提出解除劳动合同，公司应支付经济补偿金。

赵某等人称：首先，劳动合同中约定的工作地点为全国，属于对工作地点约定不明确，公司带有明显恶意，应以赵某等十人实际工作地点深圳为工作地点。根据《中华人民共和国劳动合同法》第八条、第十七条的规定，工作地点是劳动合同必备条款，将劳动工作地点约定为全国等于是约定不明。

其次，赵某等十人工作岗位为仓库人员，其工作性质不需要到全国各地工作。公司将赵某等十人工作地点单方面变更为东莞，对赵某等十人生活已经造成根本性影响。根据政府相关规定，工作地点变更超出深圳市行政区域的，变更合同达不成一致意见，应支付经济补偿金。

最后，劳动合同解除的原因是公司拒绝提供劳动条件，拒绝赵某等十人进入原工作岗位和工作地点，也不及时在深圳安排新的合理工作岗位，并在劳动仲裁时反诉明确双方劳动关系于2013年6月6日解除，要求返还2013年6月5日后的工资。虽然赵某等十人在接到《关于仓库搬迁通知》后未以书面形式提出异议，但其不同意到东莞工作的意思表示一直很明确。2013年6月6日的录像显示，公司限制赵某等十人进入原龙华仓库，2013年6月9日，赵某等十人到信访局信访，在信访部门的要求下，公司并未与赵某等十人就变更工作地点达成一致意见。

赵某等十人在2013年6月27日提起仲裁，而公司在2013年7月23日提起反诉，要求赵某等十人返还2013年6月5日之后多支付的工资。公司提起反诉并要求返还工资的行为确认双方劳动关系已经在2013年6月6日实质解除。

📑 **案例解析**

关于深圳某公司应否支付经济补偿金的问题，根据《中华人民共和国劳动合同法》第二十九条的规定，"用人单位与劳动者应当按照劳动合同的约定，全面履行各自的义务"。深圳某公司与赵某等十人的《劳动合同书》中关于工作地点约定如下："乙方根据本合同在甲方任职的工作地点为全国，乙方同意甲方可以根据生产经营状况不时安排乙方到其他地方办事或完成工作任务。"赵某等十人作为完全行为能力人，在签订该合同时，对合同的内容应具有普通人的注意义务和预见能力，应预见到工作地点可能会超出深圳市的范围，而其又未提供证据证明在订立该合同时，对该条款的理解存在被欺诈、胁迫或危难等情形，亦未提供证据证明某公司的生产经营范围仅限于深圳市。因此，在赵某等十人选择与深圳某公司订立劳动合同之时，其应当预见到在履行合同的过程中，存在工作岗位、工作地点变更的可能性，但其仍然选择了与深圳某公司订立并履行该合同。因此，在履行合同的过程中，因工作地点的变更而致赵某等十人不愿意继续履行该劳动合同时，却要求深圳某公司承担解除劳动合同的经济补偿金，有违诚实信用原则，超出了深圳某公司在订立合同时预见到或者应当预见到的风险，亦与法律规定的用人单位应承担的经济补偿金的情形不符。因此，法院判决认定上述合同条款有效，深圳某公司将仓库搬迁至与深圳相邻的东莞且没有改变赵某等十人的工作岗位和工资待遇，深圳某公司的行为没有违反劳动合同的约定和法律规定，无须承担支付经济补偿金责任。

案例出处：广东省高级人民法院民事裁定书（2015）粤高法民申字第335-344号。

◎ **同城跨区变更工作地点是否合法？**

陈某2007年9月19日入职案外人某速运（集团）公司，后陈某、某速运公司及案外人某速运（集团）公司于2013年9月1日签订劳动合同变更协议，由某速运公司承继案外人某速运（集团）公司的权利义务，陈某的工作年限及相应的劳动待遇福利报酬由某速运公司承担。陈某与某速运公司于 2015 年 4 月 1 日签订无固定期限劳动合同，约定陈某的工作岗位为劳动操作员，工作地点为深圳。某速运公司于 2015 年 12 月 4 日以邮政快件的方式向陈某发放《员工调动通知书》，以业务管理及人员调整需要为由将陈某从目前的工作地上塘分部调到坑梓分部工作，岗位为分派员，要求陈某从收到通知的第二天到坑梓分部报到工作。该邮政快件的签收时间为 2015 年 12 月 5 日。陈某以某速运公司未经其同意为由拒不服从调动。陈某继续到原工作地点考勤，某速运公司未给陈某派单。2015 年 12 月 11 日某速运公司再次以邮政快件的方式向陈某发放《通知书》，要求陈某 2015 年 12 月 15 日到坑梓分部报到，并说明无故旷工 5 天的理由。陈某仍未到坑梓分部报到。2015 年 12 月 31 日，某速运公司向陈某发送《解除劳动合同通知书》，以陈某无故旷工达 20 多天严重违反公司规章制度为由将其辞退。陈某不服，向法院提起诉讼，要求公司支付违法解除劳动关系经济赔偿金。

📖 案例解析

某速运公司于 2015 年 12 月 4 日向陈某发放《员工调动通知书》，以业务管理及人员调整需要为由将陈某从目前的工作地上塘分部调到坑梓分部工作，两个工作地点均在深圳市的辖区内，符合双方在劳动合同中关于工作地点在深圳的约定。某速运公司将陈某从上塘分部调到坑梓分部并未降低陈某的工资标准，不具有侮辱性和惩罚性，也未违反相关法律规定。陈某主张某速运公司系恶意调岗，无相应的证据证明，其主张法院不予采信。某速运公司根据自身生产经营需要调整员工的工作岗位系企业合法行使用工自主权，陈某未按公司的调动要求到坑梓分部上班已达 20 多天，构成长期旷工。某速运公司的《奖励与处罚管理规定》第二十二条规定："连续旷工 3 天（含）以上或一年内累计旷工达 6 天

（含）以上的，公司将予以解除劳动合同，永不录用。"某速运公司以陈某无故旷工达 20 多天严重违反公司规章制度为由将陈某辞退符合法律规定，无须支付陈某经济赔偿金。

案例出处：广东省深圳市中级人民法院民事判决书（2016）粤 03 民终 14496 号。

第二部分

PART II

招聘录用与试用

第6条

公平就业：让歧视无处可去

📖 示范条款

乙方确认在应聘、面试及入职过程中，甲方已如实告知乙方工作内容、工作条件、工作地点、职业危害、安全生产状况、劳动报酬，并已将工作过程中可能产生的职业病危害及其后果、职业病防护措施和待遇，以及乙方要求了解的其他情况，存疑之处已经向甲方招录人员咨询并获得清晰明确的答案，并未受到就业歧视（包括但不限于性别、地域、民族、身高与乙肝歧视）及其他不公正待遇。

✅ 使用指南

用人单位招聘录用员工的过程中，按照法律规定不能有歧视性的行为，《中华人民共和国劳动法》第十二条规定："劳动者就业，不因民族、种族、性别、宗教信仰不同而受歧视。"第十三条规定："妇女享有与男子平等的就业权利。在录用职工时，除国家规定的不适合妇女的工种或者岗位外，不得以性别为由拒绝录用妇女或者提高对妇女的录用标准。"

除了上述提及的歧视行为外，用人单位还常常在招聘录用上设置各种新的"关卡"，例如不得招用某个籍贯的候选人，不得招用某个血型或星座的候选人，不得招用某个姓氏的候选人等，并不是前面《中华人民共和国劳动法》提到的歧视情形，那么这些是否属于就业歧视的范畴呢？答案是肯定的。按照《中华人民共和国就业促进法》第三条规定："劳动者依法享有平等就业和自主择业的权利。劳动者就业，不因民族、种族、性别、宗教信仰等不同而受歧视。"这些常见或者新型的歧视都被纳入"等"的范围内了。

⚖ 以案说法

◎ 企业因应聘者患病而反悔签订合同是否需要赔偿？

肖某到某电子公司应聘，并通过了该公司的笔试、面试，并就工作待遇、工作岗位达成了一致意见。某电子公司认可，到其公司应聘的员工进入体检环节后，如体检结论显示应聘者无明显的心脏病、肺结核或谷丙转氨酶指数大于40的情况，就会对其录用。2008年3月14日，肖某到某电子公司指定的医院参加入职体检，体检结论为：肖某是乙肝病毒携带者。之后，某电子公司未与肖某签订劳动合同，公司解释理由是该岗位择优录取，且已有其他候选人。肖某提交了其与某电子公司交涉的光盘录音，该录音不清晰，但可分辨有一位女性工作人员在向肖某解释不招录有传染病的人。

2009年1月16日，肖某提出劳动仲裁，仲裁委员会以肖某与某电子公司不存在劳动关系为由不受理案件。肖某向法院起诉，请求法院判令：某电子公司与肖某订立劳动合同，并赔偿经济损失47520元。

📄 案例解析

我国 2008 年 1 月 1 日实施的《中华人民共和国就业促进法》第三十条明确规定："用人单位招用人员，不得以是传染病病原携带者为由拒绝录用。"《就业服务与就业管理规定》第十九条也明确规定，用人单位不得强行进行乙肝体检。2007 年 5 月 18 日《劳动和社会保障部关于维护乙肝表面抗原携带者就业权利的意见》第二条要求，用人单位在招、用工过程中，除国家法律、行政法规和卫生部规定禁止从事的工作外，不得强行将乙肝病毒血清学指标作为体检标准。

本案中，某电子公司与肖某为形成劳动合同关系已进入了缔约磋商并准备订立劳动合同阶段。具体表现为，肖某已通过某电子公司的笔试、面试，并就工作待遇、工作岗位达成了一致意见。

肖某到某电子公司指定的医院参加入职体检，某电子公司将乙肝抗原作为指定体检项目。肖某的体检结论显示其为乙肝病毒携带者。之后，某电子公司未与肖某签订劳动合同。由于肖某已进入体检阶段，按照公司的规定，只要肖某没有明显的心脏病、肺结核或谷丙转氨酶指数大于 40 的情形，就应录用肖某。但肖某因体检结论为乙肝病毒携带者，属于谷丙转氨酶指数大于 40 的情形。另外，肖某提供了其曾与某电子公司工作人员交涉的录音光盘，录音中工作人员向肖某解释不招录有传染病的人。因此，结合上述证据可以认定，某电子公司是以乙肝病毒携带者的理由拒绝录用肖某，这表明某电子公司基于对乙肝病毒携带者的歧视，拒绝录用肖某，从而导致双方之间欲缔结的劳动合同无法成立，某电子公司在主观上存在过错。

在双方劳动合同的缔结过程中，肖某有合理的理由相信某电子公司会与其签订劳动合同，基于上述信赖，肖某会为与某电子公司签订劳动合同而支付一定的费用，比如交通费等，但因某电子公司以肖某是乙肝病毒携带者为由，拒绝录用肖某，从而使其遭受一定的财产损失，以及有可能丧失与其他用人单位签订劳动合同的机会。因肖某未举证证明其损失的准确数额，法院酌情认定某电子公司应赔偿肖某经济损失 5000 元。

案例出处：广东省深圳市中级人民法院民事判决书（2010）深中法民六初字第 1032 号。

第 7 条

诚实信用：弄虚作假行不通

一、诚实信用定义

📖 示范条款

　　诚实信用是甲方招用乙方的绝对标准之一，甲方绝对不招用非诚实信用者；甲方在完全信赖乙方提供的任何信息或资料是合法真实的情况下，与乙方签订此劳动合同；在签订合同前／时，若乙方做出的健康状况承诺、知识技能承诺、工作经历承诺等不真实、不客观或者虚假，或乙方提供虚假资料或隐瞒真实情况的，误导甲方做出与其签订劳动合同的错误决定，双方签订的劳动合同无效。乙方行为属于严重违反公司规章制度，甲方有权单方解除劳动合同，乙方应当赔偿因此给甲方带来的经济损失。

✅ 使用指南

　　《中华人民共和国劳动合同法》第三条规定："订立劳动合同，应当遵循合法、公平、平等自愿、协商一致、诚实信用的原则。"《深圳经济特区和谐劳动关系促进条例》第三条:"构建和谐稳定的劳动关系,应当遵循用人单位和劳动者守法自律、平等协商、诚实信用、共生双赢、公平正义的原则。"无论是国家或地方均明确提出诚实信用原则是建立劳动关系的基本原则之一。

现实中,劳动者在求职过程中缺乏诚信,弄虚作假的情况时有发生,主要以经历作假、薪酬作假、职位作假、职责作假、学历作假、年龄作假等单一或者混合形式出现,容易给用人单位造成潜在的用人风险。用人单位可以要求劳动者在求职过程或者录用环节提供个人诚信的声明,并制作专门的《求职诚信承诺书》,也可以在《求职登记表》《劳动合同》等文本资料上增加有关诚信承诺,明确告知求职者用人单位在诚信上的要求,从而实现对求职者的威慑警示作用。

⚖ 以案说法

◎ 学历造假与公司续签合同是否有效?

2002 年 3 月 1 日唐某某进入某机械公司,从事销售工作。入职时,唐某某向公司人事部门提交了其本人于 2000 年 7 月毕业于西安工业学院材料工程系的学历证明复印件,双方签订了期限为 2002 年 3 月 1 日至同年 12 月 31 日的劳动合同,合同约定 2002 年 3 月 1 日至同年 8 月 1 日为试用期。此后双方每年续签一份期限为一年的劳动合同。2007 年 12 月 25 日,唐某某签署《任职承诺书》一份,内容为:"本人作为某机械公司之员工,特做如下承诺:……本人以往提供给公司的个人材料均是真实有效的,如有作假,愿意无条件被解除合同……"2008 年 12 月 23 日,双方签订《劳动合同补充协议》,约定原劳动合同有效期限顺延至 2011 年 12 月 31 日。

2010 年 6 月 28 日，某机械公司向唐某某出具退工证明，但唐某某不接受。同年 7 月 2 日，唐某某收到某机械公司的律师函，其中载明"鉴于你在求职时向某机械公司出具的有关材料和陈述有虚假，且在工作时间没有完成公司规定的业务指标，没有遵守公司规定的工作纪律和规章，故从即日起某机械公司对你予以开除，即解除与你的劳动合同关系"，落款日期为 2010 年 6 月 30 日。2010 年 7 月 19 日、8 月 11 日，唐某某与某机械公司先后提起仲裁。

📖 案例解析

针对某机械公司解除与唐某某的劳动合同是否合法的问题，首先，《中华人民共和国劳动合同法》第八条明确规定："用人单位招用劳动者时，应当如实告知劳动者工作内容、工作条件、工作地点、职业危害、安全生产状况、劳动报酬，以及劳动者要求了解的其他情况；用人单位有权了解劳动者与劳动合同直接相关的基本情况，劳动者应当如实说明。"而劳动者一方与劳动合同的履行密切相关的情况通常包括劳动者的工作经历、学历及身体健康状况等，用人单位对此有知情权。同时，《中华人民共和国劳动合同法》第二十六条和第三十九条明确规定，以欺诈的手段使对方在违背真实意思的情况下订立的劳动合同是无效的，用人单位可以据此解除劳动合同。

首先，2002 年，某机械公司招聘人员担任阀门销售工作，为选用合适人员，要求应聘人员提供相关学历证明。唐某某应聘时提供虚假学历并做了虚假陈述。某机械公司在招用唐某某时未能发现其学历造假之事，但用人单位是否尽到了审核义务并不是确定合同效力的依据。判断合同是否有效应以是否构成欺诈为前提，而所谓欺诈是指一方当事人故意告知对方虚假情况，或者故意隐瞒真实情况，诱使对方当事人作出错误意思表示。故欺诈的重要认定标准之一是相对人是否基于行为人的行为陷入认识错误，做出错误的意思表示。唐某某在入职时提供虚假学历并做虚假陈述，使某机械公司陷入了错误认识，从而与其签订劳动合同，上述事实客观存在，唐某某的上述行为显然已经构成了欺诈，某机械公司与其解除劳动合同有法律依据。

其次，我国劳动法律在充分保护劳动者合法权利的同时亦依法保护用人单位正当的用工管理权。用人单位通过企业规章制度对劳动者进行必要的约束是其依法进行管理的重要手段。而某机械公司《员工手册》第三十四条规定，员工以欺骗手段虚报专业资格或其他各项履历，公司将予以解雇，且不给予任何经济补偿。原审时，唐某某对该《员工手册》的真实性并无异议。故唐某某提供虚假学历之行为亦系某机械公司规章制度严令禁止的。某机械公司依据企业的规章制度与唐某某解除劳动合同，系其依法行使管理权的体现，亦无不可。

再次，唐某某的行为有违诚信，亦与社会价值取向背道而驰。诚信系做人之根本，而延伸到劳动用工领域，亦是如此。员工在职期间应忠诚于企业，谨守自己的承诺。2007年12月底，唐某某在某机械公司要求其对自己与劳动合同履行相关的资料做如实陈述的情况下，继续向公司隐瞒其先前虚构学历的事实，并作出如有作假同意解除劳动合同的承诺。其对该承诺的法律后果是清楚的，由此造成的法律后果其亦应当承担。故从该承诺的角度出发，某机械公司与其解除劳动合同也是有依据的。

案例出处：上海市第二中级人民法院民事判决书（2011）沪二中民三（民）终字第535号。

◎ 员工学历造假，入职2年多被发现，公司还能解雇吗？

2015年5月5日，于某入职某科技公司工作，当日，其填写了《员工入职履历表》，其上载明：在2007—2011年，于某在上海信息管理专修学院取得本科学历，并签字确认如下申明"我对每一个问题的回答及所提供的资料都是真实的，同意公司获取关于我过去及目前雇主的所有信息及其他合适的资料，公司已经告知本人工作内容、工作条件、工作地点、职业危害、安全生产状况、劳动报酬，员工手册等相关制度已知晓其内容，我知道歪曲这份求职申请表上任何信息都是可以无偿解聘的"；在签批处载明，于某的试用期工资为转正后工资的80%，转正工资为12000元，试用期2个月，职务为JAVA工程师。于某为证明其学习履历，向某科技公司提交了《普通高等学校毕业证书》，载明于某于2007年9月至2011年7月在本校计算机学院计算机信息管理专业学习，修完本科课程，成绩合格准予毕业，落款为"上海信息管理专修学院"并盖章。自2017年3月起，于某的职务调整为技术部门项目经理，月工资调整为25000元。在职期间，于某与某科技公司订立了期限为2年的劳动合同书。2017年5月5日，于某与某科技公司再次订立了《劳动合同书》，约定合同期限为2017年5月5日至2019年5月4日，岗位为技术部门项目经理，并表明"……乙方所提供的各种与甲方招聘要求有关的证件的真实性有疑义的，甲方可以解除本合同……"。

于某正常出勤至2017年11月1日，当日，某科技公司向于某送达了《解除劳动合同通知书》，载明"由于你提交的《普通高等学校毕业证书》在国家指定的查询网站上查询不到任何信息，且你在我公司对其提出疑问后，不能做出合理的说明或解释，亦未提交任何材料证实你的真实学历，我公司认为，你的行为不仅违背了入职时的承诺，亦构成对我公司的欺诈。现依据《中华人民共和国劳动合同法》第二十六条第一款第（一）项、第三十八条（后补正为三十九条）第一款第（五）项之规定，与你解除劳动合同"。于某亦于当日办理了离职交接手续。经核实，于某认可其在入职时提交给某科技公司的上海信息管理专修学院的毕业证书系虚假证书。

后于某申请劳动仲裁，要求某科技公司支付其违法解除劳动合同的赔偿金。某科技公司亦申请劳动仲裁，要求确认双方劳动合同无效并由于某支付公司损失。后经法院审理后裁决，某科技公司无须支付于某赔偿金。

📖 案例解析

《中华人民共和国劳动合同法》第二十六条第一款第（一）项规定，以欺诈、胁迫的手段或者乘人之危，使对方在违背真实意思的情况下订立的劳动合同无效。

于某在入职之时，填写了员工入职履历表，为某科技公司提供了证明其学历的上海信息管理专修学院的毕业证书，且签署了有关如实陈述的申明。因此，于某提供的所有关于其学习、工作履历等相关的证明材料，系某科技公司能否录用于某担任相关岗位的重要考量依据。现于某自认其在入职之时，向某科技公司提交的毕业证书为虚假证书，其行为显然属于以欺诈手段使得某科技公司与其建立劳动关系的行为。于某虽表示其学历并非某科技公司录用其所考虑的因素，且其工作能力已经得到了该公司的认可并续签了劳动合同书，但法院指出，诚信入职本就是劳动者入职的最基本的要求，于某本应如实向某科技公司告知其真实的学历状况并提供真实的证明材料，但其并未向某科技公司说明此情况，足见其提供虚假信息的主观过错。

综上，法院对于某科技公司提出的于某提供虚假的学历证明采用欺诈手段与其建立劳动关系的主张予以采信，法院依法确认于某与某科技公司之间在 2015 年 5 月 5 日至 2017 年 11 月 1 日期间建立的劳动关系属于无效劳动关系，双方订立的劳动合同无效。故某科技公司无须支付于某解除劳动关系的赔偿金，有事实与法律依据，法院对此予以支持。

案例出处：北京市第一中级人民法院民事判决书（2018）京 01 民终 7258 号。

二、诚实信用范围

📖 示范条款

前述违反诚实信用的行为包括但不限于：

1. 离职证明、身份证明、户籍证明、学历证明、收入证明、体检证明等是虚假或伪造的；

2. 应聘前患有精神病、传染性疾病及其他严重影响工作的疾病而在应聘时未声明的；

3. 应聘前曾受到其他单位记过、留用察看、开除或除名等严重处分，或者有吸毒等劣迹而在应聘时未声明的；

4. 应聘前曾被劳动教养、拘役或者依法追究刑事责任而在应聘时未声明的；

5. 与其他公司存在劳动关系或对前雇主负有任何竞业限制义务而在应聘时未声明的等。

本条所指声明均为书面形式，包括但不限于入职登记表、个人简历、人事档案以及其他书面形式。

✅ 使用指南

除了在劳动合同约定相关条款以外，我们还可以通过背景调查、学历检验、身份验证、材料证明等工具来降低用人单位在诚实信用方面的用工风险，具体如下：

1. 背景调查：用人单位可以对求职者的过往履历进行全面背景调查，重点考察求职者的工作时间、任职职位、工作职责、工作成绩、同事评价以及工作中是否存在重大过失等内容。有效的背景调查应坚持"三三制"原则，即至少调查求职者曾经工作过的 3 个单位（如果有的话），每个工作单位至少调查 3 个人，包括求职者推荐的被调查人员、求职者的直接上级以及所在单位 HR，在出现负面评价时用人单位须谨慎确认，甚至可以有策略地与求职者再次确认，防止个别被调查者因为人际关系或其他因素对求职者提供不真实的评价，从而造成用人单位对求职者情况得出错误的判断。通过背景调查，用人单位基本上能够实现对求职者全面、客观、公正评价与认识，考虑实施背景调查会消耗公司人力以及时间成本，用人单位可以针对一定级别以上的管理岗位以及关键岗位实施，从而提升背景调查的效率与有效性。

2. 学历检验：学历作假是求职者作假行为中最为常见的一种现象。用人单位加强对求职者学历的严格检验，将极大降低用工风险。学历分为国内学历与海外学历两大类型。国内学历主要是通过学信网进行查询，最早可以查询到 1991 年以来国家承认的各类高等教育学历证书，范围包括研究生、普通本专科、成人本专科、网络教育、高等教育自学考试以及高等教育学历文凭考试等，其中党校学历除外。海外学历查询主要是通过教育部留学服务中心进行，范围包括在外国大学或其他高等教育机构攻读正规课程所获相应学历、学位证书或高等教育文凭；在经中国国务院教育行政部门批准的中外合作办学机构（项目）学习所获国（境）外学历学位证书，在经中国各省、自治区、直辖市人民政府审批，并报中国国务院教育行政部门备案的高等专科教育、非学历高等教育的中外合作办学机构（项目）学习所获国（境）外高等教育文凭；在中国澳门特别行政区及台湾地区大学或其他高等教育机构攻读正规课程所获相应学历学位证书或高等教育文凭；在中国香港特别行政区大学或其他高等教育机构攻读正规课程所获学士以上（含学士）层次的学历学位证书。值得注意的是，应届毕业生入职时提交的学历信息，因为系统录入资料延迟的缘故，用人单位在应届毕业生刚刚毕业的时候，无法查询到，为避免学历作假，用人单位应在其入职 6 个月左右重新核实应届毕业生的学历信息。

3. 身份验证：因为生活压力，现实中往往出现求职者虚报年龄，隐瞒自己的真实年龄，误导用人单位做出录用决策的情况，最常见的情况就是未成年人进入工作岗位。《禁止使用童工规定》第二条规定"国家机关、社会团体、企业事业单位、民办非企业单位或者个体工商户（以下统称用人单位）均不得招用不满 16 周岁的未成年人"，用人单位未按照国家规定严格执行，未尽到法定的身份验证的义务，招录未成年人的用人单位甚至还可能承担刑事责任。《中华人民共和国刑法》第二百四十四条之一规定用人单位"违反劳动管理法规，雇用未满十六周岁的未成年人从事超强度体力劳动的，或者从事高空、井下作业的，或者在爆炸性、易燃性、放射性、毒害性等危险环境下从事劳动，情节严重的，对直接责任人员，处三年以下有期徒刑或者拘役，并处罚金；情节特别严重的，处三年以上七年以下有期徒刑，并处罚金"。

因此，用人单位招用人员时，必须核查被招用人员的身份证，对年龄方面明显存有疑问的人员必须进行身份信息的验证工作，具体可以通过全国居民身份证号码查询服务中心查验，即通过网络通道传送至公安部"全国居民身份信息数据库"进行比对，得到"一致"或"不一致"的比对结果，如果"一致"还可以进一步比对照片，以确认照片与身份证提交者本人是否一致；对不满十六周岁的未成年人，用人单位一律不得录用；用人单位对录用人员的录用登记、核查材料应当妥善保管，作为用人单位已经履行审查义务的证据。

4. 材料证明：求职者除了应当向用人单位提供学历材料以外，用人单位还应要求求职者提供近期的体检报告、最近 6 个月的薪酬发放记录或者其他薪酬证明文件、前雇主与求职者解除劳动关系的证明、无犯罪记录的证明材料、身份证明材料等资料，用人单位必须按照录用时要求提供的资料进行全面审查，对求职者进行综合分析与判断，不能遗漏所有应审查的项目。复印件还须与原件进行核对，原则上用人单位不能同意求职者延期提供材料，特殊情况下需要延期提供的，求职者应提供延期提供材料的书面申请并报用人单位审批，材料不全的情况下，用人单位不得安排求职者办理入职手续。用人单位在审查材料证明时，须特别注意有些材料求职者无法将原件提供至用人单位，例如学历学位证书等，为防范劳动者提供的材料作假，用人单位必须要求求职者在复印件上签字确认，从而确保材料证明的真实性。

⚖ 以案说法

◎ 员工提供虚假离职证明被录用，公司能否解雇员工？

2017年3月1日，王某入职某财富公司，当日双方签署《聘用函》及《劳动合同》，《聘用函》约定王某的职位为技术中心高级产品经理，劳动合同期限三年，试用期三个月。工资试用期税前人民币23400元/月，转正后税前人民币26000元/月，全年按12个月发放。王某应确认并保证向公司提供的所有文件、资料和信息均合法、真实、完整和准确，如果违反上述任何一项确认或保证，公司有权单方在任何时候无条件撤销此函。因此导致的后果，由个人承担，公司无须承担任何法律责任。《劳动合同》约定合同期限自2017年3月1日起至2020年2月29日止，乙方从事产品岗位的工作，双方确定乙方实行月工资制。乙方应当严格遵守国家法律法规及甲方的各项规章制度，遵守操作规程。乙方违反法律法规及甲方规章制度的，甲方有权进行处理，直至解除本合同。乙方在本合同有效期内有如下情形之一的，甲方有权立即解除本合同，且无须支付任何补偿："……2.严重违反甲方规章制度的……乙方保证其向甲方提供的本人居民身份证、学历证书、就业状况、工作经历、职业技能、原工作单位离职证明、体检健康证明等个人资料和证明均为真实、合法、有效。如因员工提供的上述资料内容虚假，则本合同无效。员工应自行承担合同无效所造成的不利后果，并应当赔偿因此而给公司造成的损失。"

2017年10月11日，某财富公司以王某任职期间，提供虚假离职证明，属于《员工守则》中"严重违纪"行为条目下第4款"向公司提供本人不真实资料而被公司录用的，如提供虚假学历证明、身份证明、薪资证明、资质证明、离职证明的，或伪造、隐瞒真实工作经历等"为由，自2017年10月11日起，解除与王某的劳动合同。王某提供的离职证明载明其2014年5月21日至2016年8月23日于某某公司任职，而某某公司的留存联载明王某在其公司的任职时间为2015年5月21日至2016年8月12日。

2017年10月，王某申请仲裁，要求某财富公司支付违法解除劳动合同的赔偿金52000元。

📑 案例解析

关于某财富公司是否需要支付王某解除劳动合同的经济赔偿金问题，法院认为，王某入职时与某财富公司签署的《员工资料表》《聘用函》及《劳动合同》中明确约定王某应确认及保证所提供文件、资料、信息的合法、真实、完整和准确性。同时，在王某签字确认的《某财富公司员工守则》中亦明确规定提供虚假离职证明属于严重违纪，公司可以解除劳动合同，并且依法不支付经济补偿金。根据本案查明的事实，王某提供的《离职证明》存在涂改，与公司留存联不一致，其所述工作经历亦与实际工作经历不符，而离职证明能够反映出劳动者的工作经验及胜任工作的能力，影响用人单位的录用选择，尤其某财富公司作为金融公司，对员工诚信的考量理应更加严格。王某提供虚假《离职证明》、陈述虚假工作经历的行为违反了诚实信用的原则，某财富公司依据《员工守则》解除与王某的劳动关系，属于合法解除。故其无须支付解除劳动合同的经济赔偿金。

案例出处：北京市第二中级人民法院民事判决书（2018）京 02 民终 5604 号。

三、承诺与保证

示范条款

乙方承诺并保证：与其他任何单位不存在劳动关系，乙方受聘甲方不会违反乙方对前雇主的任何竞业限制义务，甲方不会因雇佣乙方而引发任何诉讼。若因甲方雇佣乙方而引发任何法律责任，全部由乙方承担。

使用指南

用人单位在招聘录用新员工时，必须要严格审查劳动者是否与原用人单位解除或终止劳动关系，否则，用人单位容易承担连带赔偿责任。我们对连带赔偿责任需要了解的是：

第一，连带赔偿责任的法律依据。《中华人民共和国劳动法》第九十九条规定："用人单位招用尚未解除劳动合同的劳动者，对原用人单位造成经济损失的，该用人单位应当依法承担连带赔偿责任。"《中华人民共和国劳动合同法》第九十一条："用人单位招用与其他用人单位尚未解除或者终止劳动合同的劳动者，给其他用人单位造成损失的，应当承担连带赔偿责任。"

第二，连带赔偿责任的赔偿标准。按照原劳动部 1995 年发布的

《违反〈劳动法〉有关劳动合同规定的赔偿办法》第六条："用人单位招用尚未解除劳动合同的劳动者，对原用人单位造成经济损失的，除该劳动者承担直接赔偿责任外，该用人单位应当承担连带赔偿责任。其连带赔偿的份额应不低于对原用人单位造成经济损失总额的百分之七十。应向原用人单位赔偿下列损失：（一）对生产、经营和工作造成的直接经济损失；（二）因获取商业秘密给原用人单位造成的经济损失。赔偿本条第（二）项规定的损失，按《反不正当竞争法》第二十条的规定执行。"

第三，用人单位在诉讼中的法律地位。《最高人民法院关于审理劳动争议案件适用法律若干问题的解释（一）》第十一条："用人单位招用尚未解除劳动合同的劳动者，原用人单位与劳动者发生的劳动争议，可以列新的用人单位为第三人。原用人单位以新的用人单位侵权为由向人民法院起诉的，可以列劳动者为第三人。原用人单位以新的用人单位和劳动者共同侵权为由向人民法院起诉的，新的用人单位和劳动者列为共同被告。"

⚖ 以案说法

◎ 企业招用尚未与原单位解除劳动关系的员工，需要承担何种风险？

1995 年 11 月 15 日，开封某仪表厂与李某签订了无固定期限劳动合同。2002 年 7 月 15 日至 2003 年 12 月 25 日，双方又先后签订了 7 份体积管电控部分承包制造合同，并约定合同履行期间，停止支付李某的劳动报酬。

2003 年 12 月 22 日，开封某仪表厂改制为开封某仪表有限公司（下称"开封某仪表公司"）。开封某仪表公司仍一直为李某缴纳养老保险金至 2010 年 2 月。2004 年 2 月 7 日，李某与温州某科技有限公司签订《技术合作和聘用协议书》，期限至 2005 年 2 月 6 日。此后，李某到浙江某仪表公司工作，与浙江某仪表公司签订了《技术人员聘用合同》，期限自 2005 年 3 月 28 日至 2011 年 3 月 27 日。

2008 年 11 月，开封某仪表公司通知李某要求其于 2008 年 11 月 28 日前到某仪表公司报到，但李某未去报到。

2008 年 12 月，开封某仪表公司申请仲裁，要求确认浙江某仪表公司与李某签订的劳动合同无效，由李某继续履行与开封某仪表公司的劳动合同，同时要求李某返还其离开期间开封某仪表公司为其缴纳的社会保险金 11100.38 元，并要求李某赔偿经济损失 2583000 元，由浙江某仪表公司承担连带责任。

2009 年 7 月 2 日，开封市劳动仲裁院作出裁决，裁决浙江某仪表公司与李某的劳动合同终止，李某与开封某仪表公司继续履行无固定期限的劳动合同，并同时由浙江某仪表公司赔偿开封某仪表公司间接损失 91 万元。浙江某仪表公司对该裁决不服提起诉讼。法院二审裁决维持原判。

案例解析

《中华人民共和国劳动合同法》第三十三条规定："用人单位变更名称、法定代表人、主要负责人或者投资人等事项，不影响劳动合同的履行。"

本案中李某与开封某仪表公司签订的是无固定期限的劳动合同，对双方都应当具有约束力。虽然原开封某仪表厂于 2003 年 10 月改制为现在的开封某仪表公司，但该公司承接了原开封某仪表厂的所有债权债务及员工，原来双方签订的劳动合同仍然有效。该劳动合同第十一条和第十二条与李某约定了保密条款及违约责任，李某在自行离开仪表公司后，利用其掌握的技术秘密及市场信息为浙江某仪表公司工作，直接给浙江某仪表公司带来巨大的经济利益，同时给开封某仪表公司造成巨大的经济损失。我国《反不正当竞争法》中规定的商业秘密具有不为公众所知悉、能为权利人带来经济利益和具有实用性三个特征，本案中李某所掌握的技术秘密及市场信息同时具备了上述三种特性，李某作为开封某仪表公司的高级技术人员，给开封某仪表公司造成了巨大的经济损失。其行为显然侵犯了开封某仪表公司的合法权益，故对于开封某仪表公司的损失应予赔偿。同时，对于开封某仪表公司要求终止双方劳动关系的诉讼请求，应予支持。开封某仪表公司从2004年李某离开后为李某缴纳的社会养老保险金应当由李某退还给开封某仪表公司。

浙江某仪表公司聘用与开封某仪表公司存在劳动关系的李某，对于因此给开封某仪表公司造成的损失依法亦应承担相应的连带赔偿责任。

综上所述，法院判决：一、浙江某仪表公司与李某2005年3月28日签订的《技术人员聘用合同》无效；二、李某于判决生效后15日内赔偿开封某仪表公司经济损失130万元，浙江某仪表公司对该损失承担70%的连带赔偿责任，计91万元。

案例出处：河南省开封市中级人民法院民事判决书（2010）汴民终字第1095号。

第 8 条

背景调查：火眼金睛识别人

一、背调授权

📖 示范条款

乙方对所提交的信息或资料确认真实、合法、有效。乙方同意授权甲方入职前后对其进行背景调查，包括其提交的任何信息或资料。若乙方在职期间提供虚假资料或隐瞒真实情况，属于非诚实信用行为，且属于严重违反公司规章制度的行为，甲方有权单方解除劳动合同。

✅ 使用指南

背景调查作为用人单位招聘录用的关键手段，对于提升人才招聘甄选的有效性，有着极为重要的作用。用人单位在使用背景调查方式时，需要注意以下三点：

第一，背景调查是有法律依据的。《中华人民共和国劳动合同法》第八条规定，用人单位招聘劳动者时，用人单位有权了解劳动者与劳动合同直接相关的基本情况，劳动者应如实说明。什么是基本情况呢？工作单位、职位、学历、履历、离职原因、工作业绩等都属于基本情况。对劳动者的背景调查是受到国家法律法规保护的。

第二，背景调查应该征得劳动者的同意。背景调查涉及的内容基本上与劳动者个人有关，背景调查并不能无限制地扩展其范围，用人单位要避免侵犯劳动者的个人隐私。最佳的做法是：在招聘面试环节，你可以在面试结束的时候，很直接地告诉求职者公司会展开背景调查，或者在求职表上直接注明或在劳动合同中约定背景调查的授权。正常情况下，求职者都是理解而且支持的，否则大概率可以判断劳动者存在问题。

千万不要在没有征得求职者同意的情况下盲目展开背景调查，尤其是在别人还在职的情况下，如果当时劳动者在没有辞职的情况下寻找新的工作机会，结果用人单位背景调查做到劳动者现在的工作单位，这样就非常容易引起纠纷，甚至承担法律风险。

第三，背景调查适用于所有人员。背景调查并非只是关键岗位的专利，我们一般理解用人单位中的关键岗位包括中高层、财务、技术人员。实际上，这种想法是片面的，在资源充沛的前提下，建议用人单位可以对所有新入职的人员都做好背景调查工作。哪怕是保安、司机、前台等，看起来是基层岗位，实际上要么掌握了公司的某些资产，要么掌握了公司内部信息，如果任用不合适的人员，都可能给用人单位带来巨大的损失，通过背景调查可以极大降低用人单位用工风险。当然，用人单位在实施背景调查时，可以差异化对待，对于关键岗位采用更加全面、细致、深入的背景调查，而非关键岗位只做必要性的背景调查。此外，在某些特殊情况下，用人单位也可以对在职人员实施有针对性的背景调查，例如内部审计等。

⚖ 以案说法

◎ 用人单位以应聘者未能通过背景调查为由撤销了聘用函，是否合法？

2016 年初，任某向某管理公司投递应聘工作的简历，经面试后，某管理公司于 2016 年 2 月 18 日通过电子邮件向任某发出聘用函，言明：某管理公司聘用任某为秘书，工作起始日期在 2016 年 3 月 23 日；基本年薪为 117000 元，将等分成每月 9000 元的基本月薪，共计支付十三个月的基本月薪；在确认接受该聘用时，任某保证与原雇主或任何其他方没有任何协议妨碍任某接受某管理公司提供的职位，或履行任某作为某管理公司员工的义务；在任某成功通过聘用前体检及背景调查后，该聘用函才生效；请在本聘用函上签字后，扫描并发送邮件至指定的招聘人员，如某管理公司在任某收到本聘用函 5 个工作日内未收到任某的签字确认，本聘用函自动失效。同日，任某收到该聘用函并签名、扫描后发送电子邮件至某管理公司。2 月 25 日，任某进行了体检，为此任某支出体检费 270 元。

另查明，任某原在某投资公司工作，任某在收到某管理公司的聘用函后提出辞职，并于 3 月 21 日与某公司解除劳动合同。某管理公司雇佣北京某咨询公司对任某的教育及工作等背景进行调查核实。2016 年 2 月 24 日，任某在向某管理公司提供的背景核实信息表中，某公司主管信息一栏中填写为陈某，离职前薪酬填写为基本月薪 7000 元、补贴 600 元。3 月 2 日，任某向某管理公司员工发送电子邮件，言明：经与上级确认，入职日期为 3 月 23 日没有问题，任某目前直接上司为李某，亦为本次背景调查的对象，某管理公司可以开始背景调查。北京某咨询公司出具的背景调查报告中，向陈某核实的报告备注中言明：致电任某本人提供的主管陈某，对方核实了任某的工作经历；向李某核实的报告备注中言明：调查人又联系了在 3 月 2 日收到某管理公司的邮件中提供的主管李某，李某表示其是任某的直线主管，也是任某的汇报对象，而陈某是技术服务与发展总监，是大领导，李某表示其手下有 30 余人，任某 80% 的工作内容是为李某和其团队提供支持，20% 的工作内容是服务陈某，经与某投资公司核实，李某的职务是高级研发经理。后任某得知背景调查未能通过，且经电话联系，某管理公司告知任某聘用函已被撤销。2016 年 5 月，任某对某管理公司提起诉讼，并聘请律师支付了律师费 3000 元。

📑 案例解析

法院认为，当事人在订立合同过程中有违背诚实信用原则的行为，给对方造成损失的，应当承担损害赔偿责任。本案中，任某经过面试收到某管理公司的聘用函，该聘用函明确了任某的工作岗位、入职时间及薪资，并就体检、背景调查作了相关安排，任某基于此足以产生某管理公司将与其订立劳动合同的合理信赖，故与原工作单位解除了劳动合同为入职某管理公司做准备。然而某管理公司以任某未能通过背景调查为由，撤销了聘用函，对此某管理公司称任某原服务的主管级别不够，任某没有总监助理的工作经验，且任某提供虚假信息，对任某的诚信持有怀疑，故决定不聘用任某。法院认为，任某于背景核实信息表中提供的主管系总监陈某，经调查，任某的部分工作确系服务于陈某，且之后任某又主动向某管理公司提供直线主管经理李某供背景调查，可见任某并未作虚假陈述，也不存在恶意隐瞒。某管理公司在已经向任某发出聘用函的情况下，又以未能通过背景调查为由拒绝聘用任某，缺乏正当性、合理性，该行为有违诚信，某管理公司应对由此给任某造成的损失承担赔偿责任。任某基于对某管理公司的合理信赖而与原工作单位解除了劳动合同，然某管理公司又拒绝聘用任某，任某由此产生失去工资收入损失，法院考虑任某于某管理公司撤销聘用函后需要一定期限寻求新工作，并结合任某于原公司的收入及聘用函中明确的月薪情况，酌定支持

任某的工资收入损失 25000 元。任某主张体检费 270 元，该费用系任某
为与某管理公司建立劳动合同关系而支出，且有体检费发票为证，法院
予以支持。任某主张交通费 1000 元，法院考虑任某参加面试、体检等
必然发生一定交通费，然而任某主张金额过高，法院酌定为 500 元。

综上，法院判决某管理公司赔偿任某工资收入损失 25000 元及体检
费 270 元、交通费 500 元。

案例出处：上海市浦东新区人民法院民事判决书（2016）沪 0115 民初 38219 号。

二、离职评价

📖 示范条款

乙方知晓并同意其离职后，甲方有权向专业背景调查机构、政府机
构以及可能录用乙方的机构，提供乙方在职期间的客观工作评价。

乙方同意按照公司离职流程办理完成离职手续后，甲方按照国家法
律规定向乙方开具离职证明。

✅ 使用指南

离职评价是用人单位在人力资源管理过程中较新的问题，主要涉及
以下三个方面的问题：

第一，用人单位能否对劳动者离职予以评价？答案是可以的。按照
《就业服务与就业管理规定》第十三条："用人单位应当对劳动者的个

人资料予以保密。公开劳动者的个人资料信息和使用劳动者的技术、智力成果，须经劳动者本人书面同意。"因此，我们向外部提供劳动者离职评价的时候应当事先约定。

第二，用人单位能否在离职证明中予以负面评价？答案是否定的。按照《中华人民共和国劳动合同法实施条例》第二十四条："用人单位出具的解除、终止劳动合同的证明，应当写明劳动合同期限、解除或者终止劳动合同的日期、工作岗位、在本单位的工作年限。"除了法律规定在离职证明中须标明的内容外，不得填写其他内容。按照《中华人民共和国劳动合同法》第八十九条规定："用人单位违反本法规定未向劳动者出具解除或者终止劳动合同的书面证明，由劳动行政部门责令改正；给劳动者造成损害的，应当承担赔偿责任。"劳动者应该依法享有平等就业和自主择业的权利，如果公司在离职证明上写明了不利于劳动者就业的负面信息，违反了求职平等原则，导致劳动者丧失就业机会的话，需要承担赔偿责任。

第三，用人单位能否对劳动者离职进行负面评价？答案是肯定的。但是用人单位需要注意负面评价的客观性，保存相应的证据，有理有据，当然可以做出实事求是的负面评价。但如果用人单位的负面评价纯粹是捏造事实，诋毁劳动者声誉，劳动者是可以拿起法律武器进行维权的。

⚖ 以案说法

◎ 用人单位如何证明员工试用期不合格？

李某于 2013 年 7 月 15 日入职某皮革制品公司，担任人事助理一职。双方签订了期限为 2013 年 7 月 15 日至 2016 年 7 月 14 日的书面劳动合同，并约定试用期为 2013 年 7 月 5 日至 2014 年 1 月 14 日。劳动合同

第十条第（二）项载明："下列文件规定为本合同附件，与本合同具有同等效力：3. 职务说明书。"

2013 年 9 月 10 日，某皮革制品公司向李某出具试用期不合格通知单、试用期考核评估表，并解除与李某的劳动合同。其中，试用期考核评估表中的"评语"处填写："对降低新人离职率的专案一直未能有效展开，影响工作进度，工作无重点，无逻辑性。入职近 2 个月以来，对公司各类别员工区分不清，无法有针对性地开展培训工作。""得分影响"处填写："1–10 项所得总分共 70 分，具体目标达成事项所得总分共 30 分，最后总分 26 分……""考核结果"处填写："考核等级为：劣等，试用期不合格，不予录用。"试用期不合格通知单载明："李某小姐……您的工作能力、表现还未能达到此岗位的需求。请您在收到此通知单的当天办理工作交接以及离职手续，公司将额外补充三天的薪水。后附您的试用期考核评估表。"李某否认存在试用期考核评估表、试用期不合格通知单上记载的试用期不合格的情形。

后李某就解除劳动合同赔偿金等问题提出申诉请求：某皮革制品公司支付违法解除劳动合同的赔偿金 3000 元。仲裁庭裁决：驳回李某的全部申诉请求。李某不服仲裁裁决，在法定期限内起诉。法院最终裁决某皮革制品公司应当向李某支付违法解除劳动关系的赔偿金 3000 元（3000 元 / 月 × 0.5 月 × 2 倍）。

📖 案例解析

本案争议问题：某皮革制品公司是否需要向李某支付违法解雇的赔偿金，若需要，数额是多少。

《最高人民法院关于民事诉讼证据的若干规定》第六条规定："在劳动争议纠纷案件中，因用人单位作出开除、除名、辞退、解除劳动合同、减少劳动报酬、计算劳动者工作年限等决定而发生劳动争议的，由用人单位负举证责任。"本案中，某皮革制品公司提供劳动合同、

HR 培训岗位职责说明书、试用期考核评估表等，主张李某在试用期内不符合录用条件给予辞退。某皮革制品公司提供的人资培训反馈、仲裁庭调查笔录证明李某对新员工庄某某进行入职培训时怠于履行职责且错误百出；但仲裁庭调查笔录与人资培训反馈的内容均为庄某某的证人证言。根据《最高人民法院关于民事诉讼证据的若干规定》第六十九条"与一方当事人或者其代理人有利害关系的证人出具的证言"的规定，庄某某的证人证言不能单独作为认定案件事实的依据。HR 培训岗位职责说明书已明确规定李某的工作职责。试用期考核评估表为某皮革制品公司对李某的工作评价，在某皮革制品公司未能提供证据证明李某存有违反工作职责及评估表上记载的情形的情况下，法院认定某皮革制品公司违法解除李某劳动关系，某皮革制品公司依法应向李某支付违法解除劳动关系的赔偿金。李某于 2013 年 7 月 15 日入职，2013 年 9 月 10 日被解雇，其正常工作期间的月平均工资为 3000 元。因此，某皮革制品公司应当向李某支付违法解除劳动关系的赔偿金 3000 元（3000 元/月×0.5 月 ×2 倍）。

案例出处：广东省东莞市中级人民法院民事判决书（2014）东中法民五终字第 1031 号。

第 9 条

录用条件：想说爱你不容易

📖 示范条款

乙方符合下列情形之一的，属于不符合甲方的录用条件，甲方有权终止乙方的试用：

录用条件 1：入职

因乙方未能在 30 天内提供甲方入职要求的相关资料，或因乙方原因使得甲方无法办理录用或社会保险缴纳手续的。

乙方未与原用人单位解除或终止劳动关系的，或与原用人单位存在竞业限制的。

录用条件 2：培训

在试用期内，甲方将在乙方入职后安排新员工培训，乙方未履行请假手续缺席新员工培训的。

录用条件 3：请假

在试用期内，乙方请事假超过 5 天，或迟到超过 5 次，或出现旷工行为的。

录用条件 4：考核

在试用期内，甲方会根据乙方入职岗位需要安排各种考核，包括但不仅限于新员工培训考核、转正答辩、笔试、撰写方案、拟定文件、工作满意度评估等方式，若试用期某项考核不合格或考核作弊或考核分数低于60分的。

销售人员入职3个月内须达到以下业绩要求：签约 / 回款至少_____万元。未达前述业绩标准的，属于乙方不符合录用条件的情形，甲方可以单方解除合同。

录用条件5：健康

患有精神病或国家法规禁止工作的传染病，身体健康状态无法保证正常工作的。

使用指南

为避免用人单位随意解除试用期劳动关系，保护劳动者的合法权益，限制用人单位用工权力，《中华人民共和国劳动合同法》对试用期解雇加以限制性规定，即用人单位只能依据《中华人民共和国劳动合同法》第三十九条和第四十条法定的9种情形解雇试用期劳动者，但这并不意味着用人单位在管理上丝毫没有自主权，实践中，用人单位在试用期解雇劳动者时，时常被劳动者告上法庭，更为可悲的是，大部分都是以用人单位败诉而告终。本条款的设计依据是《中华人民共和国劳动合同法》第三十九条："劳动者有下列情形之一的，用人单位可以解除劳动合同：（一）在试用期间被证明不符合录用条件的……"

用人单位成功援引本条款解雇处于试用期的劳动者，一般须有能力做到以下三个方面：

首先，用人单位须制定各个岗位的录用条件，录用条件应客观准确地反映岗位对劳动者的任职资格要求；

其次，用人单位将岗位录用条件告知劳动者，劳动者必须明确知悉所在岗位的录用条件；

最后，用人单位能够证明劳动者不符合录用条件。

要做到这三个方面，对于绝大多数用人单位来说并非易事，原因在于用人单位的岗位设置繁多，工作职责千差万别，人力资源部门不可能做到对每个岗位都制定详细的录用标准，所以实施难度非常高。

然而，录用条件并不意味着用人单位只能在发布的招聘广告或者岗位说明书中注明，还可以是在试用的过程中加以考核判断。用人单位可以转变操作思路，将劳动者在试用期接受用人单位的考核或考试，作为是否符合录用条件的标准，这样用人单位就掌握了对劳动者是否符合录用条件的主动权，极大简化了适用本法条的难度。

⚖ 以案说法

◎ 员工未按要求提交入职材料，公司与其解除劳动关系系违法解除吗？

2016 年 8 月 11 日，某计算机公司厦门分公司与马某签订《劳动合同书》，约定合同期限自 2016 年 8 月 9 日起至 2019 年 8 月 8 日止，试用期自 2016 年 8 月 9 日起至 2017 年 2 月 8 日止，岗位为高级销售经理，工作地点广州市，月工资为 13000 元。《劳动合同书》第二十七条约定，如果马某未能在 30 天内提供其被录用的相关资料或办理相关手续，致使某计算机公司厦门分公司无法办理录用及社会保险缴纳手续的，某计算机公司厦门分公司可立即单方解除合同等。某计算机公司 2016 年 8 月 4 日发给马某的《录用意向书》邮件中特别说明"若在此过程中发现您提供的信息与实际情况不符，此录用意向书将视为无效；如双方已签订劳动合同，任何时候均视为严重违纪，公司均有权单方解除劳动合同"等，同时要求马某在上班当日将"原单位离职证明"（原件）等材料提交给公司，并且后续多次催促马某提交，马某至

2016年11月18日提起仲裁时仍未提交。2016年8月4日，马某在填报《应聘登记表》中现工作状态栏为已离职，在江苏某网络公司工作起止时间为2014年9月至2016年6月。马某承诺提供的信息真实无误，如提供虚假材料或故意隐瞒事实，某计算机公司厦门分公司有权随时终止双方的劳动关系。

2016年9月21日，某计算机公司厦门分公司向马某发出《劳动合同解除通知书》，主要内容是马某入职后未按规定时间提交原单位的离职证明，故某计算机公司厦门分公司依据《录用意向书》和《劳动合同书》第二十七条约定，对马某作出解除劳动合同处理。某计算机公司厦门分公司是某计算机公司的分公司，不具有独立法人资格，某计算机公司具有独立法人资格。

2016年11月18日，马某申请仲裁，请求某计算机公司支付解除劳动合同的经济补偿金13000元及未提前30日通知解除劳动合同的补偿金13000元；某计算机公司厦门分公司和某计算机公司承担连带清偿责任。

2017年2月20日，仲裁委员会作出裁决：1.某计算机公司支付马某解除劳动合同的经济补偿金6500元；2.驳回马某其他仲裁请求。

某计算机公司厦门分公司和某计算机公司不服仲裁裁决，向法院提起诉讼，马某对裁决未提出异议。案件审理过程中，马某提供一份落款为江苏某网络公司，时间为2016年10月9日的《离职证明》复印件，主要内容证明马某自2014年10月3日起在该公司工作，于2016年5月31日从该公司离职。

📄 **案例解析**

法院经审理认为，依据《最高人民法院关于审理劳动争议案件适用法律若干问题的解释（一）》（2001）第十三条的规定："因用人单位作出的开除、除名、辞退、解除劳动合同、减少劳动报酬、计算劳动者工作年限等决定而发生的劳动争议，用人单位负举证责任。"

本案中作为用人单位的某计算机公司厦门分公司和某计算机公司提供了《劳动合同书》《录用意向书》《电子邮件截图》《聊天记录》和《应聘登记表》等证据以证明自己的主张。《劳动合同书》第二十七条明确约定，因马某未能在 30 天内提供其被录用的相关资料或办理相关手续，致使某计算机公司厦门分公司无法办理录用及社会保险缴纳手续，某计算机公司厦门分公司可立即单方解除合同等。在《录用意向书》中亦特别说明"若在此过程中发现您提供的信息与实际情况不符合，此录用意向书将视为无效；如双方已签订劳动合同，任何时候均视为严重违纪，公司均有权单方解除劳动合同"，并明确要求马某在上班当日将"原单位离职证明"（原件）等材料提交给公司。然马某至 2016 年 11 月 18 日提起仲裁时仍未提交其被录用的相关资料，违反双方的合同约定，某计算机公司厦门分公司因此依据《录用意向书》和《劳动合同书》第二十七条的约定解除与马某的劳动合同，符合双方的约定，未违反相关法律规定。马某在本案审理过程中虽提供一份落款为江苏某网络公司，时间为 2016 年 10 月 9 日的《离职证明》复印件，但该《离职证明》落款时间 2016 年 10 月 9 日，早于马某提起仲裁的 2016 年 11 月 18 日，却未在仲裁期间作为证据提供不符合常理，某计算机公司厦门分公司和某计算机公司亦对该证据"三性"[1]均不认可，且未有原件核对，马某亦未到庭作出说明，因此法院无法采信该证据的证明内容。综上，法院裁决某计算机公司厦门分公司和某计算机公司无须向马某支付解除劳动合同的经济补偿金。

案例出处：福建省厦门市思明区人民法院民事判决书（2017）闽 0203 民初 4547 号。

---

[1] "三性"即合法性、真实性、相关性。

◎ 员工无故缺席培训，用人单位如何应对？

刘某系某酒店餐饮部服务员，其最后一期劳动合同期限为 2016 年 4 月 21 日至 2017 年 4 月 20 日。2016 年 5 月起，因酒店整体装修而停止对外经营，部分员工负责后续整理打包等工作。2016 年 6 月 3 日，某酒店与装修公司办理整体移交，当日出具书面通知，通知包括刘某在内的六名员工 6 月 6 日前往同属江东区的宁波汉雅新晶都酒店参加为期三天的知识培训，无故缺席的视为旷工。刘某确认收到此通知，但并未前往指定地点参加，而是继续留在某酒店大堂。2016 年 6 月 13 日，某酒店因刘某连续旷工三天以上等行为严重违反酒店规章制度，故根据《员工手册》相关规定，通知刘某解除劳动合同关系，并已通知酒店工会。该版《员工手册》酒店三届一次职工代表大会通过生效，刘某已经签字确认。

刘某声称其从未进过学校读书，处于文盲状态，即使看到通知也不能理解其中条款的具体含义，且其虽然没有到培训现场，但也未留在家里或者去其他地方，而是仍然留在被上诉人处从事清理等工作，也是上班和正常出勤，而非酒店规章制度所规定的旷工。

📝 **案例解析**

在不违反法律规定的前提下，用人单位对劳动者的工作安排具有相对的支配权和管理自主权，劳动者有服从的义务。本案中，某酒店因装修而停止营业，其要求刘某等员工到同位于宁波市区的另一地点参加业务培训，符合情理，亦不违反法律规定。刘某在签收相应书面通知、明确知晓培训报到时间和地点后仍拒不参加，某酒店据此认定其旷工并无不当。某酒店提供的职工代表名单及签到表、《员工手册修改草案》讨论稿解读、表决通过单等证据互相印证，足以认定其《员工手册》的制定符合《中华人民共和国劳动合同法》第四条规定的民主程序，且刘某在劳动合同补充条款中已签字确认，可以作为审理本案的依据。因此，某酒店以刘某连续旷工、严重违反规章制度为由作出解除劳动合同决定，不违反法律规定，刘某要求酒店支付违法解除劳动合同赔偿金的请求缺乏事实和法律依据，法院未予支持。

案例出处：浙江省宁波市中级人民法院民事判决书（2017）浙02民终177号。

◎ 员工试用期请假时间过多，用人单位解除劳动合同，是否合法？

2016年12月26日，某环保公司向刘某发出《入职通知书》一份，通知刘某于2017年1月3日至某环保公司报到，并告知刘某聘用是否生效取决于其是否接受以下条款：1. 薪酬，工资标准为6000元/月，工资构成为基本工资+岗位工资+加班工资+绩效工资+各类补贴；2. 福利，公司根据相关规定缴纳工伤保险、失业保险、医疗保险、养老保险、生育保险及住房公积金，个人需要承担的部分由公司在月工资中代扣代缴；3. 试用期，劳动合同期限为3年，其中包含试用期6个月，试用期自被告刘某与公司签订正式聘用合同开始算起。

2017年1月3日，刘某在聘用确认函的签名处签名，确认函载明：某环保公司，本人已经仔细阅读了上述《职位确认书》，并已明确了所有条款的含义，本人愿意接受以上内容，并接受贵公司的聘用。

同日，双方签订《劳动合同》，约定：1. 劳动合同期限及试用期内不合格的约定。自2017年1月3日起至2020年1月2日止，并约定试用期自2017年1月3日起至2017年7月2日止。乙方（刘某）出现以下情况之一的，甲方（某环保公司）可提前三日通知乙方解除劳动关系：①试用期考核不合格也无延长试用期可能的（试用期测评分低于70分者）；②被公司发现在面试过程中弄虚作假的；③试用期品行不良，经常迟到、早退，无故旷工，或请假天数超过3天/月的；……

2017年6月29日，某环保公司工会委员会向某环保公司人力资源部回函一份，载明：公司关于《对刘某解除劳动合同的函告》收悉。经了解，刘某的综合得分为 47 分，且在试用期间累计请事假达 20 天，不符合《劳动合同》中约定的录用条件。同意公司意见，与刘某解除劳动关系，并依法办理解除劳动合同手续。同日，某环保公司向刘某发出《解除劳动合同通知书》，载明："刘某，你于 2017 年 1 月 3 日正式入职我公司担任法务一职，约定期限为 2017 年 1 月 30 日至 2020 年 1 月 2 日，其中试用期 6 个月，即 2017 年 1 月 3 日至 2017 年 7 月 2 日。经试用期考核，你不符合公司正式录用条件，也无延长试用期的可能且试用期间请假超过 3 天 / 月。现正式通知你试用期不合格，请您收到该通知后于 2017 年 7 月 1 日上午到人力资源部办理离职手续，同时解除劳动关系。无故未办理离职手续者，视为您已认可，并放弃任何权利。附：试用期请假情况：3 月份 5 天，4 月份 1 天，5 月份 6 天，6 月份 8 天。"同年 7 月 1 日，刘某签收了《解除劳动合同通知书》，并在下方注明："本人收到原件，但对通知书内容不予认可。"2017 年 7 月 12 日，刘某申请仲裁，要求某环保公司支付违法解除劳动合同的赔偿金。

📑 案例解析

被告某环保公司与原告刘某解除劳动关系是否合法？原、被告双方在《劳动合同》中约定将请假天数超过 3 天 / 月作为试用期不合格的约定，并非限制劳动者在试用期内请假的自由。刘某自身作为法律专业人士，在签约时对该条款的含义应当有清楚的认识，在合同签订时如认为该约定属于无效情形，也可以要求修改或拒绝签订，其自愿签订协议之后就应当遵守双方的约定，并在试用期内以该协议中的该款约定约束自己的行为，某环保公司同意刘某请假也并不表示某环保公司对合同试用期不合格的条件进行了修改。因此，原、被告之间将请假天数超过 3 天 / 月作为试用期不合格的约定并不违反法律强制性规定，刘某在自愿签订协议的情形下又提出该条款违反法律规定及社会公共利益，有违诚信原则，现某环保公司在刘某出现试用期内 2017 年 3 月、5 月、6 月请假天数均超过 3 天 / 月的情形，并在刘某试用期考核评定不合格的情形下，解除劳动合同符合双方约定，不违反法律规定，刘某要求某环保公司支付违法解除劳动合同的赔偿金，法院不予支持。

案例出处：江苏省盐城市亭湖区人民法院民事判决书（2018）苏 0902 民初 78 号。

◎ **以试用期不符合录用条件为由终止合同，证据不足须赔偿**

黄某于 2014 年 1 月 14 日入职某百货公司，在财务部门工作，任职收银员，同日双方签订期限为三年的《劳动合同》，约定试用期至 2014 年 3 月 13 日，黄某执行标准工作制度。

2014 年 2 月 24 日，某百货公司出具《解除（终止）劳动合同书》一份，载明："黄某同志：你与某百货公司于 2014 年 1 月 14 日签订的劳动合同，依据你试用期工作的表现，于 2014 年 2 月 24 日起解除（终止）劳动合同关系。请你于接到本通知之日起十五日内到公司人力资源部办理劳动合同解除及档案转移手续，逾期不办理手续者责任自负。"

对于解除原因，黄某称系某百货公司主管龚某 2014 年 2 月 23 日晚无故口头通知将其辞退，并要求其于 2014 年 2 月 24 日办理离职。某百货公司对此不予认可，称系黄某不符合试用期录用条件。

为证明黄某在试用期不符合录用条件，某百货公司提交转正、晋升考核审批表予以证明。审批表的作出时间为 2014 年 2 月 23 日，考核内容包括专业知识、对岗位工作理解、成本意识、执行能力、商户沟通能力、遵章守纪、完成情况、书面表达能力等部分，分为自评分数和直接上级考评分数，审批意见为"未达到公司转正标准，不同意转正，部门考核未通过，终止试用期劳动合同"，某百货公司部门负责人、人力资源部负责人、总经理均在审批表中签字确认。在某百货公司上述人员签字下方即审批表尾部有员工本人确认一栏，内容为打印体，显示"本人接受公司的晋升、转正等日常考核。认可考核内容、方法，悉知考核结果。同意公司对本人相关的处理决定"。审批表最下方有员工本人黄某签字，落款时间为 2014 年 2 月 21 日。黄某认可审批表最下方本人签字及自评分数为本人填写，但称自己签字时审批表其他内容均为空白、某百货公司从未告知其录用标准且某百货公司作出审批意见时间晚于自己签字时间，故对审批表不予认可。

📄 案例解析

《中华人民共和国劳动合同法》第二十一条规定："在试用期中，除劳动者有本法第三十九条和第四十条第一项、第二项规定的情形外，用人单位不得解除劳动合同。用人单位在试用期解除劳动合同的，应当向劳动者说明理由。"第三十九条规定："劳动者有下列情形之一的，用人单位可以解除劳动合同：（一）在试用期间被证明不符合录用条件的；……"

本案中，某百货公司以黄某在试用期间不符合录用条件为由与黄某解除劳动关系，某百货公司就此提出的证据为转正、晋升考核审批表，新员工入职培训确认书，员工手册。因转正、晋升考核审批表中某百货公司做出审批意见时间晚于黄某签字确认时间，故某百货公司提交的此项证据无法证明黄某知晓考核审批意见，亦无法证明某百货公司向黄某说明了解除劳动关系的理由。因新员工入职培训确认书、员工手册中并未显示明确具体的录用条件，故某百货公司提交的此项证据无法证明其已告知黄某录用条件。

综上，某百货公司未举出充分证据证明其与黄某解除试用期劳动合同关系符合《中华人民共和国劳动合同法》第三十九条之规定，故其属于违法解除，某百货公司向黄某支付违法解除劳动关系的赔偿金符合法律规定。

案例出处：北京市第三中级人民法院民事判决书（2015）三中民终字第 09322 号。

◎ 公司辞退试用期内患传染病员工，需不需要做出赔偿？

2010 年 12 月 27 日，胡某到某生物工程公司从事洗瓶岗位生产技术工作。双方签订了三年期限的书面劳动合同，合同约定试用期 6 个月，每月工资 2040 元，试用期工资为 1632 元。该合同第二十七条约定，合同的附件包括双方签订的《岗位职责说明书》，该岗位职责说明书中岗位特征第四项体能要求为：健康、无传染病和皮肤病，能够从事疫苗生产。

2011 年 6 月 3 日，某生物工程公司组织原告胡某到医院体检中心体检，乙肝五项体检结果显示乙肝表面抗原阳性（＋）、乙肝 e 抗原阳性（＋）、乙肝核心抗体阳性（＋）。2011 年 6 月 16 日，某生物工程公司作出《公司解除劳动合同书》，解除劳动合同原因为：在试用期被证明不符合录用条件。其他说明为：身体条件不符合药品 GMP 生产法规要求。2011 年 6 月 16 日，某生物工程公司将《解除、终止劳动关系（合同）通知书》送达胡某。2011 年 6 月 17 日，双方解除劳动关系情况在当地劳动和社会保障局备案。2011 年 6 月 16 日，胡某离开某生物工程公司。某生物工程公司发放了胡某在某生物工程公司处工作期间的工资。

2012 年 5 月 9 日，胡某申请仲裁，要求：1. 裁决某生物工程公司以乙肝携带为由辞退胡某的行为违法。2. 裁决某生物工程公司就对胡某造成的损害向其公开赔礼道歉。3. 裁决某生物工程公司赔偿精神损害抚慰金 50000 元。4. 裁决某生物工程公司赔偿胡某经济损失及与此有关的其他损失 85400 元。后经法院审理裁决，某生物工程公司解除与胡某的劳动关系合法有效，驳回原告胡某的诉讼请求。

📑 **案例解析**

法院经审理认为，胡某与某生物工程公司签订的《劳动合同书》合法有效，双方在《劳动合同书》附件《岗位职责说明书》中约定了劳动者的岗位职责，胡某应予遵守。胡某在试用期体检不符合与某生物工程公司签订的岗位职责说明书约定，被告依据《中华人民共和国劳动合同法》第三十九条第（一）项规定，解除与原告的劳动关系，合法有效。故胡某要求被告赔礼道歉、支付精神损害抚慰金、工资损失依据不足，法院不予支持。

案例出处：河北省唐山市路北区人民法院民事判决书（2012）北民初字第1899号。

第三部分

PART Ⅲ

工作时间与休假

第 10 条

工作时间：工时选择有学问

一、标准工作制

📖 示范条款

1. 甲方确定按照方式 ____ 确定工作时间。

方式 1：标准工作制，每周工作 5 天，轮休 2 天，每天工作 8 小时，每周正常工作不超过 40 小时。

工作时间如下：

时间段 1：____ 时 ____ 分至 ____ 时 ____ 分

时间段 2：____ 时 ____ 分至 ____ 时 ____ 分

时间段 3：____ 时 ____ 分至 ____ 时 ____ 分

......

其余时间为用餐、休息等非工作时间。公司有权根据工作需要适当调整工作时间。

方式 2：标准工作制，每周工作 6 天，轮休 1 天，每周正常工作不超过 40 小时。

工作时间如下：

时间段1：____时____分至____时____分

时间段2：____时____分至____时____分

时间段3：____时____分至____时____分

……

其余时间为用餐、休息等非工作时间。公司有权根据工作需要适当调整工作时间。

2. 乙方岗位值班时间为：

早班：_____

晚班：_____

每周班：_____

乙方确认上述值班期间可以适当休息，不享受加班费。

✅≡ 使用指南

标准工作制，是指法律规定的，在正常情况下，一般劳动者从事工作时间的制度，是用人单位实施最为广泛的一种工作时间制度。需要注意的是：

第一，标准工作制的法律依据。标准工作制来源于《中华人民共和国劳动法》第三十六条规定："国家实行劳动者每日工作时间不超过八小时、平均每周工作时间不超过四十四小时的工时制度。"第三十八条："用人单位应当保证劳动者每周至少休息一日。"而《国务院关于修改〈国务院关于职工工作时间的规定〉的决定》对标准工作制进行如下修改："第三条 职工每日工作8小时、每周工作40小时。"这样就形成了中国的标准工作制，换而言之，只要每周不超过40小时，至少休息1天的工作制度都是标准工作制。

第二，标准工作制中的休息日是周六周日吗？不一定。《国务院关于修改〈国务院关于职工工作时间的规定〉的决定》："第五条 因工作性质或者生产特点的限制，不能实行每日工作 8 小时、每周工作 40 小时标准工时制度的，按照国家有关规定，可以实行其他工作和休息办法。"因此，对用人单位而言，要根据自己的业务来安排休息日，例如：假设某个从事零售业务的企业，实行五天工作制，而周六周日是销售高峰，用人单位可以确定周三至周日是工作日，周一周二是休息日，或者根据各个班次来确定休息日，只要是休假的两天都可以确定为休息日，而不一定是周末的时间。

第三，工作时间和值班时间有什么区别？一些用人单位经常会安排部分劳动者值班，例如网络运维、保安等岗位。对于正常工作时间和值班时间两者有什么区别？前者，劳动者不能控制自己的时间，必须专注于工作本身，工作时间内不能休息或擅自离开；而后者不同，劳动者可能要处理工作，也可能不处理工作，在值班时间段内劳动者还可以适当休息，值班是一种兼营性质的工作时间安排。从一般的司法实践来看，值班不被认定为加班或工作时间，部分地区的裁判指导意见也进行了明确，如《上海市高级人民法院关于审理劳动争议案件若干问题的解答》（2006）规定，以下情形中，劳动者要求单位支付加班待遇的，劳动争议处理机构不予支持：一是因单位安全、消防、假日等需要担任单位临时安排或制度安排的与劳动者本职工作无关的值班；二是单位安排劳动者从事与其本职工作有关的值班任务，但值班期间可以休息的。

因此，用人单位有必要在内部建立起值班制度，并在其中明确值班适用范围、值班的安排、值班的待遇等问题，从而降低用人单位用工风险。

⚖ 以案说法

◎ 标准工作制如何计算加班费？

2018 年 3 月 9 日，刘某入职某文化公司，担任排版设计员，第一个月工资为 5500 元，之后每月工资 6000 元。双方未签订书面劳动合同。刘某每天工作时间为早 8：30 至 18：00，其中 12：00 至 13：00 休息一小时，每日工作 8.5 小时。根据刘某的钉钉打卡记录及出勤情况，双方均认可 2018 年 3 月 9 日至 6 月 1 日期间，刘某工作日存在延时加班 27 小时；2018 年 3 月 10 日、4 月 14 日、5 月 5 日及 5 月 19 日，刘某进行了工作，存在休息日加班 31 小时。

2018 年 6 月 1 日，刘某因怀孕有流产现象，需要卧床休息，故口头向公司经理何某请病假，何某回复刘某："怀孕了可以不用干了。"2018 年 6 月 20 日，刘某申请劳动仲裁，要求某文化公司支付未签劳动合同二倍工资、延时加班工资、休息日加班工资、解除劳动合同经济补偿金。

📑 案例解析

用人单位自用工之日起超过 1 个月不满 1 年未与劳动者订立书面劳动合同的，应当向劳动者每月支付二倍的工资。本案中，某文化公司与刘某并未签订书面劳动合同，故刘某要求某文化公司支付 2018 年 4 月 9 日至 2018 年 6 月 1 日期间未签订劳动合同二倍工资差额，法院予以支持。

职工每日工作八小时、每周工作四十小时。有下列情形之一的，用人单位应当按照下列标准支付高于劳动者正常工作时间工资的工资报酬：（一）安排劳动者延长工作时间的，支付不低于工资的 150% 的工资报酬；（二）休息日安排劳动者工作又不能安排补休的，支付不低于工资的 200% 的工资报酬。本案中，根据刘某的工作时间，刘某每日工作 8.5 小时，已超过法律规定的工时，故其要求某文化公司支付延时加班费，法院予以支持。现双方均认可 2018 年 3 月 10 日、4 月 14 日、5 月 5 日及 5 月 19 日，刘某进行了工作，存在休息日加班 31 小时。某文化公司安排刘某休息日工作，又未提供证据证明其已安排刘某补休，故刘某要求某文化公司支付 2018 年 3 月 9 日至 2018 年 6 月 1 日期间的休息日加班费，法院予以支持。

案例出处：北京市第二中级人民法院民事判决书（2019）京 02 民终 5052 号。

二、综合工作制

📖 示范条款

乙方工作岗位经劳动行政部门批准实行综合计算工时工作制之日起，乙方同意其工作岗位实行以 _____（周 / 月 / 季 / 年）为周期的综合计算工时工作制，特别需要说明的是，若乙方在一个综合计算工时周期内辞职的或因《中华人民共和国劳动合同法》第三十九条被甲方解除劳动关系的，视为甲方已在该周期时间范围内安排完乙方的休息休假。

✅ 使用指南

按照原劳动部《关于贯彻执行〈中华人民共和国劳动法〉若干问题的意见》（1995）第 65 条的规定，综合工作制是指用人单位分别以周、月、季、年为周期综合计算工作时间的一种工作制度，但是平均日工作时间和平均周工作时间应当与法定标准工作时间基本相同。举例来说，如果用人单位以年为周期综合计算工作时间，按照现行劳动和社会保障部《关于职工全年月平均工作时间和工资折算问题的通知》规定，年工作日总计为250天，劳动者每天8小时，那么全年的工作总时长则不应超过2000小时。综合工作制的知识点主要把握以下两点：

第一，综合工作制的法律依据。来源于1994年发布的《关于企业实行不定时工作制和综合计算工时工作制的审批办法》的第五条："企业对符合下列条件之一的职工，可实行综合计算工时工作制，即分别以周、月、季、年等为周期，综合计算工作时间，但其平均日工作时间和平均周工作时间应与法定标准工作时间基本相同。

（一）交通、铁路、邮电、水运、航空、渔业等行业中因工作性质特殊，需连续作业的职工；

（二）地质及资源勘探、建筑、制盐、制糖、旅游等受季节和自然条件限制的行业的部分职工；

（三）其他适合实行综合计算工时工作制的职工。"

针对因工作性质特殊，需连续作业或受季节及自然条件限制的企业的部分职工，采用以周、月、季、年等为周期综合计算工作时间的一种工作制度，但其平均日工作时间和平均周工作时间应与法定标准工作时间基本相同。

第二，综合工作制的加班工资计算。经批准实行综合计算工时工作制的用人单位，按照《劳动部关于职工工作时间有关问题的复函》（1997）第七条规定："实行综合计算工时工作制的企业，在综合计算周期内，如果劳动者的实际工作时间总数超过该周期的法定标准工作时间总数，超过部分应视为延长工作时间。如果在整个综合计算周期内的实际工作时间总数不超过该周期的法定标准工作时间总数，只是该综合计算周期内的某一具体日（或周、或月、或季）超过法定标准工作时间，其超过部分不应视为延长工作时间。"换句话说，若综合工作制的劳动者涉及加班费用的支付，在休息日加班的，其加班费的计算为150%，而不是200%。

⚖ 以案说法

◎ 综合计算工作制员工能索要周末加班费吗?

潘某分别于2009年10月26日、2011年10月26日与某酒店签订《劳动合同书》各一份，分别约定合同期限自2009年10月26日至2011年10月25日止、2011年10月26日起至2014年10月25日止。试用期自2009年10月26日至12月25日。合同第八条约定："（一）乙方的工作时间按国家的法律法规和甲方的具体规定执行。甲方可根据乙方所从事的工作岗位性质，依法选取下列三种工作制度中的一种实行：1.标准工时工作制；2.不定时工作制；3.综合计算工时工作制。（二）甲方的主要岗位实行标准工时工作制，特殊的岗位或特殊时期个别岗位若需实行不定时工作制或综合计算工时工作制，则应报劳动和社会保障部门备案。"第十条约定："（一）乙方的工资标准按酒店薪酬管理办法确定。（二）当乙方的工作岗位依据本合同第三条的约定发生变化时，乙方的工资应当按调整变更后的新岗位工资标准做相应的调整和改变。"2014年9月20日，某酒店向潘某发出《劳动合同到期后不再续签通知书》，告知与潘某签订的劳动合同于2014年10月25日到期，自劳动合同到期之日起，酒店不再与其续签劳动合同，并请潘某在2014年10月25日办理离职及相关手续，工资结算到2014年10月25日。2014年10月25日，某酒店发出《关于终止潘某劳动合同的通知》，该通知载明"……该员工劳动合同期满后不再续签劳动合同,劳动合同从 2014 年 10 月 25 日终止"。

潘某认为因工作性质,其不能在正常节假日、双休日休息,只能施行轮休,但公司未足额支付其加班工资,于 2015 年 10 月 10 日申请仲裁,要求某酒店支付其双休日加班工资;某酒店则主张潘某所在工程部维修组实行四班三倒工作制,是综合计算工时而非潘某说的标准工作制。

📖 案例解析

法院经审查认为,根据《中华人民共和国民事诉讼法》第二百条第五项规定,"对审理案件需要的主要证据,当事人因客观原因不能自行收集,书面申请人民法院调查收集,人民法院未调查收集的"构成当事人申请再审的事由。本案中,依据双方当事人提供的证据及当事人陈述等,确认了潘某原所在的某酒店工程部维修组实行四班三倒工作制,早班为上午 9 点至下午 3 点,中班为下午 3 点至晚上 9 点,晚班为晚上 9 点至次日上午 9 点,每三个班后轮休一天的事实。该事实能够证明潘某的工作岗位实行综合工作制,且每周工作时间为 42 小时,不违反《中华人民共和国劳动法》第三十六条"国家实行劳动者每日工作时间不超过八小时、平均每周工作时间不超过四十四小时的工时制度"之规定。由于实行综合工作制的工作岗位客观上不可能执行法定双休日制度,因此潘某请求某酒店支付其双休日加班工资缺乏事实和法律依据,法院不予支持。

案例出处:四川省高级人民法院民事裁定书(2018)川民申 2749 号。

三、不定时工作制

📖 示范条款

乙方工作岗位经劳动行政部门批准实行不定时工作制之日起，乙方同意其工作岗位实行不定时工作制，每周至少休息一天。

✅ 使用指南

按照原劳动部《关于贯彻执行〈中华人民共和国劳动法〉若干问题的意见》第 67 条的规定，不定时工作制是指不受《中华人民共和国劳动法》规定的日延长工作时间标准和月延长工作时间标准的限制，但用人单位应采用弹性工作时间等适当的工作和作息方式，确保职工休息休假权利和生产、工作任务完成的工作方式。

不定时工作制主要针对因生产特点、工作特殊需要或职责范围的关系，无法按标准工作时间衡量或需要机动作业的职工所采用的一种工作制度。例如：企业中从事高级管理、推销、货运、装卸、长途运输驾驶、押运、非生产性值班和特殊工作形式的个体工作岗位的职工，出租车驾驶员等，可实行不定时工作制。

鉴于每个企业的情况不同，企业可依据上述原则结合企业的实际情况进行研究，并按有关规定报批。对于不定时工作制，我们需要把握以下三点：

第一，不定时工作制的法律依据。《关于企业实行不定时工作制和综合计算工时工作制的审批办法》（劳部发〔1994〕503 号）第四条规定："企业对符合下列条件之一的职工，可以实行不定时工作制：

（一）企业中的高级管理人员、外勤人员、推销人员、部分值班人员和其他因工作无法按标准工作时间衡量的职工；

（二）企业中的长途运输人员、出租汽车司机和铁路、港口、仓库的部分装卸人员以及因工作性质特殊，需机动作业的职工；

（三）其他因生产特点、工作特殊需要或职责范围的关系，适合实行不定时工作制的职工。"

第二，不定时工作制的加班费计算。《关于贯彻执行〈中华人民共和国劳动法〉若干问题的意见》（劳部发〔1995〕309号）第六十条规定："全体职工已实行劳动合同制度的企业，一般管理人员（实行不定时工作制人员除外）经批准延长工作时间的，可以支付延长工作时间的工资报酬。"第六十七条规定："经批准实行不定时工作制的职工，不受劳动法第四十一条规定的日延长工作时间标准和月延长工作时间标准的限制，但用人单位应采用弹性工作时间等适当的工作和休息方式，确保职工的休息休假权利和生产、工作任务的完成。"换而言之，实行不定时工作制的人员加班时，原则上是不必支付加班费的，当然某些地区会有特别的规定，从其约定，详见本书"加班补偿"条款。

第三，不定时工作制的审批备案问题。用人单位内部实行不定时工作制的，按照归属关系均要向当地劳动行政部门报批，一般而言，用人单位申请实行不定时或综合计算工时工作制，应报企业法人工商营业执照登记注册地县级以上劳动保障行政部门审批。以广东省为例，省直属企业、部队企业经主管部门审核后报省劳动保障行政部门审批。中央企业驻粤分支机构按国家及省有关规定执行，已经国务院人力资源和社会保障部门批准的，应将批复文件报送企业登记地县级以上劳动保障行政部门备案。当然，也有个别地方有特殊规定。例如：北京市针对企业中的高级管理人员实行不定时工作制，不需办理审批手续。因此，北京地区的用人单位的劳动合同可以直接约定高级管理人员适用于不定时工作制。

⚖ **以案说法**

◎ **未经审批采用不定时工作制，是否有效？**

钟某系某光电公司职工，岗位为课长，根据某光电公司《薪资管理办法》，课长属于主管职务。双方曾于 2004 年 3 月 20 日签订一份《责任制人员协议书》，约定对钟某采用不定时工作制，并称之为责任制人员，且约定课级（含代副课长）以上之主管职位人员，皆须配合公司周六、周日和节假日之值班，责任制人员以个人职务责任为主，不产生加班时数和加班费用，也不予以转假，但其出勤情况仍应列入考绩评核。钟某 2007 年 5 月 1 日至 2008 年 5 月 12 日的出勤情况为平时延长工作时间加班小时数合计 109 小时、周末加班时间合计 300 小时。

2008 年 3 月 28 日，因某光电公司在未与钟某协商的情况下调整了钟某的岗位，钟某提出劳动仲裁，要求与某光电公司解除劳动关系，并要求某光电公司支付经济补偿金、保密协议补偿金。该案先后历经仲裁程序及诉讼程序，最终法院判决，认定钟某有权提出解除该劳动合同并要求某光电公司支付经济补偿金。

钟某于 2009 年 4 月 30 日再次申请仲裁，以某光电公司擅自调整其岗位，减少其原课长岗位享有的主管津贴，违反劳动法律规定不支付加班费等为由，请求某光电公司支付主管津贴、两倍赔偿金及加班费。仲裁委员会经审查，裁决支持钟某关于支付主管津贴及加班费的请求。之后，双方均向法院提起诉讼。

📝**案例解析**

根据《中华人民共和国劳动法》第三十九条的规定，企业因生产特点，经劳动行政部门批准，可以实行其他工作和休息办法。1994 年原劳动部发布的《关于企业实行不定时工作制和综合计算工时工作制的审批办法》第七条规定："地方企业实行不定时工作制和综合计算工时工作制等其他工作和休息办法的审批办法，由各省、自治区、直辖市人民政府劳动行政部门制定，报国务院劳动行政部门备案。"福建省劳动和社会保障厅闽劳社文〔2006〕30号《关于企业实行不定时工作制和综合计算工时工作制问题的通知》及闽人社文〔2012〕115号《关于进一步规范企业实行综合计算工时工作制和不定时工作制有关问题的通知》均规定：各地企业实行不定时工作制和综合计算工时工作制由各级劳动和社会保障局审批，并对省、市、县劳动和社会保障部门各自审批权作了明确规定。法律规定对不定时工作制实行审批是为了保障职工的基本休息权利，若允许以约定规避审批，有违法律法规保护劳动者基本权利之意。因此，《责任制人员协议书》关于对钟某实行不定时工作制的约定，违反了法律规定，应属无效。故某光电公司应向钟某一次性支付主管津贴人民币2954元、加班费人民币25704.48元。

案例出处：福建省高级人民法院民事判决书（2013）闽民提字第110号。

第 11 条

加班管理：严格审批是王道

一、加班限制

📖 示范条款

甲方因生产（工作）需要，除《中华人民共和国劳动法》第四十二条规定的情形外，一般每日加班不得超过一小时，因特殊原因最长每日不得超过三小时，每月不得超过三十六小时，在此范围内，乙方不得拒绝。

✅ 使用指南

加班，也称延长劳动时间，是指用人单位经过一定程序，要求劳动者超过法律、法规规定的最高限制的日工作时数和周工作天数而工作。为了保障劳动者的休息权和身体健康，我国严格限制用人单位延长劳动者的工作时间，《中华人民共和国劳动法》明确规定用人单位不得违反其规定延长劳动者的工作时间。

加班限制不仅包括加班时长的限制，还包括了加班对象的限制以及加班限制的突破：

第一，对加班时长的限制。出于对劳动者身体健康的保护，国家法律对劳动者加班时长予以强制性的限制，以保护人力资源的再生产能力。例如《中华人民共和国劳动法》第四十一条："用人单位由于生产经营需要，经与工会和劳动者协商后可以延长工作时间，一般每日不得超过一小时；因特殊原因需要延长工作时间的，在保障劳动者身体健康的条件下延长工作时间每日不得超过三小时，但是每月不得超过三十六小时。"

第二，对加班对象的限制。出于对特定劳动者的保护，国家法律对女职工加班实行特别保护。《中华人民共和国劳动法》第六十一条："不得安排女职工在怀孕期间从事国家规定的第三级体力劳动强度的劳动和孕期禁忌从事的劳动。对怀孕七个月以上的女职工，不得安排其延长工作时间和夜班劳动。"第六十三条："不得安排女职工在哺乳未满一周岁的婴儿期间从事国家规定的第三级体力劳动强度的劳动和哺乳期禁忌从事的其他劳动，不得安排其延长工作时间和夜班劳动。"

第三，对加班限制的突破。在某些特定情况下，国家法律允许用人单位突破加班限制。《中华人民共和国劳动法》第四十二条规定："有下列情形之一的，延长工作时间不受本法第四十一条的限制：

（一）发生自然灾害、事故或者因其他原因，威胁劳动者生命健康和财产安全，需要紧急处理的；

（二）生产设备、交通运输线路、公共设施发生故障，影响生产和公众利益，必须及时抢修的；

（三）法律、行政法规规定的其他情形。"

前两项主要是指一些紧急状态下的突破，最后一项主要是指综合工作制和不定时工作制下，某些工作日下可以突破加班时长的限制，但仍应遵循加班对象的限制。

⚖ **以案说法**

◎ 加班时长超过限制，应该怎么办？

2014年6月19日，白某进入某木业公司从事操作工，双方签订书面劳动合同，劳动合同期限为2014年6月19日至2014年12月30日，《劳动合同书》上白某的正常工作时间工资报酬一栏空白，加班工资的计发基数为当地最低工资。某木业公司未为白某缴纳2014年6月至2014年8月的社会保险。白某正常工作时间为每天7时30分至11时30分、12时30分至16时30分，加班时间为17时至21时，每周上班六天休息一天。2014年8月31日，白某上班至16时30分后离开，此后未再上班。

关于白某的离职原因，白某陈述称，因某木业公司发放6月份工资差额太大，白某要求补足工资差额和缴纳社会保险，公司不同意，白某向某木业公司提出离职并交纳书面离职单，经白某的主管人员批准后离职。某木业公司对此不予认可，称白某未提交任何书面形式的辞职报告，2014年8月31日上班至16时30分白某离开，后便再未回公司上班，某木业公司曾与白某电话联系要求其回公司上班，白某表示不回来上班。

白某称，从2014年6月18日起工作至2014年8月31日，这期间6月份平时加班36小时、双休日加班8小时，7月份平时加班92小时、双休日加班96小时，8月份平时加班84小时、双休日加班34小时，以当时最低工资标准1530元/月作为计算加班费的基数，综合计算得出白某6月份应发工资为1248.2元、7月份应发工资为4432元、8月份应发工资为3607元，某木业公司已向白某支付的6、7、8月份工资分别为1080元、3600元、3066元，故某木业公司应付工资差额为1541.2元。在职期间，白某主张的双休日加班除了周六加班外还包括周日加班（上班期间只有2014年8月3日的周日没有上班）。为证明白某的出勤情况，某木业公司提供 2014 年 6 月至 2014 年 8 月白某的考勤记录，该考勤记录系人工书写。白某对此不予认可，称上班期间系通过指纹识别的方式进行考勤。

2014 年 11 月白某申请仲裁，要求某木业公司支付白某 2014 年 6 月 18 日至 2014 年 8 月 31 日的工资差额。

案例解析

根据《最高人民法院关于审理劳动争议案件适用法律若干问题的解释（三）》（2010）第九条的规定："劳动者主张加班费的，应当就加班事实的存在承担举证责任。但劳动者有证据证明用人单位掌握加班事实存在的证据，用人单位不提供的，由用人单位承担不利后果。"某木业公司与白某均未能提供充分证据证明白某的加班情况，法院根据双方的陈述，经核算 2014 年 6 月份白某平时加班时长为 32 小时，双休日加班时长为 8 小时，2014 年 7 月份白某平时加班时长为 92 小时，双休日加班时长为 48 小时，2014 年 8 月份白某平时加班时长为 84 小时，双休日加班时长为 34 小时。据此，法院以当时苏州地区最低工资标准 1530 元 / 月作为原告的正常工作时间工资报酬，并以 1530 元 / 月作为加班工资的计发基数，计算得出白某 2014 年 6 月份的应发工资为 1125.52 元、2014 年 7 月份的应发工资为 3587.59 元、2014 年 8 月份的应发工资为 3235.86 元，合计应发工资 7948.97 元。某木业公司实际向白某发放的 2014 年 6 月至 2014 年 8 月的工资合计为 7746 元，该三个月存在工资差额 202.97 元，某木业公司应当向白某予以支付。

案例出处：江苏省苏州市中级人民法院民事判决书（2015）苏中民终字第 02818 号。

二、加班审批

📖 示范条款

因工作量过大，确需加班的，乙方应按照公司规定履行加班申请流程，填写加班申请单，经甲方书面同意的，方可视为加班，按照甲方规定享受加班待遇。加班时间以实际发生的时间，应在加班结束后的3天内，经甲方书面确认后的为准，不以考勤打卡的时间为准。未经甲方同意或因乙方个人原因（如时间安排或效率等问题）引起的超时工作不视为加班。

✅ 使用指南

加班问题既关系到劳动者的身体健康问题，同时也是影响用人单位人力成本的关键因素。用人单位应建立起科学合理的加班审批管理制度，主要包括以下三个方面工作：

第一，建立加班分类管理机制。一般而言，用人单位的加班可以分两种，即应急加班和例行加班两种。前者如机器出现故障，需要紧急抢修，或生产线上有其他突发状况等，应急加班可以采用临时申请或事后备案方式，没有必要也没有办法要求劳动者提前较长时间申请；后者如工作日或休息日生产或工作计划中固定的加班，已经成为公司经营管理的惯例，可以采用提前申请或简化为不申请的方式，纳入日常工作计划和薪酬核算管理的范畴。

第二，实施不同加班补偿方式。针对不同的加班对象，实行不同的加班费发放政策。例如，可以规定管理人员一般不发放加班费，其加班补偿通常以调休来表现。因为管理人员的工作弹性较大，可供自由支配的时间比一线工人多得多；而一线工人收入较低，且没有时间能够调休，故建议采用加班工资形式予以补偿，以提升其工作积极性。

第三，加强目标计划管理力度。把监督重点从劳动者身上转移到管理者身上来。一般而言，劳动者是加班审批重点监督对象，加班内容需要上级批准，加班时长也要受到监督。然而，监督的重点恰恰应当落在管理人员身上，因为他们手中握有对劳动者加班申请进行批准的权力，对于管理人员而言，是否构建起推动公司增长的目标计划，团队下属是否采用最为高效的工作方式，才能保证加班的效率与有效性，才能不断分析与判断加班的必要性与公正性。

⚖ 以案说法

◎ 未经公司批准自行加班，有权要求加班工资吗？

张某自 2015 年 10 月 13 日起在某物业公司天津分公司处担任会计工作。双方签有劳动合同，期限自 2015 年 10 月 13 日起至 2018 年 10 月 12 日止。双方在劳动合同中约定张某的工作岗位实行标准工时工作制度。

张某入职后曾签收字条一张，内容为："我收到并清晰知晓《入职通知书》和《自律承诺书》的相关内容，到岗后将及时查看公司其他规章制度并严格遵照执行，对于因个人原因未能及时依据公司各项制度执行而引起的一切损失由本人承担全部责任。"

某物业公司天津分公司于 2015 年 4 月 1 日开始实施的《人事管理制度》规定："加班须经公司审批方有效。"该公司于 2015 年 12 月 1 日开始实施的《人事管理制度》规定："员工加班须填写加班申请，经部门负责人同意后报分管领导批准，遇紧急情况需加班时，第二天须及时补交加班申请，加班申请由部门负责人留存，月底统一交综合管理员。平时加班原则上以调休方式处理，无特殊情况须在当月调休完。跨月调休须经分管领导批准。无加班申请产生的加班，公司不予承认。"2015 年 11 月 22 日，某物业公司天津分公司组织员工对上述 2015 年 12 月 1 日开始实施的《人事管理制度》进行了宣讲，张某在《培训 / 会议纪要》上签字。

2016 年 3 月 15 日，张某提出仲裁申请，请求依法判决：某物业公司天津分公司支付张某 2015 年 10 月 16 日至 2016 年 1 月 25 日延时加班 98 小时加班费 2195 元，支付张某 2015 年 10 月 16 日至 2016 年 1 月 25 日公休日加班 74 小时加班费 2211 元。仲裁委员会于 2016 年 5 月 5 日作出裁决：驳回申请人的全部仲裁请求。张某不服该仲裁裁决，向法院提起诉讼。法院经审理后裁决：对张某要求某物业公司天津分公司支付加班费的诉讼请求，不予支持。

📄 案例解析

法院认为，关于张某要求某物业公司天津分公司支付延时及公休日加班费的诉讼请求，首先，根据相关法律规定，张某主张加班费的，应当就加班事实的存在承担举证责任，现张某提供的证据不足以证实其存在加班的事实，故法院对于张某所主张的加班时间无法确认。

其次，依据某物业公司天津分公司《人事管理制度》的规定，员工加班须经公司审批方有效，该规定也进行了宣讲培训，张某亦在《培训 / 会议纪要》上签字，证明张某已知悉并认可该规定，现张某未提交证据证明其加班经过公司或领导的审批，因此对其要求某物业公司天津分公司支付加班费的诉讼请求，法院不予支持。

案例出处：天津市河东区人民法院民事判决书（2016）津 0102 民初 3025 号。

三、加班补偿

📖 示范条款

甲方安排乙方延长工作时间或者在休息日、法定休假日工作的，应依法安排乙方补休或支付相应工资报酬。其中：1. 加班采用补休方式处理的，无特殊情况须在当月调休完，跨月调休须经甲方书面批准，逾期未休的，视为乙方自动放弃补休权利；2. 加班采用加班费方式处理的，双方确认计算加班工资的基数按照本合同约定的正常工作时间工资标准计算。甲方在正常工作时间工作标准之外另外发放的津贴、补贴、奖金等项目不计算在加班工资的计算基数之内。

✅ 使用指南

加班补偿条款的设计是用人单位人力成本控制的关键所在，用人单位需要注意以下几个方面的内容：

第一，关于加班补偿的法律依据。《中华人民共和国劳动法》对劳动者的加班工资支付有明确的规定，其第四十四条："有下列情形之一的，用人单位应当按照下列标准支付高于劳动者正常工作时间工资的工资报酬：（一）安排劳动者延长工作时间的，支付不低于工资的百分之一百五十的工资报酬；（二）休息日安排劳动者工作又不能安排补休的，支付不低于工资的百分之二百的工资报酬；（三）法定休假日安排劳动者工作的，支付不低于工资的百分之三百的工资报酬。"

需要注意的是，除了休息日加班可以安排补休以外，其他情况下，用人单位只能采用加班工资的方式予以补偿。但也有个别地区的地方性法规允许在一定条件下安排补休。例如《吉林省企业工资支付暂行规定》第十六条规定："（一）企业依法在工作日安排劳动者延长工作时间的，按照不低于劳动合同约定的劳动者本人小时工资标准的150%支付加班工资。若劳动者和企业协商一致，对劳动者实行补休且补休时间不少于加班时间的，则可不支付加班工资。……（三）企业依法安排劳动者在法定休假日工作的，按照不低于劳动合同约定的劳动者本人日或小时工资标准的300%支付加班工资。除劳动者本人同意补休且企业安排补休时间不少于加班时间的三倍以外，企业不得以安排补休替代支付加班工资。"《厦门市企业工资支付条例》第十五条规定，用人单位"安排劳动者在法定休假日工作的，按照不低于劳动者本人日工资或者小时工资的百分之三百支付工资报酬。劳动者本人要求安排补休的，用人单位可以安排补休而不支付加班工资，补休时间不少于加班时间的三倍"。

第二，关于加班工资计算基数的问题。对于用人单位而言，关键的问题是加班工资基数是否可以由用人单位和劳动者约定。答案是不一定，中国绝大部分地区（个别地区，如天津要求以实际工资标准为加班费计算基数，不允许约定加班费基数）可以约定"正常工作时间工资"作为基数，司法实践也支持这种约定。因此，为降低用人单位在人力资源管理实践中的风险和用工成本，我建议用人单位最好在劳动合同中约定加班工资的计算标准，但是需要注意加班工资计算基数的约定，不得低于当地最低工资标准或最低的小时工资标准。

例如《深圳市中级人民法院关于审理劳动争议案件的裁判指引》（2015）第六十一条："用人单位依据《劳动法》第四十四条的规定应向劳动者支付加班工资的，劳动者的加班工资计算基数应为正常工作时间工资；用人单位与劳动者约定奖金、津贴、补贴等项目不属于正常工作时间工资的，从其约定。但约定的正常工作时间工资低于当地最低工资标准的除外。双方在劳动合同中约定了计发加班工资基数标准或从工资表中可看出计发加班工资基数标准，而用人单位也确实按照该标准计发了劳动者加班工资，并据此制作工资表，该工资表亦经劳动者签名确认的，只要双方的约定不低于最低工资标准，即可认定双方已约定以该计发加班工资基数标准为加班工资的计算基数。用人单位根据此标准计发给劳动者的工资符合法律规定的加班工资计算标准的，应认定用人单位已足额支付了加班工资。"

第三，关于特殊工作制的加班补偿问题。对于综合工作制和不定时工作制的劳动者，不同地方法规对加班工资的计算有不同的规定，我整理了北京、上海、深圳、广州四地在特殊工作制度下的加班工资核发规定，详见下表：

城市	综合工作制	不定时工作制
北京	《北京市工资支付规定》第十六条 用人单位经批准实行综合计算工时工作制的，在综合计算工时周期内，用人单位应当按照劳动者实际工作时间计算其工资；劳动者总实际工作时间超过总标准工作时间的部分，视为延长工作时间，应当按照本规定第十四条第（一）项的规定支付加班工资；安排劳动者在法定休假日工作的，应当按照本规定第十四条第（三）项的规定支付加班工资。	《北京市工资支付规定》第十七条 用人单位经批准实行不定时工作制度的，不适用本规定第十四条的规定。
上海	《上海市企业工资支付办法》第十三条 经人力资源社会保障行政部门批准实行综合计算工时工作制的企业，劳动者综合计算工作时间超过法定标准工作时间的，应当视为延长工作时间，并按本条第（一）项的规定支付劳动者延长工作时间的加班工资；企业在法定休假节日安排劳动者工作的，按本条第（三）项的规定支付加班工资。	《上海市企业工资支付办法》第十三条 经人力资源社会保障行政部门批准实行不定时工作制的劳动者，在法定休假节日由企业安排工作的，按本条第（三）项的规定支付加班工资。

续表

城市	综合工作制	不定时工作制
广州	《广东省工资支付条例》 第二十二条 经人力资源社会保障部门批准实行综合计算工时工作制的，劳动者在综合计算周期内实际工作时间超过该周期内累计法定工作时间的部分，视为延长工作时间，用人单位应当依照本条例第二十条第（一）项的规定支付工资。在法定休假日安排劳动者工作的，用人单位应当依照本条例第二十条第（三）项的规定支付工资。	《广东省工资支付条例》 第二十三条 经人力资源社会保障部门批准实行不定时工作制的，不适用本条例第二十条的规定。
深圳	《深圳市员工工资支付条例》 第十九条 实行综合计算工时工作制的员工，在综合计算工时周期内，员工实际工作时间达到正常工作时间后，用人单位安排员工工作的，视为延长工作时间，按照不低于员工本人标准工资或者计件工资的百分之一百五十支付员工加班工资。 用人单位安排实行综合计算工时工作制的员工在法定休假节日工作的，按照不低于员工本人标准工资或者计件工资的百分之三百支付员工加班工资。	《深圳市员工工资支付条例》 第二十条 用人单位安排实行不定时工作制的员工在法定休假节日工作的，按照不低于员工本人标准工资或者计件工资的百分之三百支付员工加班工资。

第四，加班补偿要打包在离职结算中。劳动者离职时，用人单位一般都会与劳动者进行离职结算，用人单位应就劳动者在职期间包括加班工资支付在内的所有工资支付事项做一清算，无论是在离职结算清单上，还是双方解除劳动合同的协议中，均应写明双方无其他任何争议。按照《最高人民法院关于审理劳动争议案件适用法律若干问题的解释（三）》第十条："劳动者与用人单位就解除或者终止劳动合同办理相关手续、支付工资报酬、加班费、经济补偿或者赔偿金等达成的协议，不违反法律、行政法规的强制性规定，且不存在欺诈、胁迫或者乘人之

危情形的，应当认定有效。"若劳动者离职后又要求用人单位支付加班工资的，司法裁判机构一般就很难支持劳动者的请求。

⚖ 以案说法

◎ 用人单位实行每周工作 6 天是否需要支付加班费？

2016 年 5 月 12 日，王某与某物业公司签订《劳动合同书》，约定合同期自 2016 年 4 月 20 日起至 2019 年 4 月 19 日止，担任保洁岗位工作，月工资为基本工资 1500 元加奖金、补贴，实行标准工作制，每日工作 8 小时，每周工作 6 天，每周至少休息一天。

2018 年 4 月，双方就是否违法解除劳动合同的争议申请诉讼。王某主张某物业公司违法解除劳动合同，且王某在职期间休息日加班共计 93 天，要求某物业公司支付违法解除劳动合同的赔偿金以及未足额支付的加班费。

某物业公司辩称王某工作期间多次未能履行工作职责，被小区业主投诉，物业管理人员与王某约谈沟通，但见效甚微，虽王某自 2018 年 2 月 1 日起便不履行工作职责无故旷工，但考虑到王某生活困难需要稳定的工作，公司随时欢迎王某到公司上班，故某物业公司没有解除劳动合同，更没有违法解除，无须支付赔偿金和加班费。

📑 案例解析

一、关于某物业公司是否违法解除与王某的劳动合同问题。本案中，王某主张某物业公司无故解除与其的劳动合同。某物业公司辩驳称，王某系无故旷工，拒绝上班，其没有解除与王某的劳动关系，某物业公司虽然提交了《旷工通知书》，但没有举证证明其已送达给王某。根据《最高人民法院关于审理劳动争议案件适用法律若干问题的解释

（一）》第十三条之规定，某物业公司没有提交证据证明其合法解除与
王某的劳动关系，某物业公司应承担举证不能的法律后果。故法院裁定
某物业公司违法解除与王某的劳动关系，根据《中华人民共和国劳动合
同法》第八十七条的规定，某物业公司应向王某支付违法解除劳动合同
的赔偿金。

　　二、关于某物业公司应否向王某支付加班费的问题。本案中，王
某提供了双方的《劳动合同书》证明其每周工作6天。某物业公司辩驳
称，其已经足额支付王某的全部工资，包括休息日加班工资和节假日加
班工资，也提供了工资表加以佐证，但该工资表系其单方制作，且无王
某及其他员工签名，法院不予采信。因某物业公司对是否支付了加班费
负有举证责任，应承担举证不能的法律后果。基于上述理由，某物业公
司应向王某支付加班费。

案例出处：海南省海口市中级人民法院民事判决书（2019）琼01民终90号。

第12条

病假管理：管理缜密是王道

一、病假审批

📖 示范条款

1.乙方因病或非因工负伤须就诊、住院或休养所引起的缺勤，必须本人亲自填写《假期申请表》并向部门主管递交相关证明材料，报人力资源部批准备案，方可视为病假。未能及时以书面形式递交申请表和相关证明材料的，应以口头先行通知部门，并于返回部门工作时补缴申请表和相关证明材料。

2.乙方于工作当日须告病假时，应在不迟于早晨9：30通知部门主管，并于返回部门工作时补缴申请表和相关证明材料。如乙方未有任何通知或情况说明，将视为旷工处理；无故旷工累计3天以上（含3天），将视为员工严重违反甲方的规章制度，甲方有权解除其劳动合同。

3.任何病假均应及时向甲方递交相关证明材料，包括①医院开具的病假证明原件，②病历卡复印件，③诊疗费或医药费收据复印件，以上证明材料缺一不可。如员工无法提供齐全的三份证明材料，一律视为事假处理；同时，甲方有权要求乙方提供其他病假证明材料，以证明其病假的真实性和有效性；若甲方发现乙方的证明材料作假，视为严重违反甲方规章制度，甲方有权解除其劳动关系。

✅ 使用指南

对不少用人单位而言，病假管理是一件颇为头痛的事情，除了正常生病以外，用人单位常常会遇到虚假病假和小病大养两种情况，后两者是用人单位应当严厉打击的现象，要实现对病假工作的有效管理，用人单位必须做好以下三个方面的工作：

第一，加强病假审批管理。

用人单位应当依法建立内部病假管理制度，在制度中明确劳动者请病假的具体流程、病假申报材料、申请时限、劳动者违反流程的后果（例如记过、警告等）等情形，让劳动者对病假管理制度签字确认，在执行过程中做到有法可依。

一旦劳动者病假没有走流程、没有提供相关材料，用人单位就可以给予警告、记过等处分。当劳动者的警告、记过的次数达到一定的数量，构成严重违纪行为时，例如用人单位可以规定：1个自然年度内，劳动者出现累计3次警告或累计2次记过的，视为严重违反用人单位规章制度；用人单位就可以以劳动者严重违纪解除劳动合同，并不需要支付任何经济补偿金。

第二，加强病假单据管理。

劳动者在申请病假过程中常常需要提交各种材料。不同的用人单位对材料要求有所不同。大多数用人单位只需要劳动者提供病假申请单和医院的病假证明单，即可休病假。但是劳动者病假次数或天数多了后，用人单位就比较难控制。比如劳动者感冒请3—4天，也可以向用人单位正常提供病假单，这个时候用人单位很难控制，陷入"批也不是，不批也不是”的两难境地。

特别需要注意的是，对于部分病假单造假的劳动者而言，仅提供病假单，是非常容易蒙混过关的。然而在我们真实到医院就诊的过程中，虽然医生为了病人的健康，一般情况下都向病人开具病假单，但我们在就诊过程中也会产生其他单据，比如挂号发票、诊断病例、医药发票、出入院手续等，如果劳动者能提供上述单据，病假造假的概率相对较低，如果是谎称病假，则是很难提供这一系列单据的。

第三，加强病假复核管理。

一般情况下，用人单位对劳动者病假申请都会有自己的合理判断，当用人单位怀疑劳动者是否在“泡病假”或者病假条是不是伪造时，用人单位能否要求到指定医院复查呢？如果劳动者服从用人单位的安排，当然可以；但是劳动者如果拒绝用人单位的要求，用人单位能够处理劳动者吗？

答案是否定的。用人单位不能限制劳动者去某个级别的或特定的医院看病，劳动者就近看病是符合我国的医疗政策的，并不是只有三甲医院才是正规医院，用人单位拥有对劳动者管理自主权，但是也不能无限扩大用工自主权。所以用人单位要求劳动者复查是行不通的。

那用人单位应该怎么办呢？最好的方法是走出办公室，走进劳动者家中和走入就诊医院核实病假真实性。

首先，用人单位 HR 可以不定期探访处于病假期间的劳动者，既体现了用人单位对劳动者的关心和爱护，同时，也是现场判断劳动者是否真的生病的一个绝佳机会。我自己就曾经遇到过一个案例，HR 部门怀疑某个劳动者病假有问题，要求上门探望她时，她承认造假，原来劳动者是利用病假到外地旅游去了。HR 提出要上门探望，她一下子就露馅了。

其次，用人单位 HR 可以带上自己的介绍信、劳动者的劳动合同，去劳动者看病的医务办公室或相关部门，要求核查劳动者病假单的真伪。医院一般情况下是愿意配合用人单位出具证明的，这个对用人单位而言是强有力的证据，一方面，用人单位可以获取医院对病假单的确认，另外也是给劳动者和医生的警示，不要乱开病假单。

最后，通过现场核实以后，如果确认病假单是真的，自然应当休假；如果是假的，就应定义为严重违反公司规章制度的行为，用人单位有权解除劳动关系并不予任何经济补偿。

🔨 以案说法

◎ 提供有争议的病例资料视为无效病假合理吗？

龙某系某制药公司的员工，2013 年，龙某以武汉仁康医院的病情诊断书和病历申请近两个月的病假，某制药公司对其请假材料的真实性提出质疑并要求龙某提交其在武汉仁康医院就诊的挂号单、处方、费用收据等相关资料，龙某未予提供。后某制药公司到武汉市卫生局调查发现不存在武汉仁康医院。龙某主张武汉仁康医院已经更名为泰和医院，上门就诊的医生马某已经找不到，龙某也是因相信熟人介绍才出现了就诊资料的瑕疵，但未提供证据证明其在武汉仁康医院就诊的真实性。

某制药公司依据公司《员工手册》中的《违纪处罚实施条例》中的规定"职工存在弄虚作假、欺骗公司，涂改、伪造工作报告、证明文件、财务凭证、他人签字或私自使用公章，以掩盖过失或谋取个人私利的情形，一经发现，公司将立即解除劳动合同"，解除与龙某的劳动合同，龙某不服并申请劳动仲裁，要求裁定某制药公司违法解除劳动合同并支付相关赔偿金。

📑 案例解析

法院经审理认为，某制药公司《员工手册》中的《违纪处罚实施条例》规定职工存在"弄虚作假、欺骗公司，涂改、伪造工作报告、证明文件、财务凭证、他人签字或私自使用公章，以掩盖过失或谋取个人私利"的情形，一经发现，公司将立即解除劳动合同。龙某为该公司的员工，其已经在《员工手册》的签收声明上签字，表明其知晓《员工手册》中规定的申请病假的程序和所要提供的资料以及公司的规章制度。龙某以武汉仁康医院的病情诊断书和病历申请近两个月的病假，某制药公司对其请假材料的真实性提出质疑并要求龙某提交其在武汉仁康医院就诊的挂号单、处方、费用收据等相关资料，龙某未予提供。某制药公司主张到武汉市卫生局调查发现不存在武汉仁康医院。龙某主张武汉仁康医院已经更名为泰和医院，上门就诊的医生马某已经找不到，自己也是因相信熟人介绍才出现了就诊资料的瑕疵，但未提供证据证明其在武汉仁康医院就诊的真实性。某制药公司依据公司的规章制度解除与龙某的劳动合同，且经过工会的审批，不违反法律规定。故法院判决认定某制药公司解除劳动合同不属于违法解除，无须支付龙某解除劳动合同的赔偿金。

案例出处：天津市高级人民法院民事裁定书（2014）津高民申字第 0843 号。

◎ 员工按照医生嘱咐强行休病假是否合法？

麦某系广州某公司的员工。2014 年 4 月，麦某患急性上呼吸道炎，到医院诊断完毕向公司提交了主治医生开具的 4 月 10 日至 28 日的病假建议书。公司结合麦某的病情，仅批准了麦某 4 月 10 日至 4 月 14 日期间的假期，4 月 14 日后的病假并未获得公司批准。病假结束后，公司通知麦某到岗，麦某并未按照公司要求上班。后广州某公司以麦某严重违反了公司规章制度为由与麦某解除劳动合同，麦某不服，要求公司支付解除劳动合同补偿金。

案例解析

《中华人民共和国劳动合同法》第三十九条规定："劳动者有下列情形之一的，用人单位可以解除劳动合同：（一）在试用期间被证明不符合录用条件的；（二）严重违反用人单位的规章制度的；（三）严重失职，营私舞弊，给用人单位造成重大损害的；（四）劳动者同时与其他用人单位建立劳动关系，对完成本单位的工作任务造成严重影响，或者经用人单位提出，拒不改正的；（五）因本法第二十六条第一款第一项规定的情形致使劳动合同无效的；（六）被依法追究刑事责任的。"本案中，麦某因病向广州某公司请假，并提交了2013年4月10日至28日期间的病假建议书。但病假建议书仅是医生对伤病职工病休期限提出的建议，劳动者实际可休病假的天数，需要由劳动者与用人单位协商确定或由用人单位结合劳动者的病情依法确定，因此，麦某依法不能享受4月10日至28日的病假。广州某公司实际仅批准麦某休假五天，结合麦某患急性上呼吸道炎的实际情况，该休假天数合法合理，而且广州某公司明确告知麦某4月14日后的病假并未获得公司批准，并通知麦某到岗。然而，麦某并未按照广州某公司的要求上班，其行为已经严重违反了广州某公司的规章制度。在此种情况下，广州某公司解除双方的劳动合同，符合法律的规定，依法无须向麦某支付经济补偿金或赔偿金。

案例出处：广东省高级人民法院民事裁定书（2014）粤高法民申字第1569号。

◎ 员工休病假未按公司要求证明，公司解除劳动合同是否合法？

王某于2008年5月1日入职某劳务公司，双方签订了劳务派遣合同，王某被派遣至某航空公司从事贵宾厅服务员工作，后续签劳动合同至2016年4月30日。王某在某航空公司正常出勤至2014年5月3日。2014年8月7日，某航空公司向王某发出《解除劳动合同通知书》，以王某2014年5月4日起至今未到岗上班，严重违反用工单位规章制度为由，根据用工单位的通报，与王某解除劳动合同。

　　王某称 2014 年 1 月至 2 月初其曾因病休假，当时是先手术回去工作后再补办的病假手续；2014 年 5 月 3 日，王某再次因身体不适向某航空公司提出次日请假一天，5 日再次提出请假看病，未明确请假期限，此后再没跟某航空公司联系过。某航空公司认可王某 2014 年 1 月休病假情况，称系因王某急诊做手术故按照规章制度可以事后补办病假手续，2014 年 5 月之后王某的休假情况不符合可以事后补办病假手续的情况。关于病情，王某提交了病历本及 2014 年 5 月 4 日至 7 月 24 日多个医院出具的诊断证明书，载明王某因上呼吸道感染、冠周炎、右乳腺肿块手术切除术后、腰肌劳损等须休息，上述诊断证明书王某均未向某航空公司提交。某航空公司质证称无法核实诊断证明书的真实性，称王某 2014 年 1 月进行右乳腺肿块切除术，医院仍以此为由开出的长达两个月病休证明明显与实际情况不符，且王某即使存在上述病情也应该向某航空公司履行请假手续，不属于急病等可事后补办病假手续的情形。某航空公司称其分别于 2014 年 5 月 12 日、5 月 21 日、7 月 7 日以电话和短信的形式通知王某提交病假条，但王某置之不理，就其主张提交了员工吴某、李某的手机语音通信详单及所附短信，2014 年 5 月 21 日向王某（159×××3117）发送短信内容为"请将之前休假的假条、病历、收费凭证一并交处室，否则无法记录考勤。还需休病假的话，也要遵守先请假后休假的原则，先交假条后休假"；李某 2014 年 7 月 7 日向王某（134×××0992 和 159×××3117）发送信息"王某，你好。因你长时间不上班，又没有按时上交相关假条，人事部通知这已违反公司管理规定，现人事部准备将你的情况退回劳务公司。我把这个情况告诉你，收到请回复"。王某认可 5 月 12 日接到吴某的电话，但称只是询问病情，并未提假条的事情；认可 134×××0992 和 159×××3117 系其电话，但称手机坏了，未收到上述短信。

　　关于解除劳动合同的制度依据，某航空公司提交了《考勤及假期管理规定》《奖惩管理规定》，载明员工因急病不能上班，应及时向本部门领导请假，事后向本部门提供医疗机构开出的有效病假或病历证明，方可视作病假。如未事先告知本部门领导，事后又不能向本部门提供医疗机构的有效病假且无故不上班的，将作旷工处理；连续旷工三个工作日以上、累计旷工七个工作日以上的，给予解除劳动关系或退回劳务公司的处理。王某称未见过上述规定。

📑 案例解析

用人单位和劳动者均应按照劳动合同的约定，履行各自的义务，即用人单位依法及时向劳动者支付劳动报酬、提供劳动条件和劳动保护，劳动者遵守用人单位的劳动纪律、尽职工作。

从王某提交的诊断证明可以看出，其因身体多种不适需要休息，但均不属急病，亦未住院治疗，完全可以自行或委托他人或采用邮寄等方式向某航空公司履行请假手续，而根据王某自述，其在2014年5月5日向某航空公司提出休假申请后，长达三个月的时间内并未再履行请假手续。王某虽不认可见过某航空公司的《考勤及假期管理规定》《奖惩管理规定》，但请假须履行审批手续乃一般社会经验，如仅因用人单位未明确告知劳动者即可长达数月不请假不上班，劳动纪律则不能得到保证。王某认可使用上述电话号码，但却称未收到短信，法院不予采信。某航空公司多次通过电话及短信形式催促王某提交病假条，王某仍置之不理，在此情况下，某航空公司以王某旷工为由将其退回用人单位某劳务公司，某劳务公司以此与王某解除劳动合同，并无不当，故某航空公司请求不支付王某解除劳动合同经济补偿符合法律规定，法院应予支持，某劳务公司作为连带责任人，亦无须承担支付责任。

案例出处：北京市第三中级人民法院民事判决书（2016）京03民终303号。

二、病假待遇

📖 示范条款

甲乙双方确认：乙方病假期间的待遇按照工作地的最低工资标准的 80% 执行，即乙方病假小时工资 =［（最低工资标准 ×80%）÷（21.75×8）］× 病假小时，其中请假不满 1 个小时，按照 1 个小时计算。

✅ 使用指南

员工病假待遇主要包括病假工资和医疗期两个问题，从国家到地方对用人单位的病假待遇都设定了最低标准，用人单位当然可以设定比国家标准更高的待遇，但我们首先要知道国家到地方的病假待遇，具体介绍如下：

第一，关于劳动者病假期间的工资发放问题。

根据原劳动部发布的《关于贯彻执行〈中华人民共和国劳动法〉若干问题的意见》（劳部发〔1995〕309 号）第 59 条："职工患病或非因工负伤治疗期间，在规定的医疗期间内由企业按有关规定支付其病假工资或疾病救济费，病假工资或疾病救济费可以低于当地最低工资标准支付，但不能低于最低工资标准的 80%。"另外，各地有更为细化的规则，详见下表：

地区	病假工资规定
北京	《北京市工资支付规定》（2004年施行） 第二十一条 劳动者患病或者非因工负伤的，在病休期间，用人单位应当根据劳动合同或集体合同的约定支付病假工资。用人单位支付病假工资不得低于本市最低工资标准的80%。
上海	《上海市劳动和社会保障局关于病假工资计算的公告》（2004年发布） 疾病休假工资标准：职工疾病或非因工负伤连续休假在6个月以内的，企业应按下列标准支付疾病休假工资：1.连续工龄不满2年的，按本人工资的60%计发；2.连续工龄满2年不满4年的，按本人工资70%计发；3.连续工龄满4年不满6年的，按本人工资的80%计发；4.连续工龄满6年不满8年的，按本人工资的90%计发；5.连续工龄满8年及以上的，按本人工资的100%计发。 疾病救济费标准：职工疾病或非因工负伤连续休假超过6个月的，由企业支付疾病救济费：1.连续工龄不满1年的，按本人工资的40%计发；2.连续工龄满1年不满3年的，按本人工资的50%计发；3.连续工龄满3年及以上的，按本人工资的60%计发。
天津	《天津市工资支付规定》（2004年施行） 第二十五条 劳动者患病或非因工负伤治疗期间，在规定的医疗期内用人单位按有关规定支付其病假工资，用人单位支付劳动者病假工资不得低于本市最低工资标准的80%。
重庆	《重庆市企业职工病假待遇暂行规定》（2000年施行） 第四条 职工患病，医疗期内停工治疗在6个月以内的，其病假工资按以下办法计发：（一）连续工龄不满10年的，按本人工资的70%发给；（二）连续工龄满10年不满20年的，按本人工资的80%发给；（三）连续工龄满20年不满30年的，按本人工资的90%发给；（四）连续工龄满30年及其以上的，按本人工资的95%发给。 经济效益好的企业，可在上述标准的基础上上浮5%。经济效益差，难以达到上述标准的企业，经本企业职工大会或职工代表大会审议通过，可以适当下浮。下浮的比例一般不超过各个档次标准的5%。如情况特殊超过5%的，应报所在区县（自治县、市）劳动和社会保障行政部门批准。 第五条 职工患病，医疗期内停工治疗在6个月以上的，其病假工资按以下办法计发：（一）连续工龄不满10年的，按本人工资的60%发给；（二）连续工龄满10年不满20年的，按本人工资的65%发给；（三）连续工龄满20年及其以上的，按本人工资的70%发给。
山东	《山东省企业工资支付规定》（2006年施行） 第二十六条 劳动者患病或者非因工负伤，在国家规定的医疗期内的，企业应当按照国家和省有关规定支付病假工资或者疾病救济费，病假工资或者疾病救济费不得低于当地最低工资标准的80%。

续表

地区	病假工资规定
广东	《广东省工资支付条例》（2005 年施行） 第二十四条　劳动者因病或者非因工负伤停止工作进行治疗，在国家规定医疗期内，用人单位应当依照劳动合同、集体合同的约定或者国家有关规定支付病伤假期工资。用人单位支付的病伤假期工资不得低于当地最低工资标准的百分之八十。
浙江	浙江省劳动厅《关于转发劳动部〈企业职工患病或非因工负伤医疗期规定〉的通知》（1996 年施行） 二、关于病假工资的计发问题。1. 职工因病或非因工负伤，病假在六个月以内的，按其连续工龄的长短发给病假工资。其标准为：连续工龄不满十年的，为本人工资（不包括加班加点工资、奖金、津贴、物价生活补贴，下同）的百分之五十；连续工龄满十年不满二十年的，为本人工资的百分之六十；连续工龄满二十年不满三十年的，为本人工资的百分之七十；连续工龄满三十年以上的，为本人工资的百分之八十。 职工因病或因工负伤；连续病假在六个月以上的，按其连续工龄的长短改发疾病救济费。其标准为：连续工龄不满十年的，为本人工资的百分之四十；连续工龄满十年不满二十年的，为本人工资的百分之五十；连续工龄满二十年不满三十年的，为本人工资的百分之六十；连续工龄满三十年以上的，为本人工资的百分之七十。
陕西	《陕西省企业工资支付条例》（2004 年施行） 第二十条　劳动者患病或者非因工负伤治疗期间，在规定的医疗期内，用人单位应当按照不低于劳动合同约定的工资标准的 70% 支付病假工资，但病假工资不得低于当地最低工资标准的 80%。
安徽	《安徽省工资支付规定》（2007 年施行） 第二十二条　劳动者患病或非因工负伤停止劳动，在国家规定医疗期内的，用人单位应当按照劳动合同和集体合同的约定向劳动者支付病伤假工资。病伤假工资不得低于当地最低工资标准的 80%。
河北	《河北省工资支付规定》（2003 年施行） 第二十二条　劳动者因工负伤或者患职业病停止工作在规定医疗期内的，用人单位应当按照有关规定支付工伤津贴。劳动者因病或者非因工负伤停止工作在规定医疗期内的，用人单位应当按照国家规定标准支付病假工资或者疾病救济费。病假工资或者疾病救济费不得低于当地最低工资标准的百分之八十。
广西	《广西壮族自治区工资支付暂行规定》（2003 年施行） 第二十二条　劳动者因工负伤或者患职业病停止工作在规定医疗期内的，用人单位应当按照有关规定支付工伤津贴。劳动者因病或者非因工负伤停止工作在规定医疗期内的，用人单位应当按照国家和自治区规定标准支付病假工资。病假工资不得低于当地最低工资标准的百分之八十。

续表

地区	病假工资规定
江西	《江西省工资支付规定》（2007 年施行） 第二十五条 劳动者因病或者非因工负伤停止工作在医疗期内的，用人单位应当按照劳动合同、集体合同的约定支付病伤假工资。用人单位支付给劳动者病伤假工资，在扣除其本人按照规定应当缴纳的社会保险费和其他费用之后，不得低于当地最低工资标准的百分之八十。
湖南	《湖南省工资支付监督管理办法》（2004 年施行） 第二十二条 劳动者因病或者非因工负伤停止工作进行治疗，在规定的医疗期内，用人单位应当按照国家和本省有关规定支付其病伤假工资或者疾病救济费。病伤假工资或者疾病救济费不得低于当地最低工资标准的 80%。
江苏	《江苏省工资支付条例》（2005 年施行） 第二十七条 劳动者患病或者非因工负伤停止劳动，且在国家规定医疗期内的，用人单位应当按照工资分配制度的规定以及劳动合同、集体合同的约定或者国家有关规定，向劳动者支付病假工资或者疾病救济费。病假工资、疾病救济费不得低于当地最低工资标准的百分之八十。
吉林	《吉林省企业工资支付暂行规定》（2007 年施行） 第二十四条 劳动者患病或者非因工负伤停止工作进行治疗，在规定医疗期内，企业应当按照国家和本省有关规定支付其病假工资或者疾病救济费。病假工资或者疾病救济费不得低于当地最低工资标准的 80%。
辽宁	《辽宁省工资支付规定》（2006 年施行） 第二十八条 劳动者患病或者非因工负伤停止劳动的，在规定的医疗期内，用人单位应当根据劳动合同或者集体合同的约定支付病假工资，但不得低于当地最低工资标准的 80%。

第二，关于劳动者医疗期的问题。基本上都是按照原劳动部 1994 年发布的《企业职工患病或非因工负伤医疗期规定》执行，详见下表：

实际 工作年限	本单位 工作年限	医疗期限 （月）	实际累计 病休时间 （月）	备注	举例
10 年以下	5 年以下	3	6	医疗期计算应从病休第一天开始累计计算。	享受三个月医疗期的职工，如果从2020年1月
	5 年以上	6	12		

续表

实际工作年限	本单位工作年限	医疗期限（月）	实际累计病休时间（月）	备注	举例
10 年以上	5 年以下	6	12		5 日起第一次病休，那么该职工的医疗期应在 1 月 5 日至 4 月 4 日之间确定，在此期间累计病休三个月即视为医疗期满。
	5 年以上，10 年以下	9	15		
	10 年以上，15 年以下	12	18		
	15 年以上，20 年以下	18	24		
	20 年以上	24	30		

上海与原劳动部的规定不太一致，按照 2015 年的《关于本市劳动者在履行劳动合同期间患病或者非因工负伤的医疗期标准的规定》："医疗期按照劳动者在本用人单位的工作年限设置。劳动者在本单位工作第 1 年，医疗期为 3 个月；以后工作每满 1 年，医疗期增加 1 个月，但最长不超过 24 个月。"劳动者经劳动能力鉴定委员会鉴定为完全丧失劳动能力，但不符合退休、退职条件的，应当延长医疗期。延长的医疗期由用人单位与劳动者具体约定，但约定延长的医疗期与前条规定的医疗期合计不得低于 24 个月。

⚖ 以案说法

◎ 用人单位是否可与员工约定病假工资基数？

舒某系东莞某电镀公司员工，双方当事人的劳动合同至 2012 年 12 月 31 日届满，合同中没有约定病假工资的金额，仅约定不低于最低工资标准的 80%。劳动合同履行过程中，舒某因患脑梗死从 2012 年 10 月

15 日起住院治疗，于 2012 年 11 月 24 日出院。舒某自入院治疗以来，向东莞某电镀公司请病假至 2013 年 2 月 28 日，自 2013 年 3 月 1 日后未再回公司上班。

一审法院判决舒某的医疗期已经结束，双方的劳动合同于 2013 年 3 月 1 日终止，并根据双方在劳动合同中对于病假工资的约定，判令东莞某电镀公司按当地最低工资标准每月 1100 元的 80% 向舒某支付 2012 年 10 月 15 日至 2013 年 2 月 28 日的工资 3960 元。舒某主张其 2012 年 11 月 24 日出院后又于 2013 年 2 月 17 日至 2 月 27 日再次住院，故不能以是否出院判断医疗期终结，并上诉计算病假工资的标准应为其生病前十二个月的平均工资，而非当地最低工资。

📑 案例解析

本案争议焦点为双方当事人的劳动合同于 2013 年终止，由东莞某电镀公司向舒某支付病假期间工资 3960 元是否正确。

根据查明的事实，双方当事人的劳动合同至 2012 年 12 月 31 日届满，合同中没有约定病假工资的金额，仅约定不低于最低工资标准的 80%。劳动合同履行过程中，舒某因患脑梗死从 2012 年 10 月 15 日起住院治疗，于 2012 年 11 月 24 日出院。舒某自入院治疗以来，向东莞某电镀公司请病假至 2013 年 2 月 28 日，自 2013 年 3 月 1 日后未再回公司上班。舒某主张其在本案一审诉讼期间仍然进行治疗，但没有提供相应的证据证明。法院据此认为舒某的医疗期已经结束，双方的劳动合同于 2013 年 3 月 1 日终止，并根据双方在劳动合同中对于病假工资的约定，判东莞某电镀公司按当地最低工资标准每月 1100 元的 80% 向舒某支付 2012 年 10 月 15 日至 2013 年 2 月 28 日的工资 3960 元。舒某上诉计算病假工资的标准应为其生病前十二个月的平均工资，而非当地最低工资。如前所述，由于合同中没有约定病假工资的金额，仅约定不低于最低工资标准的 80%，据此处理并无不当。

综上，法院最终裁决舒某与东莞某电镀公司的劳动合同于 2013 年 3 月 1 日终止，东莞某电镀公司向舒某支付 2012 年 10 月 15 日至 2013 年 2 月 28 日的工资 3960 元。

案例出处：广东省高级人民法院民事裁定书（2014）粤高法民申字第 1445 号。

第 13 条

休息休假：约定多多风险小

📖 示范条款

1. 乙方承诺入职前无待休假期，包括但不限于婚假、产假、哺乳假、工伤假、丧假等。乙方入职后依照甲方规定休假。

2. 甲方执行法定的及企业依法自行补充的有关工作、休息、休假制度，按规定给予乙方享受节日假、年休假、婚假、丧假、产假、看护假等带薪假期，并按本合同约定的正常工作时间及有关政策法规规定的计算方法支付工资。

3. 甲方鼓励乙方根据工作以及自身安排，积极休假；乙方知晓并确认享有的带薪年假、调休假等各类假期，应在甲方规定的期限内并于在职期间休完，因乙方原因导致乙方在离职时，尚有部分假期未休完的，乙方确认放弃相关休假权利，并不得就前述假期向甲方申请补偿。

✅ 使用指南

按照国家法律法规的一般性规定，作为劳动者可以享受的常见假期主要是以下几类假期：

第一，法定节假日。我国的法定节假日包括元旦（1天）、春节（3天）、清明节（1天）、劳动节（1天）、端午节（1天）、中秋节（1天）、国庆节（3天），以上合计11天。法定节假日期间，全体公民放假，用人单位照常发放工资，因工作需要安排工作的应当按照法律的规定支付加班工资。

第二，婚丧假。1980年颁布的《国家劳动总局、财政部关于国营企业职工请婚丧假和路程假问题的通知》中规定："职工本人结婚或职工的直系亲属（父母、配偶和子女）死亡时，可以根据具体情况，由本单位行政领导批准，酌情给予一至三天的婚丧假。"后来各地都针对晚婚情况，增加了不等的晚婚假，但到2016年6月，29个省份取消了原有的晚婚假，其中有11个省份删除了相关晚婚假的条例，与国家法律规定保持一致，仅有三天法定婚假。这些省份包括广东、湖北、四川、浙江、江西、宁夏、广西、安徽、湖南、天津、山东。

第三，产假。我国《女职工劳动保护特别规定》第七条规定："女职工生育享受98天产假，其中产前可以休假15天；难产的，增加产假15天；生育多胞胎的，每多生育1个婴儿，可增加产假15天。女职工怀孕未满4个月流产的，享受15天产假；怀孕满4个月流产的，享受42天产假。"第八条规定："女职工产假期间的生育津贴，对已经参加生育保险的，按照用人单位上年度职工月平均工资的标准由生育保险基金支付；对未参加生育保险的，按照女职工产假前工资的标准由用人单位支付。"

第四，年休假。我国实行职工带薪年休假制度。我国2007年颁布的《职工带薪年休假条例》规定："职工在年休假期间享受与正常工作期间相同的工资收入。职工累计工作已满1年不满10年的，年休假5天；已满10年不满20年的，年休假10天；已满20年的，年休假15天。国家法定休假日、休息日不计入年休假的假期。"

第五，探亲假。探亲假是我国针对国家机关、人民团体、全民所有制企业和事业单位工作满一年的固定职工，与配偶、父母距离较远，不住在一起，又不能在公休假日团聚的，可以享受本规定探望亲属的待遇，一般民营企业职工没有享受探亲假的依据。关于探亲假的规定，按照《国务院关于职工探亲待遇的规定》：

"（一）职工探望配偶的，每年给予一方探亲假一次，假期为三十天。

（二）未婚职工探望父母，原则上每年给假一次，假期为二十天，如果因为工作需要，本单位当年不能给予假期，或者职工自愿两年探亲一次，可以两年给假一次，假期为四十五天。

（三）已婚职工探望父母的，每四年给假一次，假期为二十天。

探亲假期是指职工与配偶、父、母团聚的时间，另外，根据实际需要给予路程假。上述假期均包括公休假日和法定节日在内。"

⚖ 以案说法

◎ 产假能休多少天？产假工资怎么算？

吴某 2015 年 5 月 25 日入职深圳某科技公司，担任外贸业务员，双方签订期限自 2015 年 5 月 25 日至 2018 年 5 月 24 日的劳动合同，吴某产前月平均工资为 3749.96 元。

吴某申请自 2016 年 6 月 12 日开始休产假 90 天，并于 2016 年 6 月 15 日行剖宫产术产一活男婴。根据吴某请假情况，深圳某科技公司提交的吴某签名的《公司考勤请假管理制度》显示，"一般产假休息 3 个月（产假包括公休假和法定假）。怀孕满 9 个月起，可根据 B 超结果或实际情况（如医生建议等）申请享受有薪待产假期……产假期间工资按深圳市最低工资标准发放，产假工资在休完产假回公司上班第四个月起分三个月发放产假工资……"，吴某对该管理制度予以认可，但认为上述规定不合法，且主张因深圳某科技公司威胁如果休产假超过90天将不保留岗位，其不得已只能选择先申请90天产假。2016年8月19日，吴某丈夫与深圳某科技公司法定代表人电话沟通，要求休产假173天，双方未能达成一致。

2016年12月19日，吴某申请劳动仲裁，请求裁决深圳某科技公司支付吴某2016年6月12日至2017年1月20日共计223天产假期间扣除社保的税后工资总计31398元。深圳某科技公司则主张其制定的考勤管理制度符合法定程序，也进行了公示，吴某入职前也知悉并自愿签名遵守本考勤管理制度，故深圳某科技公司认为吴某请假期间的工资应按深圳市最低工资标准2030元发放，并按90天计算为6090元。

📄 案例解析

法院经审理后认为：1.深圳市某科技公司制定的《公司考勤请假管理制度》中就产假天数、产假工资支付标准的规定，违反法律法规规定，应属无效。2.吴某自2016年6月12日开始休产假，根据《深圳经济特区人口与计划生育条例》规定，吴某可享受15天的晚育假。《深圳经济特区人口与计划生育条例》于2017年3月21日废止，废止时间在吴某休完产假之后。深圳市某科技公司以该条例已废止为由，主张吴某不应享有晚育假15天理由不成立。3.国务院《女职工劳动保护特别规定》第七条规定，女职工产假为98天，难产的，增加产假15天，生育多胞胎的，每多生育一个婴儿，增加15天产假。而此时生效的《广东省女职工劳动保护实施办法》第六条规定：女职工产假为90天，难产增加产假30天。两个规定对产假天数的规定不一致。《广东省实施〈女职工劳动保护特别规定〉办法》自2017年2月1日起施行，《广东省女职工劳动保护实施办法》同时废止。根据《广东省实施〈女职工劳动保护特别规定〉办法》第十一条规定："女职工生育享受98天产假，其中产前可以休假 15 天；生育时遇有难产的，增加 30 天产假；生育多胞胎的，每多生育 1 个婴儿，增加 15 天产假。"《广东省实施〈女职工劳动保护特别规定〉办法》采纳了上述两个规定的最长时间，一审分别采用天数高的规定与现实施的《广东省实施〈女职工劳动保护特别规定〉办法》一致，应予维持。故吴某的产假总计为 223 天，深圳市某科技公司上诉主张吴某只应享受 90 天的产假与法律规定不符，法院不予支持。

关于产假期间的工资。根据《广东省实施〈女职工劳动保护特别规定〉办法》第十三条的规定："女职工按照规定休产假或者计划生育手术假的，享受国家和省规定的生育保险待遇。用人单位未参加生育保险或者欠缴生育保险费，造成女职工不能享受生育保险待遇的，由用人单位按照本省及所在统筹地区规定的生育保险待遇标准向女职工支付费用；其中生育津贴低于女职工原工资标准的，用人单位还应补足差额部分。前款所称女职工原工资标准，是指女职工依法享受产假或者计划生育手术假前 12 个月的月平均工资。"根据上述规定，产假期间的工资应根据产假前 12 个月的月平均工资予以核算。故深圳市某科技公司应支付吴某 2016 年 6 月 12 日至 2017 年 1 月 20 日共计 223 天产假期间的工资为 27874.70 元（计算方式：3749.96 元 ÷30 天 ×223 天）。深圳市某科技公司主张应按当地最低工资标准支付吴某产假期间的工资与法律规定不符，法院不予支持。

案例出处：广东省深圳市中级人民法院民事判决书（2017）粤 03 民终 15602 号。

◎ 应休未休年休假工资怎么计算？

2012 年 5 月 2 日，胡某入职某物业管理公司义乌分公司，岗位为保安，工作地点为万商华府。2015 年 9 月 1 日，胡某被聘任为万商华府项目副经理兼保安部长，基本工资为 2800 元 / 月，岗位工资 400 元 / 月，固定超时加班工资 600 元 / 月。2019 年 5 月 8 日，因某物业管理公司义乌分公司取消胡某的考勤打卡，胡某未再上班。2019 年 5 月 29 日，胡某申请仲裁，请求裁决某物业管理公司义乌分公司支付胡某未休年休假工资。

案例解析

劳动者连续工作一年以上的，享受带薪休假，累计工作已满 1 年不满 10 年的年休假 5 天，根据《企业职工带薪年休假实施办法》第十条规定："用人单位经职工同意不安排年休假或者安排职工年休假天数少于应休年休假天数，应当在本年度内对职工应休未休年休假天数，按照其日工资收入的 300% 支付未休年休假工资报酬，其中包含用人单位支付职工正常工作期间的工资收入。"

本案胡某要求某物业管理公司义乌分公司支付未休年休假工资的诉求符合法律规定，但根据未休年休假诉讼时效的规定，仅支持 2018 年及 2019 年 1 月 1 日至 5 月 7 日期间的未休年休假天数为 6.7 天（5 天 +126 天 ÷365 天 ×5 天），而某物业管理公司义乌分公司自 2015 年 9 月 1 日开始的固定工资为 3200 元 / 月，综上，确认某物业管理公司义乌分公司须支付胡某未休年休假工资为 1766 元（6 天 ×3200 元 ÷21.75 天 ×200%）。

案例出处：浙江省金华市中级人民法院民事判决书（2019）浙 07 民终 6229 号。

◎ 用人单位是否享有年休假和调休假安排的决定权？

邓某于 2001 年 4 月 17 日入职深圳某技术公司，任研发经理一职。根据深圳某技术公司提交的《深圳某技术公司员工手册（2013 版）》中关于休假申请的规定，员工须登录系统进行请假，经过部门经理或总监审批通过之后方可进行休假。

深圳某技术公司于 2015 年 1 月 15 日通过邮件系统向各位员工发送主题为"休假流程更新通知"的邮件，要求所有休假申请均以邮件形式发给直接主管、部门负责人以及部门VP①审批，并抄送给部门助理和人力资源部人员备案，未经部门VP确认过的休假审批将视为无效的休假申请，并且要求2015年1月1日开始在休假管理系统中提交的员工休假流程均须重新以邮件的形式发给主管及部门负责人审批。

2015年1月25日，邓某通过邮件将休假天数（休假1天、调休3天）及自己的工作一一作出安排，邓某的直接上司及有关领导接到邮件后并未通过邮件系统对邓某的休假申请进行任何回复，邓某开始休假。

深圳某技术公司依据"休假流程更新通知"主张休假申请必须经过多个部门管理人员层层审批，并且审批结果须备案给人事部门作为考勤和绩效管理依据。出于同事间互留情面的考虑，对于邓某提出的休假申请，部门VP未以书面形式拒绝，而是口头向邓某表示不予批准。故以邓某未经批准擅自旷工4日、严重违反了公司管理制度为由与邓某解除劳动合同，且无须向邓某支付任何经济赔偿及旷工期间的工资。

法院经审理裁决后驳回了深圳某技术公司的诉讼请求。

📄 案例解析

法院经审理后认为，深圳某技术公司发送的主题为"休假流程更新通知"邮件仅以通知的形式变更了公司员工手册中关于休假申请的规定，且要求2015年1月1日开始在休假管理系统中提交的员工休假流程均须重新以邮件的形式发给主管及部门负责人审批明显欠妥，且该变更未经民主程序，深圳某技术公司未提供证据证明得到了邓某的确认。

邓某主张其曾通过公司的原休假管理系统提出过休假申请并获得批准，深圳某技术公司对邓某主张的休假申请已获批准不予确认，但确认已收到邓某的休假申请，且未作出不同意休假的回复，深圳某技术公司

---

① VP，Vice President 的缩写，即副总经理。

未提交有关原休假管理系统的相关证据。鉴于深圳某技术公司于 2015 年 1 月 15 日仅以通知的形式变更了公司员工手册中关于休假申请的规定，未经民主程序，且未提供证据证明得到了邓某的确认，深圳某技术公司作为原请休假系统的实施者及管理者，也未提交邓某提出的休假申请未在原请休假系统通过审批的相关证据。邓某的休假发生于深圳某技术公司的新老休假审批程序的变更时期，且其系休假 1 天、调休 3 天，明显有别于无故不上班。即使按照深圳某技术公司所述的未就是否同意休假作出回复也明显不妥。

法院认定深圳某技术公司因此解除与邓某的劳动合同，构成违法解除，应当向邓某支付违法解除劳动合同赔偿金及该期间以邓某旷工为由所扣除的工资。

案例出处：广东省深圳市中级人民法院民事判决书（2016）粤 03 民终 6776 号。

第四部分

PART IV

劳动报酬与福利

第14条

工资报酬：结构拆分有技巧

📖 示范条款

1.甲方实行先工作后付报酬的薪酬原则，乙方正常工作时间的工资标准，按下列第 ____ 种形式执行，在法定工作时间内，乙方完成规定的工作任务，不得低于当地最低工资标准。本合同中所指的工资若非特别说明，均为税前应发工资，甲方将按月从中代扣代缴社会保险和住房公积金等个人缴纳部分，以及乙方依法应缴纳的个人所得税。涉及销售提成，一律由业务回款后，按照公司规定予以核发。

（1）计时工资：

乙方试用期工资总额为¥____ 元／月，其中正常工作时间工资：¥____ 元／月，固定加班工资：¥____ 元／月，岗位津贴：¥____ 元／月，月度绩效工资标准：¥____ 元；

乙方转正后工资为¥____ 元／月，其中正常工作时间工资：¥____ 元／月，固定加班工资：¥____ 元／月，职级工资：¥____ 元／月，岗位津贴：¥____ 元／月，月度绩效工资标准：¥____ 元；

（2）计件工资：具体详见甲方计件工资制度。

（3）其他形式：_____。

2.甲乙双方对工资管理和工资结构确认无误，双方均认可以下内容：

（1）乙方认可甲方员工薪酬管理政策，同意甲方按照前述政策对乙方的工资结构进行拆分。

（2）乙方认可甲方发放不属于本合同约定之奖金、福利等报酬时，甲方有权要求乙方签订专项奖金协议，并同意按照奖金协议之约定执行。甲方对任何激励性奖金的支付年份以及支付的金额有完全自主决定权，乙方不应因为公司支付了一笔激励性奖金，而对之后雇佣年度中任何激励性奖金的支付或金额产生预期。除甲方书面承诺外，甲方所属任何员工或管理人员无权做出任何关于激励性奖金的口头承诺。

（3）加班工资无论是固定加班还是临时加班，均以本合同约定的正常工作时间工资作为加班工资计算标准。

（4）绩效工资经甲方考核后予以发放，具体按照甲方员工绩效考核管理政策执行。

（5）涉及销售提成，一律在业务回款后，按照公司规定予以核发，具体按照甲方销售人员考核激励管理政策执行。

✒️ 使用指南

工资报酬管理是人力资源管理的核心问题，我们需要在劳动合同中对工资报酬问题予以约定，其中需要注意以下几个问题：

第一，劳动合同薪酬约定要慎重。一般而言，劳动者报酬中相对固定薪酬部分应当纳入劳动合同中，这也是劳动合同的必备条款之一，而浮动薪酬部分（例如季度奖金、年终奖等），以及福利部分（例如交通补贴、通信补贴、伙食补贴等），可以不在劳动合同中列明，尽量降低用人单位在工资报酬上的风险。

第二，劳动合同薪酬结构要拆分。不少用人单位因为没有实行绩效考核制度，所以会按照一个固定的总数在劳动合同中约定，并每个月固定核发工资报酬。这会导致无论劳动者工作好坏，收入都是一样的，对未来用人单位实行绩效考核设置了障碍。我建议无论用人单位是否真的实行绩效考核，至少可以将劳动者的工资报酬拆分为：正常工作时间的工资、固定加班工资、月度绩效工资、岗位津贴等四个部分。举例来说，假设一名劳动者工资报酬总额为 A，每周工作 6 天，每天工作 8 小时，公司对月收入 20% 进行考核，则正常工作时间工资为 B（必须大于或等于当地最低工资标准），则固定加班工资 $C=B \div 21.75 \times 2 \times 4$，[①] 月度绩效工资 $D=A \times 20\%$，岗位津贴 $E=A-B-C-D$。

第三，劳动合同中应约定加班工资基数。（详见本书的加班补偿部分）用人单位甚至可以在劳动合同中约定工资报酬"已包含加班工资"，这种做法也得到司法实践的认可。例如《深圳市中级人民法院关于审理劳动争议案件的裁判指引》（2015）第六十二条：劳动者与用人单位在签订劳动合同时约定的工资中注明"已包含加班工资"或虽未书面约定实际支付的工资是否包含加班工资，但用人单位有证据证明已支付的工资包含了正常工作时间工资和加班工资的，劳动者的时薪为：时薪 = 约定工资 ÷（21.75 天 × 8 小时 + 约定包含在工资中的平时加班时间小时数 × 150%+ 约定包含在工资中的休息日加班时间小时数 × 200%+ 约定包含在工资中的法定节假日加班时间小时数 × 300%）。按上述方法计算出的劳动者的时薪低于当地最低工资标准的，该约定为无效；劳动者的工资应以最低工资标准为基本工资，超过法定工作时间为加班时间，加班工资以最低工资标准按法律规定标准计算。第六十三条："双方约定实行计件工资制，但现有证据无法查明正常工作时间工作定额，根据劳动者的工资、工作时间和法定加班倍数折算出的时薪不低于最低工资标准的，可认定用人单位支付的工资中已包含了加班工资。"

[①] 公式中数字 21.75 代表月计薪天数，2 代表周末加班应支付 200% 的工资，4 代表每月有 4 个周末各有 1 天加班。

⚖ 以案说法

◎ 公司以超过仲裁申请期限为由不支付员工工资报酬是否合法？

吴某在某运输车队从事司机工作，双方于 2014 年 2 月 13 日签订《劳动合同》，合同约定双方以年薪结算工资，年薪为 80000 元，如解除合同，某运输车队必须如数支付工资，合同期限自 2014 年 2 月 13 日至 2014 年 12 月 31 日。2014 年 9 月 27 日，某运输车队在未全额支付工资的情况下将吴某解雇，解雇后，吴某多次持续向某运输车队索要工资未果，于 2015 年 11 月 9 日首次申请劳动仲裁。2015 年 11 月 18 日，仲裁委员会以其申请超过仲裁申请时效，决定不予受理。吴某诉至法院，法院终审裁决某运输车队支付吴某工资 33900 元。

某运输车队不服并上诉，辩称 2014 年 9 月，车队因经营问题，解除了与吴某的劳动关系，双方劳动关系终止。2015 年 11 月 9 日，吴某首次向公主岭市劳动人事争议仲裁委员会申请仲裁，其申诉仲裁已超过了一年的仲裁时效。

📑 案例解析

法院经审理后认为，吴某被解雇后至首次申请劳动仲裁前，曾多次向某运输车队主张权利，对此亦有证人证明材料予以证明。二审庭审中，车队经营者梁某亦自认，2015 年吴某等人曾问梁某工资什么时候开。故吴某的仲裁申请期限发生中断，依照《中华人民共和国劳动争议调解仲裁法》第二十七条"劳动争议申请仲裁的时效期间为一年。仲裁时效期间从当事人知道或者应当知道其权利被侵害之日起计算。前款规定的仲裁时效，因当事人一方向对方当事人主张权利，或者向有关部门请求权利救济，或者对方当事人同意履行义务而中断。从中断时起，仲裁时效期间重新计算"的规定，吴某的劳动仲裁申请未超过劳动仲裁申请期限。某运输车队的"申诉仲裁已超过了一年的仲裁时效"缺乏事实和法律依据，法院不予支持。本案中，吴某与某运输车队之间存在劳动合同关系，某运输车队欠付吴某的工资。根据《中华人民共和国劳动法》第五十条"工资应当以货币形式按月支付给劳动者本人。不得克扣或者无故拖欠劳动者的工资"的规定，某运输车队应当及时向吴某支付劳动报酬。经营者梁某对欠付吴某的工资数额予以自认，故某运输车队应予支付。

案例出处：吉林省四平市中级人民法院民事判决书（2017）吉 03 民终 43 号。

◎ 实行计件工资制度，需要支付加班工资吗？

2010 年 6 月 17 日，某碱厂与刘某签订了劳动合同，工作部门为后勤部。该《劳动合同》第四条约定"工作时间：甲方（即某碱厂）实行每天工作 8 小时，每周工作 40 小时的标准工作制度，不能实行标准工作制度的，可以实行综合计算工作制或不定时工作制"，第六条约定"劳动报酬实行浮动工资制或计件工资制"。2010 年 9 月 30 日，某碱厂召开专题会议，决定包括刘某在内的 37 名后勤部员工的劳动社保关系保留在某碱厂，由某物管公司统一管理，安排工作、进行考核。2010 年 10 月 1 日至 2016 年 6 月 30 日期间，刘某一直在某物管公司处工作，工资由某碱厂发放。

刘某主张其在某物管公司上班期间存在休息日加班但某碱厂未足额支付工资，要求某碱厂支付其加班工资。某碱厂则主张某碱厂及某物管公司发放给刘某的工资系其全部的劳动报酬，已经包含了加班工资，考勤表上标注为加班的均为节日加班，节日加班费均已正常支付。

📝 案例解析

本案的争议焦点为某碱厂与刘某之间的劳动关系采用的是计时工资还是计件工资？实行计件工资制度是否存在支付加班费的问题？

本案中，某碱厂对刘某休息日加班的客观事实不持异议。但某碱厂认为是依据劳动合同的约定以计件工资方式向刘某发放工资，因此发放给刘某的工资系其全部的劳动报酬已经包含了加班工资。根据《中华人民共和国劳动法》第四十四条"有下列情形之一的,用人单位应当按照下列标准支付高于劳动者正常工作时间工资的工资报酬:……(二)休息日安排劳动者工作又不能安排补休的,支付不低于工资的百分之二百的工资报酬"的规定,用人单位对采用计时工资制和计件工资制的劳动者的加班工作均负有支付加班工资的义务,某碱厂主张以计件工资方式向刘某发放工资则当然包含了加班工资的理由不成立。计件工资制度是工资报酬方式之一,使用计件工资制度取决于产品的数量能否单独和准确地计算出来。劳动定额与计件报酬标准是采用计件工资制度的基本要素。某碱厂举证的考勤记录证明的是刘某的工作时间,恰恰属于计时工资的考核模式。某碱厂未举证证明刘某岗位的劳动定额、计件报酬标准和刘某完成的计件数量,故本案某碱厂与刘某之间的工资报酬方式实质上不符合计件工资制度的特征。

即便采用计件工资制度,仍存在对劳动者支付加班费的问题。根据《中华人民共和国劳动法》第三十七条"对实行计件工作的劳动者,用人单位应当根据本法第三十六条规定的工时制度合理确定其劳动定额和计件报酬标准"的规定,表明计件工资制度只是工资报酬方式的改变,仍受标准工作时间的约束。也就是说,无论是采用合理的劳动定额和计件报酬标准下的计件工资制还是采用标准工作制,劳动者的工作强度并无根本不同。参照《工资支付暂行规定》第十三条"实行计件工资的劳动者,在完成计件定额任务后,由用人单位安排延长工作时间的,应根据上述规定的原则,分别按照不低于其本人法定工作时间计件单价的150%、200%、300%支付其工资"的规定,采用计件工资制的劳动者在完成计件定额任务后由用人单位安排延长工作时间的,用人单位应按相应标准向劳动者支付加班工资。由于某碱厂主张采用的是计件工资制但未举证证明刘某岗位的劳动定额和刘某完成的计件数量,导致本案无法确定刘某在休息日工作时是否已经完成了计件定额,举证不能的不利后果应当由某碱厂承担。故依法认定刘某在休息日工作的行为属于加班行为，某碱厂应当向刘某支付休息日加班工资。

结合某碱厂提供的考勤记录，2014年7月至2016年6月，刘某周日或周六共计加班77天。刘某2014年7月至2016年6月月平均工资2554.87元，根据《中华人民共和国劳动法》第四十四条的规定，某碱厂应支付刘某休息日加班工资2554.87元／月 ÷21.75天 ×77天 ×200%=18089.65元。

案例出处：贵州省遵义市中级人民法院民事判决书（2017）黔03民终2104号。

第15条

报酬支付：要求明确都不少

📖 示范条款

1. 基于公司经营的特殊情况，乙方同意甲方每月 ＿＿＿ 日以法定货币向乙方支付工资。如遇节假日或休息日，乙方同意甲方提前或顺延至最近的一个工作日支付。甲方将通过纸质或邮件或 OA 系统等方式将工资发放信息告知乙方。乙方应在发放工资后的 3 日内向甲方人力资源部门书面提出工资核算异议，乙方未在规定时间提出异议的，视为乙方当月工资发放准确无误，甲乙双方不存在任何劳动报酬争议。

2. 乙方同意，如遇客观情形变化、生产经营困难等，甲方可告知乙方适当推迟工资发放时间，但延迟发放不得超过 1 个月。

3. 若乙方未提供或者未能正确提供银行卡号（用于甲方向乙方支付工资），造成的后果由乙方承担。若乙方银行卡号发生变更的，乙方应在 3 天内书面告知甲方，否则造成的后果概由乙方承担。

4. 乙方同意甲方从乙方的工资或其他应付费用中扣减或扣除下列费用或款项：（1）乙方从甲方取得的个人收入之个人所得税；（2）甲方根据国家规定为乙方缴纳社会保险、福利之个人应付部分；（3）所有要求甲方代扣的法院判决和仲裁裁决乙方应付的赔偿或罚款；（4）所有根据本合同条款和甲方规章制度中规定要求由乙方支付给甲方的罚款或赔偿。

✎≡ 使用指南

国家及北京、上海、深圳、广州等市对用人单位的报酬支付有明确的规定，详见下表：

分类	报酬支付规定
国家	《中华人民共和国劳动法》（2018 年修订） 第五十条 工资应当以货币形式按月支付给劳动者本人。不得克扣或者无故拖欠劳动者的工资。 《中华人民共和国劳动合同法》（2012 年修订） 第七十二条 非全日制用工小时计酬标准不得低于用人单位所在地人民政府规定的最低小时工资标准。非全日制用工劳动报酬结算支付周期最长不得超过十五日。 《工资支付暂行规定》（1995 年施行） 第七条 工资必须在用人单位与劳动者约定的日期支付。如遇节假日或休息日，则应提前在最近的工作日支付。工资至少每月支付一次，实行周、日、小时工资制的可按周、日、小时支付工资。 第八条 对完成一次性临时劳动或某项具体工作的劳动者，用人单位应按有关协议或合同规定在其完成劳动任务后即支付工资。
北京	《北京市工资支付规定》（2007 年修订） 第九条 用人单位应当自用工之日起计算劳动者工资。 用人单位可以按照小时、日、周、月为周期支付工资。以完成一定工作任务计发工资的，应当在工作任务完成后即时支付劳动者工资。但用人单位应当至少每月向劳动者支付一次工资。
上海	《上海市企业工资支付办法》（2016 年修订） 第六条 企业应当每月至少支付一次工资，支付工资的具体日期由企业与劳动者约定。如遇法定休假节日或休息日，通过银行发放工资的，不得推迟支付工资；直接发放工资的，应提前支付工资。 对实行年薪制或按考核周期兑现工资的劳动者，企业应当每月按不低于最低工资的标准预付工资，年终或考核周期期满时结算。
深圳	《深圳市员工工资支付条例》（2019 年修订） 第六条 工资应当以货币形式支付，不得以实物等非货币形式支付。用人单位应当至少每月向员工支付一次工资。 第九条 用人单位应当与员工约定工资及其支付周期、支付日等内容。 第十条 实行年薪制或者按照考核周期支付工资的，应当每月按照不低于最低工资的标准预付部分工资。加班工资支付周期不得超过一个月。

续表

分类	报酬支付规定
广州	《广东省工资支付条例》（2016 年修订） 第十条　用人单位应当以货币形式按照确定的工资支付周期足额支付工资，不得拖欠或者克扣。 实行月、周、日、小时工资制的，工资支付周期可以按月、周、日、小时确定。 实行计件工资制或者以完成一定任务计发工资的，工资支付周期可以按计件或者完成工作任务情况约定，但支付周期超过一个月的，用人单位应当按照约定每月支付工资。 实行年薪制或者按考核周期支付工资的，用人单位应当按照约定每月支付工资，年终或者考核周期届满时应当结算并付清工资。

⚖ 以案说法

◎ 拒不支付劳动报酬，企业需要承担什么法律责任？

刘某系某汽车维修公司法人代表，自 2014 年 8 月至 2016 年 6 月，刘某拖欠公司 13 名工人工资累计 102135 元，2016 年 6 月初，公司停产，刘某外出失去联系。2016 年 6 月 7 日，被拖欠工资员工就被欠薪之事向汉阴县人社局投诉，后人社局于 2016 年 6 月 12 日向该汽车维修公司下达《调查询问通知书》，于 2016 年 7 月 1 日下达《责令改正决定书》，当日将《责令改正决定书》送至刘某家中，由其妻朱某签收，同时在该公司大门口进行张贴并拍照记录。2016 年 8 月 2 日，汉阴县人社局以汉人社监移字〔2016〕06 号《涉嫌犯罪案件移送书》将该案移送汉阴县公安局，建议立案侦查，追究刘某的刑事责任。汉阴县公安局于 2016 年 8 月 3 日对刘某涉嫌拒不支付劳动报酬罪立案侦查，并于 2017 年 4 月 11 日网上追逃。2017 年 10 月 25 日，刘某被重庆市公安局南岸分局铜元局派出所抓获归案。

公诉机关认为刘某的行为应当以拒不支付劳动报酬罪追究其刑事责任，提请依法判处。

刘某对起诉书指控的罪名无异议，自愿认罪，但辩称他没有逃逸，他离开时公司还在正常营业，他与张某签订了转让协议，约定：自过户之日起，该公司员工工资 100000 元整与刘某无关，由张某支付，且他没有收到过《责令改正决定书》。经审查，刘某所述该协议未经上述被拖欠工资员工一致同意，亦未履行。

案件审理过程中，刘某姐姐分别于 2018 年 8 月 21 日、27 日自愿代刘某缴纳拖欠工人工资款共计 102153 元。

📑 案例解析

本案中，刘某身为某汽车维修公司的法定代表人、实际经营者，拒不支付公司员工的劳动报酬，数额较大，且经社会保障部门责令支付仍不支付，其行为已触犯《中华人民共和国刑法》第二百七十六条之一的规定，构成拒不支付劳动报酬罪。公诉机关汉阴县人民检察院指控刘某犯拒不支付劳动报酬罪罪名成立。

关于刘某提出其没有逃逸的意见，因其明知已拖欠员工工资，其与张某签订转让协议时约定待公司过户后由张某支付工人工资，但其在未知公司是否过户成功的情况下，便逃往外地，失去联系，应认定为逃跑、藏匿行为，故该辩解意见法院不予采纳。

对于刘某提出其没有收到过《责令改正决定书》的辩解意见，因其外出失去联系，汉阴县人力资源和社会保障局无法将责令支付文书直接送交其本人，故将《责令改正决定书》送至刘某家中，由其妻子签收，同时在其公司经营场所大门口张贴责令支付文书，并拍照留存，该送达方式符合法律规定，依法应视为《责令改正决定书》已向刘某送达，根据《最高人民法院关于审理拒不支付劳动报酬刑事案件适用法律若干问题的解释》第四条第二款之规定，应当视为"经政府有关部门责令支付"，故其辩解意见法院不予采纳。鉴于刘某亲属在一审宣判前代刘某向本院缴纳了被拖欠员工工资，可以从轻处罚；其归案后能如实供述自己罪行，当庭自愿认罪，可酌情从轻处罚，裁决刘某犯拒不支付劳动报酬罪，判处有期徒刑 11 个月，并处罚金人民币 10000 元。

案例出处：陕西省汉阴县人民法院刑事判决书（2018）陕 0921 刑初 69 号。

◎ 法定代表人向员工微信转账，如何认定是私人借款还是工资？

2017 年 8 月 22 日，张某入职深圳某公司，双方签订了自 2017 年 5 月 10 日起至 2020 年 5 月 9 日的劳动合同，并约定张某每月正常工作时间工资。此外，双方还约定"本公司员工除基本工资外，还享受季度绩效工资及年终奖，季度绩效工资与部门业绩、个人绩效挂钩，年终奖与公司业绩、个人业绩相关，采取弹性发放的方式，员工不得有任何异议"。

2018 年 6 月 19 日，张某提起劳动仲裁，要求公司支付 2017 年 11 月 1 日至 2018 年 1 月 30 日工资差额 64000 元，并提交了两份公司法定代表人分别于 2017 年 8 月 18 日、2017 年 12 月 26 日向其微信转账 64000 元的记录。张某主张入职前双方约定账面工资 12000 元 / 月，每三个月再发一次季度工资 64000 元，年薪 400000 元。而深圳某公司称该 64000 元为私人借款，并不是差额工资。

📝 **案例解析**

该案件的争议焦点为：深圳某公司是否已足额支付张某工资。对此，深圳某公司主张张某工资为 12000 元 / 月，已足额支付，张某称其工资除每月 12000 元，还包括季度工资 64000 元，主张深圳某公司支付 2017 年 11 月 1 日至 2018 年 1 月 30 日的季度工资 64000 元。法院认为，当事人对自己的主张负有相应的举证义务。张某提交的微信转账记录显示，深圳某公司法定代表人分别于 2017 年 8 月 18 日、2017 年 12 月 26 日向张某转账 64000 元，关于该款的性质，深圳某公司称为私人借款，但未能举证予以证明，应承担举证不能的后果。据此，法院采信张某的

主张，认定该款为季度工资并无不当。深圳某公司上诉称季度工资是否
发放及发放金额取决于公司经营状况及员工绩效，但其亦未能举证证明
公司经营状况及张某绩效不佳，不符合发放绩效工资条件，对其上诉主
张，法院不予支持。

案例出处：广东省深圳市中级人民法院民事判决书（2019）粤 03 民终 3801 号。

第16条

社保公积金：各种福利约定好

一、社保公积金购买

📖 **示范条款**

1. 甲乙双方确认按照方式 ＿＿＿ 处理社保公积金：

方式 1：依法购买社保公积金

（1）甲、乙双方按照国家和省、市有关规定，参加社会保险和公积金，缴纳社会保险费和公积金费用，乙方依法享受相应的社会保险待遇和公积金待遇。乙方个人缴纳部分由乙方自行承担，并由甲方在工资发放时代扣代缴。

（2）乙方患病或非因工负伤，甲方应按国家和地方的规定给予乙方医疗期和享受医疗待遇，并在规定的医疗期内支付病假工资或疾病救济费。

（3）乙方患职业病、因工负伤或者因工死亡的，甲方应按国家和省市的工伤保险法律法规的规定办理。

方式 2：双方约定不购买

因乙方要求甲方无须为其缴纳社会保险及住房公积金，甲方按月支付社会保险与住房公积金费用补偿 ＿＿＿ 元（该金额等于公司在缴纳社会保险和住房公积金中的单位缴纳部分，并已在每月员工工资中核发），由此带来的法律责任由乙方自行承担，如发生补缴事宜，则乙方应将甲方支付前述补偿费用返还甲方。如已经开始缴纳社会保险、住房公积金，则甲方可以停发相应补偿。

使用指南

方式 1 是合规操作，没有什么需要讨论的。我们重点看看方式 2。用人单位与劳动者签订的这种类似"自愿放弃购买社保条款"肯定是无效的，这一点是毋庸置疑的。缴纳社会保险是劳动者的一项重要权益，也是双方的法定义务，不依法缴纳社保会造成对劳动者的权益的严重侵害，因此单位不依法为劳动者缴纳社会保险的，劳动者可以随时辞职并要求补偿。但是，对于这种双方自愿放弃购买社保的，劳动者是否还可以依据《中华人民共和国劳动合同法》第三十八条第三项的规定，以"用人单位未依法缴纳社会保险"为由提出辞职并要求支付经济补偿呢？

不同地方的处理意见有所不同，总的来看，可以分为以下三种类型：

第一，全面支持。用人单位与劳动者签订的自愿放弃购买社保的协议无效，劳动者仍可以根据《中华人民共和国劳动合同法》第三十八条第三项的规定提出辞职并要求用人单位支付经济补偿，持这种指导意见的代表了大部分地区的判决观点，这种意见对单位不利。

例如，2017 年 4 月，北京市高级人民法院、北京市劳动人事争议仲裁委员会在《关于审理劳动争议案件法律适用问题的解答》中对此做了明确规定："劳动者要求用人单位不缴纳社会保险，后又以用人单位未缴纳社会保险为由提出解除劳动合同并主张经济补偿的，应否支持？

依法缴纳社会保险是《劳动法》规定的用人单位与劳动者的法定义务，即便是因劳动者要求用人单位不为其缴纳社会保险，劳动者按照《劳动合同法》第三十八条的规定主张经济补偿的，仍应予支持。"

第二，全面否定。用人单位与劳动者签订的自愿放弃购买社保的协议无效，劳动者不能再根据《中华人民共和国劳动合同法》第三十八条第三项的规定提出辞职并要求用人单位支付经济补偿，这种意见对劳动者不利。

例如，江苏高院《关于审理劳动争议案件的指导意见》（苏高法审委〔2009〕47号）第十六条："因劳动者自身不愿缴纳等不可归责于用人单位的原因，导致用人单位未为其缴纳或未足额缴纳社会保险费，或者未参加某项社会保险险种，劳动者请求解除劳动合同并主张用人单位支付经济补偿的，不予支持。"

浙江高院《关于审理劳动争议纠纷案件若干疑难问题的解答》（2012）认为劳动者可以提出解除劳动合同，但不应当支持经济补偿金："劳动者不愿意缴纳社会保险费，并书面承诺放弃参加社会保险的法律后果是什么？劳动者不愿意缴纳社会保险费，并书面承诺放弃参加社会保险的，该书面承诺无效。劳动者可以此为由解除劳动合同，但要求用人单位支付经济补偿金的，不予支持。"

第三，折中处理。用人单位与劳动者签订的自愿放弃购买社保的协议无效，劳动者可以根据《中华人民共和国劳动合同法》第三十八条第三项的规定提出辞职并要求用人单位支付经济补偿，但是有条件限制，即要求劳动者必须在一定的期限内要求用人单位为劳动者补缴社保，如果用人单位在一定的期限内没有为劳动者补缴的，劳动者才可以提出辞职并要求经济补偿。例如，有的地区的指导意见规定，如果用人单位与劳动者签订自愿放弃购买社保协议的，劳动者需要向单位提出购买的请求，如果用人单位在30天内未补缴的，劳动者可以提出辞职并要求经济补偿。

例如，广东高院《关于审理劳动人事争议案件若干问题的座谈会纪要》（粤高法〔2012〕284号）："用人单位与劳动者约定无须办理社会保险手续或将社会保险费直接支付给劳动者，劳动者事后反悔并明确要求用人单位为其办理社会保险手续及缴纳社会保险费的，如用人单位在合理期限内拒不办理，劳动者以此为由解除劳动合同并请求用人单位支付经济补偿，应予支持。"

大家在应用这个条款的时候，最好认真研究一下用人单位所在地区的裁判案例或指导意见，以更好地保护用人单位的合法权益。

⚖ 以案说法

◎ **员工以未足额缴交社保为由解除劳动关系，用人单位是否需要支付经济补偿金？**

陈某系深圳某汽车贸易公司的员工，于2014年11月4日以公司未足额购买社会保险等为由向深圳某汽车贸易公司邮寄《被迫解除劳动合同通知书》解除双方劳动关系，要求深圳某汽车贸易公司支付经济补偿金，并提交《权利请求通知书》《被迫解除劳动合同通知书》及邮寄凭证予以证明，其中《权利请求通知书》由陈某于2014年11月1日发出，邮寄凭证显示《被迫解除劳动合同通知书》的收件地址为深圳某汽车贸易公司地址，收件人为杨某。

深圳某汽车贸易公司提交了《考勤统计表》、工资表、收款收据等相关证据，要求法院不予支持陈某的请求。

法院经审理后裁决陈某的上诉请求均不成立，不予支持。

📝 **案例解析**

《深圳经济特区和谐劳动关系促进条例》第十五条规定，用人单位未依法为劳动者缴纳社会保险费的，劳动者应当依法要求用人单位缴纳；用人单位未在一个月内按规定缴纳的，劳动者可以解除劳动合同，用人单位应当支付经济补偿。

陈某于2014年11月1日向深圳某汽车贸易公司提出补缴社保要求，但自要求之日起不满一个月便解除劳动合同，不属于用人单位应当支付经济补偿的情形。故法院对陈某的上诉请求不予支持。

案例出处：广东省深圳市中级人民法院民事判决书（2016）粤03民终1798号。

二、未买社保公积金的责任

📖 **示范条款**

1. 乙方应当于办理入职手续时提交参加社会保险所必需的真实、合法、完整的资料，如因乙方拒绝、延迟提交资料或提交资料不真实、不完整所导致的一切后果和责任（包括但不限于不能补缴社会保险及乙方无法享受社会保险利益等一切后果和／或责任、补缴费用和／或滞纳金等）应由乙方承担。

2. 乙方因个人原因主动申请要求甲方不予购买社保公积金，乙方确认：甲方向乙方每月核发的工资中已包含甲方应承担社保公积金的用人单位部分，并承诺放弃与此有关的一切投诉、仲裁或诉讼的权利。

✅ 使用指南

目前，对因非用人单位原因导致的未缴纳社会保险的责任承担，并未有相关法律法规予以明确。按照承担法律责任的一般原则（即过错责任），前述行政处理、要求社保待遇损失赔偿及解除合同后经济补偿等责任，均应以用人单位存在过错为条件。也就是说，若用人单位对未足额缴纳社保不存在过错的，不应承担相应责任。然而，工伤保险待遇适用无过错原则，且实践中亦存在非因用人单位原因未购买社会保险任由用人单位承担全部赔付义务的案例。

所以，只要劳动者在公司处于劳动关系的存续期间，一旦出现工伤风险，公司仍要承担工伤赔付风险。为最大限度地规避此风险，要么与社保部门协调是否可为劳动者单独缴纳工伤等保险。若确无法单独购买的，亦可考虑为劳动者购买意外险等商业保险，最大限度降低因工伤等导致的赔付风险。

⚖ 以案说法

◎ **员工自愿放弃社保要求货币性补贴，后又以公司未缴交社保要求经济补偿，法院是否支持？（广东省）**

柳某于 2008 年 3 月 8 日入职广州某公司工作，岗位是车缝工，双方有签订劳动合同，每年签订一次，入职前柳某向广州某公司提交了一份其放弃购买社会保险的《申请书》，声明自愿放弃购买社会保险，有其本人签名确认。自 2008 年 3 月至 2016 年 8 月期间，柳某从没有向广州某公司提出过购买社会保险的要求，工作 8 年时间一直在其工资收入中领取社会保险金额。

柳某于 2016 年 7 月 12 日因身体不适到医院就诊，花都区人民医院诊断证明书诊断为：肺部感染；心律失常，快速性心房纤颤，心功能IV级；肝功能异常。贵阳医学院附属白云医院疾病证明书诊断为：心功能不全原因，原发性扩张型心肌病，心脏扩大，房颤心律，室性心动过速，心功能 II 级（NYHA 级）；椎基底动脉供血不足；肾功能不全；高尿酸血症；血脂异常。

2016 年 12 月 24 日，广州市劳动能力鉴定委员会作出鉴定结论，鉴定柳某完全丧失劳动能力，伤病诊断为扩张型心脏病、心房颤动、慢性心功能不全。

柳某于 2016 年 9 月 2 日以广州某公司没有为其购买社会保险为由提出要求支付解除劳动合同经济补偿申请劳动争议仲裁，仲裁委员会于 2017 年 8 月 14 日作出裁决：广州某公司自裁决书生效之日起三个工作日内一次性支付柳某解除劳动关系的经济补偿金 38522 元。广州某公司不服裁决遂向法院提起诉讼。

📖 案例解析

关于解除劳动合同的经济补偿金问题，柳某是以广州某公司没有为其购买社会保险为由提出解除劳动合同，并要求广州某公司支付经济补偿金，法院经审理认为，虽然用人单位为劳动者办理社会保险手续，并依法缴纳相应的社会保险费系用人单位的法定义务，但广州某公司已提交《申请书》作为证据证明柳某自愿放弃购买社会保险，《工资清单》也显示广州某公司已将社会保险费作为工资直接支付给柳某。柳某未能举证证明其曾要求广州某公司为其办理社会保险手续并缴纳社会保险费，但广州某公司在合理期限内拒不办理，故柳某现又以广州某公司未依法为其缴纳社会保险为由解除劳动合同并要求广州某公司支付经济补偿，法院不予支持。

案例出处：广东省广州市中级人民法院民事判决书（2018）粤 01 民终 8777 号。

◎ 员工自愿放弃社保要求货币性补贴，后又以公司未缴交社保要求经济补偿，法院是否支持？（安徽省）

2010 年 7 月 12 日，李某入职合肥某商贸公司任超市促销员一职，入职时双方未签订书面的劳动合同，李某在职期间某商贸公司未为其缴纳各项社会保险。2016 年 7 月 26 日，李某、某商贸公司双方签订了一份书面的劳动合同，合同期限自 2016 年 8 月 4 日至 2019 年 8 月 31 日。2019 年 1 月，因某商贸公司未为李某缴纳社会保险，李某申请劳动仲裁，劳动仲裁委员会作出裁决，裁决某商贸公司为李某补交 2010 年 7 月至 2019 年 1 月期间的各项社会保险。

另查明，2011 年 1 月 1 日，李某出具放弃要求某商贸公司为其缴纳社会保险承诺书，并同意以每月 500 元社保补贴的形式予以补偿；2011 年 7 月 1 日出具同样的承诺书，以每月 550 元社保补贴的形式予以补偿；2012 年 7 月 1 日出具同上承诺书，以每月 700 元社保补贴形式补偿；2013 年 1 月 1 日再次出具同样的承诺书，以每月 750 元社保补贴形式补偿。另从某商贸公司提供的部分月份制作的工资表显示，某商贸公司是按李某出具的承诺书上载明的补贴金额向李某发放，李某在工资单上签字予以领取。

为此，双方因缴纳社保问题，某商贸公司向合肥市瑶海区仲裁委员会申请仲裁、请求裁决李某返还支付给其的社保补贴，李某随即提起反申请，以某商贸公司未为其缴纳社会保险为由要求公司支付解除劳动关系的经济补偿金。

📖 **案例解析**

法院经审理认为：关于李某要求支付解除劳动关系经济补偿金问题，依照《中华人民共和国劳动合同法》第三十八条及第四十六条的规定，劳动者以用人单位未为其缴纳社会保险解除劳动合同的，用人单位应当向劳动者支付经济补偿金。

本案中，李某以未为其缴纳社会保险为由要求某商贸公司支付解除劳动关系的经济补偿金，对此，法院认为，某商贸公司之所以没有为李某购买工作期间的社会保险，是基于李某单方向某商贸公司承诺要求以每月社保补贴的方式向其支付货币补助，不要求某商贸公司为其缴纳社会保险，导致李某在职期间未办理社保缴纳并非作为用人单位的某商贸公司故意违法而为之，现在为李某补缴各项社会保险是法律对于某商贸公司责任的规定，亦是某商贸公司的法定义务，但基于上述未缴纳社保的原因即要求用人单位承担解除劳动合同的经济补偿金，并非立法的本意，《中华人民共和国劳动法》对未缴纳社会保险在解除劳动合同中规定的经济补偿金责任应是对用人单位故意违法而为之的一种惩罚性责任，而非本案之情形，故法院对于李某的此项主张，不予支持。此外，用人单位与劳动者约定将社会保险费以补贴形式直接支付给劳动者，劳动者事后反悔并主张用人单位为其补办社会保险手续或缴纳社会保险费，用人单位为劳动者补办社会保险的，有权要求劳动者返还已发放的社保补贴。

案例出处：安徽省合肥市中级人民法院民事判决书（2019）皖 01 民终 9492 号。

三、商业保险

📖 示范条款

若甲方为乙方出资购买了商业保险（包括但不限于意外伤害保险、医疗保险等），则一旦发生应由甲方承担责任的事宜，保险赔付金额应计算在甲方的应赔偿金额之中。

若乙方因为自身行为违反了商业保险合同约定而导致无法获得保险赔偿，相应的责任由乙方承担，乙方同意视为甲方履行了相应的雇主责任，不再向甲方要求任何赔偿事宜。

✅≣ 使用指南

不少公司为了降低劳动合同用工成本，往往采用商业保险代替社会保险的做法，这不是我们所提倡的。但作为用人单位，也必须要搞清楚所买的商业保险的本质，需要注意以下三点：

第一，用人单位可以为其劳动者购买意外伤害保险吗？《中华人民共和国保险法》第三十一条规定："投保人对下列人员具有保险利益：（一）本人；（二）配偶、子女、父母；（三）前项以外与投保人有抚养、赡养或者扶养关系的家庭其他成员、近亲属；（四）与投保人有劳动关系的劳动者。"可见，用人单位对劳动者具有保险利益，可以为其购买意外伤害保险。

第二，意外保险金应该赔付给劳动者还是用人单位？用人单位可以为其劳动者购买意外保险但是这并不意味发生意外后，用人单位就有权获得保险金的赔偿，因为《中华人民共和国保险法》第三十九条规定："人身保险的受益人由被保险人或者投保人指定。投保人指定受益人时须经被保险人同意。投保人为与其有劳动关系的劳动者投保人身保险，不得指定被保险人及其近亲属以外的人为受益人。"即只要有劳动关系存在，投保人虽可以指定受益人，但必须在"被保险人及其近亲属"范围内，且必须经过劳动者本人同意。因此，原则上意外伤害保险往往是不能代替公司的赔偿责任，我们有必要在劳动合同中约定由公司出资的意外伤害保险赔付金额，计算在甲方应担责任的赔付金额中，以降低用人单位的损失。

第三，什么样的商业保险对用人单位更有价值？当然是雇主责任险。雇主责任险是帮助企业规避劳动用工的风险，让企业的雇员在受雇过程中（一般也包括上下班途中），当遭受意外或因患相关职业性疾病导致伤残或死亡时，对被保险人依法须承担的医疗费用和经济赔偿责任进行的赔付。雇主责任险的保险范围一般包括工伤及职业病身故/伤残、医疗费用报销、误工津贴，也有的保险产品可以扩展到非工作期间发生的意外事故造成劳动者伤残的。因此，劳动者无论是发生工伤、疾病或其他意外伤害，用人单位都可以从雇主责任险中弥补损失。

⚖ 以案说法

◎ 购买雇主责任保险是否有必要？

2017 年 8 月 16 日，原告冉某、李某某的儿子冉某某入职第三人某网络技术服务公司，从事外卖的送餐工作。2017 年 9 月 25 日 10 时 59 分许，冉某某接到外卖订单指派，驾驶无号牌二轮摩托车途经大亚湾西区圆盘路段与黄某某驾驶的重型特殊结构车发生碰撞，造成两车损坏、冉某某当场死亡的交通事故。惠州大亚湾区公安局交通警察大队作出《道路交通事故认定书》，记载冉某某未取得机动车驾驶证驾驶机动车、未按照操作规范安全驾驶且遇事措施不当，对事故的发生存在同等过错，并认定黄某某和冉某某应负事故同等责任。

事故发生当天，第三人某网络技术服务公司为冉某某在被告某保险公司投保了雇主责任保险，保险期限 2017 年 9 月 25 日 00 时起至 2017 年 9 月 25 日 23 时止，其中每人死亡、伤残赔偿限额为 60 万元。

投保时，雇主责任保险单中注明有温馨提示，特别约定第 3 条除外责任："因下列原因或下列情况下导致的损失、费用与责任，保险人不负责赔偿：被保险人及其雇员酒后驾驶或受毒品、管制药物的影响期间进行送餐服务；被运送货物、餐点及财产本身的损失；送餐服务过程中与第三方未发生直接碰撞仅由惊恐引起第三者的人身伤亡及财产损失；第三者财产因市场价格变动造成的贬值、修理后因价值降低引起的损失；任何间接损失。"

某保险公司主张本案死者冉某某未取得机动车驾驶证驾驶机动车，同时驾驶的机动车为无牌机动车，在事故中负同等责任。根据责任免除规定，保险方对其赔偿予以免责。

法院审理后裁决某保险公司应向原告冉某、李某某一次性赔付保险金 60 万元。

📖 案例解析

某保险公司以死者冉某某在事故中存在违法行为，故不属保险责任范围而主张免赔的辩解意见。某保险公司提交了《雇主责任险的保险条款（A 款）》（以下简称 A 条款），主张本案事故死者冉某某无证无牌驾驶车辆发生事故符合该 A 条款第五条中责任免除的情形，保险公司对其赔偿应予免责。法院认为，死者冉某某在事故中的违法行为与产生其死亡的后果并没有直接的因果关系。况且，第三人某网络技术服务公司为冉某某投保的雇主责任保险时，被告某保险公司所出示的条款是雇主责任保险单，并未向第三人出示 A 条款。A 条款系被告采用格式条款订立，而某保险公司主张免赔的上述条款属免除、限制其责任的条款，某保险公司没有证据证明已对该条款的内容以书面或者口头形式向投保人作出了明确说明，根据《中华人民共和国保险法》第十七条"订立保险合同，采用保险人提供的格式条款的，保险人向投保人提供的投保单应当附格式条款，保险人应当向投保人说明合同的内容。对保险合同中免除保险人责任的条款，保险人在订立合同时应当在投保单、保险单或者其他保险凭证上作出足以引起投保人注意的提示，并对该条款的内容以书面或者口头形式向投保人作出明确说明；未作提示或者明确说明的，该条款不产生效力"的规定，该免责条款对原告不产生效力。另外，雇主责任保险单中注明的除外责任中也没有"无证无牌驾驶车辆发生事故"这一情形。故此，被告某保险公司在本案中主张免赔的辩解意见，依法无据，法院不予采纳，被告某保险公司须向原告冉某、李某某一次性赔付保险金 60 万元。

案例出处：广东省惠州市大亚湾经济技术开发区人民法院民事判决书（2019）粤 1391 民初 2669 号。

◎ 意外伤害保险合同纠纷中免责条款和明确说明义务该如何认定？

2017 年 5 月 26 日，某电器销售公司在被告人某保险公司处投保了团体意外伤害保险及附加意外伤害医疗保险。根据该份保险单，原告黄某的意外伤害死亡残疾保险限额为 80 万元，意外伤害医疗费用保险限额为 10 万元，每次事故免赔额 3000 元或免赔率 20%，二者以高者为准。保险期自 2017 年 6 月 3 日至 2018 年 6 月 2 日 24 时止。

《投保单》的投保人声明记载："本人就团体人身意外伤害险……确认以下事项：产险销售人员……已向本人详细解释有关保险条款内容，并清楚说明免除保险人责任的条款。保险人所提供的投保单已附投保险种所适用的条款，并且向本人详细介绍了条款，尤其是对其中免除保险人责任的条款（包括但不限于责任免除、投保人被保险人义务、保险金申请与给付等），以及本保险合同中付费约定和特别约定的内容向本人作了明确说明，本人已充分理解并接受上述内容，同意以此作为订立保险合同的依据。"

《投保单》特别约定第 4 条约定，如被保险人由于从事非本保单投保人安排的工作或活动时发生意外伤害事故，死亡伤残赔偿限额为 40 万元，医疗费赔偿限额为 6 万元。

《某保险公司附加意外伤害医疗保险条款》（2009 版）第 2.2 补偿原则约定，被保险人通过任何途径所获得的医疗费用补充金额总和以其实际支出的医疗费用金额为限。被保险人已经从社会基本医疗保险或任何第三方（包括任何商业医疗保险）获得相关医疗费用补偿的，保险人仅对扣除已获得补偿后的剩余医疗费用，按照合同约定承担给付保险金责任。

2018年4月19日，某电器销售公司经销商指派黄某到英德市迎宾大道为安全员办公室更换空调。当日17时05分，原告更换空调结束进行收拾工作时，被一台车从后面撞倒，导致黄某受伤，住院治疗后于2018年5月9日出院，共支出医疗费19745.10元（含住院费用18740.70元，门诊费用1004.40元，该医疗费用已由另一保险全额赔付）。

2019年1月29日，司法鉴定所作出鉴定，鉴定意见为原告黄某的损伤是由本次交通事故造成，原告右踝关节活动功能丧失，评定为十级伤残。原告黄某主张其为城镇户籍，按照上一年度广东省城镇居民人均可支配收入40975元/年的标准予以计算，被告某保险公司应支付伤残赔偿金81950元（40975元/年×20年×10%）。

被告某保险公司主张本案的保险金额由于原告并非从事投保人指派的工作，保险金额限额为40万元乘以系数10%即4万元，且原告黄某的医疗费已经由案外人全额赔偿，故被告公司不再重复赔付。

被告某保险公司已经尽了法律规定的提示说明义务，向投保人详细介绍条款并提供所投保险种适用的条款，并对其中免除保险人责任的条款（包括但不限于责任免除、投保人和被保险人义务、赔偿处理、附则等），以及本保险合同中付费约定和特别约定的内容向投保人作了明确说明，投保人已充分理解并接受相关内容，请法院驳回原告不合理的诉讼请求。

最终法院经审理后裁决，被告某保险公司应向原告黄某支付保险金合计97746.08元。

📑 案例解析

法院认为，投保人某电器销售公司与被告某保险公司签订的保险合同，不违反法律法规的强制性规定，内容合法有效，双方均应按合同约定履行义务，合同效力及于原告黄某。

本案的争议焦点在于，保险合同中关于免除被告责任部分的条款是否发生效力。

本案中，《投保单》的"投保人声明"处虽有投保人某电器销售公司的印章，但并无相关经办人签名。某保险公司提供的格式合同中，相关免除或限制责任的条款并未按照《最高人民法院关于适用〈中华人民共和国合同法〉若干问题的解释（二）》第六条规定，采用足以引起对方注意的文字、符号、字体等特别标识。被告某保险公司亦未能提交任何证据证明其已尽到合理提示及说明义务。因此，根据《中华人民共和国保险法》第十七条第二款规定，即"对保险合同中免除保险人责任的条款，保险人在订立合同时应当在投保单、保险单或者其他保险凭证上作出足以引起投保人注意的提示，并对该条款的内容以书面或者口头形式向投保人作出明确说明；未作提示或者明确说明的，该条款不产生效力"。《投保单》相关免除及限制责任的条款不产生法律效力。但是，鉴于《投保单》中"保障内容"部分已经以表格方式明确了意外身故残疾及意外医疗费用补偿的保险金额及免赔额，因此，该表格中的保障内容对双方具有约束力。

本案中，原告黄某已产生医疗费 19745.10 元，扣除 20% 免赔额，被告应向原告支付的医疗费为 15796.08 元（19745.10 元 ×80%）。原告因意外事故构成十级伤残，其主张的残疾赔偿金 81950 元未超过根据《广东省 2019 年度人身损害赔偿计算标准》计算所得的数额，故对原告该项请求，法院予以支持。被告应向原告支付保险金合计 97746.08 元。

案例出处：广东省深圳市罗湖区人民法院民事判决书（2019）粤 0303 民初 36311 号。

第 17 条

员工培训：拒绝竹篮打水一场空

示范条款

　　甲方积极开展各类员工培训，不断提升员工整体素质与工作技能，由甲方为乙方出资培训（包括但不限于专项岗位培训、专业技术培训、职业技能培训、学历继续教育、出国培训、委托培训等）的，乙方须为甲方增加服务期的工作时间（年）= 培训费用 ÷5 万，服务期起算时间从甲乙双方正在履行的劳动合同终止时间起算。

　　甲方为乙方支付多次培训费用的，培训费用为多次培训费用的累加。因乙方原因（含乙方违约违法行为）而提前解除劳动合同，乙方应支付违约金，违约金标准为 =［未履行服务期（月）÷ 应履行服务期（月）］× 累计培训费用，前述培训费用包括但不限于培训期间的交通费、住宿费、餐费、脱产培训所支付工资等。

　　违约金应于离职后的 7 日内支付完毕，超过 1 天按照千分之三向甲方支付滞纳金。

✅≡ 使用指南

第一，关于适用条件。《中华人民共和国劳动合同法》第二十二条第一款规定："用人单位为劳动者提供专项培训费用，对其进行专业技术培训的，可以与该劳动者订立协议，约定服务期。"可以看出，用人单位为劳动者提供了专项培训费用的，可以约定服务期。一般来看，企业劳动者培训分为两个大类：一类是诸如劳动者入职培训、上岗或转岗培训、安全生产等普通职业培训。对于这类培训，原则上不论用人单位支付再多的培训费用，也不可以与劳动者约定服务期。另一类是诸如学历性培训、资质类培训等，属于用人单位针对特定岗位实施的个性化专项培训。对于此类培训，用人单位不论支付多少培训费用，都可以与劳动者约定服务期。也有观点认为，法律条款中所指的专业技术培训并不包括管理类培训，其实不然，专业技术培训是由专业与技术共同构成，对于某些行业，例如管理咨询公司，管理类培训就是他们的专业技术，用人单位为劳动者提供了专项培训费用的管理类培训，当然可以与劳动者约定培训服务期。

第二，关于培训费用。培训费用是培训违约金的上限，对于培训服务期条款至关重要。但工资是否可以计入培训费用的问题一直困扰着用人单位。我们看一下《中华人民共和国劳动合同法实施条例》第十六条："劳动合同法第二十二条第二款规定的培训费用，包括用人单位为了对劳动者进行专业技术培训而支付的有凭证的培训费用、培训期间的差旅费用以及因培训产生的用于该劳动者的其他直接费用。"那么工资是否可以看作是"用于该劳动者的其他直接费用"呢？答案是否定的。因为即使没有安排劳动者参加专项培训，用人单位也得向劳动者支付工资等劳动报酬。所以，培训费用核算并不包括劳动者在培训期间获得的工资收入。

第三，关于培训服务期。法律法规并没有对双方的服务期长短进行约定，《中华人民共和国劳动合同法》第二十二条规定："劳动者违反服务期约定的，应当按照约定向用人单位支付违约金。违约金的数额不得超过用人单位提供的培训费用。用人单位要求劳动者支付的违约金不得超过服务期尚未履行部分所应分摊的培训费用。用人单位与劳动者约定服务期的，不影响按照正常的工资调整机制提高劳动者在服务期期间的劳动报酬。"可见，如果约定的服务期时间过长，每年违约金数额其实也不高，约定过短，培训服务期约定很快过期，达不到有效保护用人单位的目的。因此，用人单位应根据自身的实际情况来约定服务期长短。

此外，请用人单位注意培训服务期开始时间约定问题。培训服务期的开始时间分为三种：专项培训开始之日、专项培训结束之日和双方约定开始的时间。其中，专项培训结束之日作为培训服务期的开始时间，可能存在一定的风险，就是劳动者在完成专项技术培训以后，不愿意与用人单位签订培训服务期协议，甚至是直接离职，将会导致用人单位人财两空。因此，我建议用人单位可以将培训服务期开始之日定位于专项培训开始之日，以更好保护用人单位的合法权益。

⚒ 以案说法

◎ 如何区别单位所提供的培训是职业培训还是专业技术培训？

袁某经过某集装箱储运公司组织培训 10 天，并通过考试合格，于 2008 年 6 月 15 日应聘进入某集装箱储运公司。入职前，袁某根据某集装箱储运公司的要求递交一份《申请书》，其中载明"本人于 2008 年 6 月 15 日到厦门市某集装箱储运有限公司应聘考试。因本人以前没有开过集装箱牵引车，不会倒车，特申请某集装箱储运有限公司给我一个实习的机会。本人学会后与公司签订劳动合同，若本人没有与公司签订合同或者在合同期满前离职或辞职的，本人自愿赔偿公司在自己实习期间的车辆油料及车辆损耗费计人民币叁仟圆整（3000元）"。2008年6月19日，袁某与某集装箱储运公司签订劳动合同，其中约定：劳动合同期限自2008年6月19日至2010年6月18日止，袁某从事驾驶员岗位。

袁某于2008年9月29日向某集装箱储运公司提出离职申请，2008年10月29日劳动合同期限未届满即辞职离开某集装箱储运公司。2009年7月7日，某集装箱储运公司提起仲裁，请求裁决由袁某赔偿某集装箱储运公司培训费用及车辆损耗费3000元。仲裁委员会于2009年8月6日裁决，袁某应支付某集装箱储运公司服务期尚未履行部分所应分摊的培训费用2375元。袁某不服该仲裁裁决，遂向法院提起诉讼。

📖 案例解析

本案争议的焦点在于：袁某与某集装箱储运公司在《申请书》中约定如袁某提前辞职应当赔偿公司车辆油料及车辆损耗费3000元是否合法。

根据《中华人民共和国劳动合同法》第二十二条的规定："用人单位为劳动者提供专项培训费用，对其进行专业技术培训的，可以与该劳动者订立协议，约定服务期。劳动者违反服务期约定的，应当按照约定向用人单位支付违约金。"此处的专业技术培训与《中华人民共和国劳动法》所规定的职业培训应有所区别。根据《中华人民共和国劳动法》的规定，用人单位有责任为职工提供必要的职业培训，以提高劳动者的劳动技能或使劳动者更好地胜任其本职工作，用人单位不能为此与劳动者约定违约金。

根据本案当事人的约定，袁某在应聘前没有开过集装箱牵引车，不会倒车，某集装箱储运公司给予袁某一个实习的机会，袁某学会后与某集装箱储运公司签订劳动合同。据此，袁某本身是具有驾驶资格和驾驶技术的，只是没有开过集装箱牵引车，上岗前需要进行培训。某集装箱储运公司给予袁某的实习机会实际上兼有岗前培训和试用期的性质，其性质上应属于职业培训而非专业技术培训。袁某在实习过程中需要花费一定的油料和造成车辆磨损，但上述损耗系驾驶实习过程中必然发生的花费和消耗。依据一般常理，该情形下的油料消耗和车辆磨损显然无法等同于专项培训费用。因此，本案不属于《中华人民共和国劳动合同法》规定的由用人单位提供专项培训费用对劳动者进行专业技术培训的情形。某集装箱储运公司与袁某关于提前辞职应当赔偿公司车辆油料及车辆损耗费的约定，违反了法律关于用人单位不得与劳动者约定违约金的强制性规定，应属无效约定。

综上，法院判决袁某无须向某集装箱储运有限公司支付车辆油料及车辆损耗费 2375 元。

案例出处：福建省厦门市中级人民法院民事判决书（2009）厦民终字第 3784 号。

第18条

员工体检：防范职业病不可少

📖 示范条款

甲方按国家有关规定每年免费安排乙方进行体检，其中当年入职已进行入职体检的员工不再纳入甲方年度免费体检的范畴。若乙方未在甲方统一安排时间内进行体检的，视为乙方放弃体检的相关权利，甲方不再另行安排免费体检。

甲方按照国家有关职业病防治法律有关规定，对符合离职体检人员实施离职体检，对于甲方通知要求离职体检人员，未按照甲方要求参加离职体检的，视为乙方放弃离职体检相关权利，由此产生的一切责任由乙方承担。

✅ 使用指南

用人单位极少关注劳动者体检问题，原因是现行国家法律法规没有明确规定所有在职劳动者须定期体检，在职劳动者定期体检并非用人单位的法定义务，但是对于以下特别规定的情况除外。

第一，用人单位必须为接触职业病危害的作业的劳动者安排定期体检。根据《中华人民共和国职业病防治法》第三十五条的规定："对从事接触职业病危害的作业的劳动者，用人单位应当按照国务院卫生行政部门的规定组织上岗前、在岗期间和离岗时的职业健康检查，并将检查结果书面告知劳动者。职业健康检查费用由用人单位承担。用人单位不得安排未经上岗前职业健康检查的劳动者从事接触职业病危害的作业；不得安排有职业禁忌的劳动者从事其所禁忌的作业；对在职业健康检查中发现有与所从事的职业相关的健康损害的劳动者，应当调离原工作岗位，并妥善安置；对未进行离岗前职业健康检查的劳动者不得解除或者终止与其订立的劳动合同。"

第二，关于女职工权益保护的地方立法对女职工的体检作出了特别的规定。如《上海市女职工劳动保护办法》第二十一条就规定："各单位应每两年对女职工（含退休女职工）进行一次妇科病检查，及时治疗妇科疾病。"北京、青岛等多地关于女职工权益保护的地方法规中，均有关于女职工定期体检的规定。

第三，未成年工也是用人单位必须安排体检的群体。未成年工指的是年满 16 周岁，未满 18 周岁的劳动者。根据《未成年工特殊保护规定》第六条规定："用人单位应按下列要求对未成年工定期进行健康检查：（一）安排工作岗位之前；（二）工作满一年；（三）年满 18 周岁，距前一次的体检时间已超过半年。"

第四，从事接触直接入口食品工作的从业人员。根据《中华人民共和国食品安全法》第四十五条规定："从事接触直接入口食品工作的食品生产经营人员应当每年进行健康检查，取得健康证明后方可上岗工作。"

第五，对于在作业场所使用有毒物品可能产生职业中毒危害的劳动者，用人单位也应该安排定期体检。根据国务院颁布的《使用有毒物品作业场所劳动保护条例》第三十二条的规定："用人单位应当对从事使用有毒物品作业的劳动者进行定期职业健康检查。用人单位发现有职业禁忌或者有与所从事职业相关的健康损害的劳动者，应当将其及时调离原工作岗位，并妥善安置。用人单位对需要复查和医学观察的劳动者，应当按照体检机构的要求安排其复查和医学观察。"

⚖ 以案说法

◎ 员工未在规定时间内体检产生的纠纷，公司需要承担责任吗？

王某自 1992 年 10 月起到某农药公司工作。双方最后一份劳动合同期限为 2008 年 8 月 1 日至 2013 年 7 月 31 日，合同约定工作地点在金州区西南窑。

王某于 2013 年 7 月 15 日起开始休年假、放假，之后再未到公司上班，王某已经领取 2013 年 8 月工资 674.79 元。某农药公司为王某缴纳社会保险至 2013 年 9 月。

辽宁省经济委员会于 2008 年 9 月 23 日作出《关于同意某农药公司生产地址迁移的批复》，"同意某农药公司由大连市某号迁移至大连市某产业园区内"。2008 年 11 月 25 日，大连市经济委员会向金州区经发局发出《关于某农药公司搬迁的意见》，其中记载"某农药公司拟搬迁至某化工园区，并制定了搬迁改造方案"，"同意某农药公司的搬迁计划并予以支持"。

因某农药公司是重点控制污染物排放的化工企业，按照政府产业布局规划，被要求搬迁至瓦房店松木岛。某农药公司为解决劳动合同等问题，先召开工会委员会会议并通过了《关于某农药公司变更为某生物科技公司告知全体通知书》，后又两次召开全厂职工大会和部门负责人会议，向全体职工通报了相关处理方案，要求限期办理变更劳动合同等手续，同时对限期内不办理变更则将终止劳动合同的后果进行了告知。

某农药公司于 2013 年 9 月 3 日，向王某出具《终止劳动合同证明书》，终止与王某之间的劳动合同，理由为：劳动合同期满。该《终止劳动合同证明书》存入王某档案。2013 年 11 月 28 日，某农药公司以邮政特快专递（EMS）形式再次向王某送达关于办理终止劳动合同的通知，邮件遭拒收。

2013 年 6 月 18 日，由某医院对某农药公司单位职工进行职业健康体检，为此，某农药公司于 2013 年 6 月 7 日发出了《关于 2013 年员工健康体检通知》。王某 2013 年 6 月出满勤，但其未参加体检。王某声称其在 2013 年 9 月 11 日调取个人档案时发现，某农药公司于 2013 年 9 月 3 日在没有依据《职业病防治法》和《职业健康监护管理办法》规定为王某进行离岗前职业健康检查，也未向原告出具解除劳动合同证明书的情况下，以情势变更为由，单方违法解除劳动合同。

📄 案例解析

本案中，王某与某农药公司签订的劳动合同时间截止到 2013 年 7 月 31 日，恰逢某农药公司因企业搬迁重新协商变更劳动合同时，在王某没有证据证明其提出要求与某农药公司签订劳动合同的情况下，某农药公司终止已经到期的劳动合同不违反法律规定。根据中华人民共和国国家职业卫生标准《职业健康监护技术规范》（GBZ188-2007）第 4.8.3 "离岗时健康检查" 第（2）项：如最后一次在岗期间的健康检查是在离岗前的 90 日内，可视为离岗时检查。因此，某农药公司在 2013 年 6 月 7 日组织并在 2013 年 6 月 18 日实施的健康检查行为，可以视为离岗前体检。根据某农药公司提供的考勤记录，王某在 2013 年 6 月为满勤，则其在 2013 年 6 月 7 日、2013 年 6 月 18 日均在厂区。某农药公司在 2013 年 6 月 7 日对体检进行通知公示，6 月 18 日实施该体检行为，并且根据同单位劳动者马某、徐某的陈述和某农药公司实际施行的体检行为，可以证明某农药公司在每年 6 月左右进行体检系常规性安排，因此，王某有条件、有能力也有其必然性获知体检信息并参与体检，而王某拒不参加体检亦未告知某农药公司的行为，应视为其放弃体检，因此，王某未进行离岗体检的行为，其责任不应该由某农药公司承担。同时，《终止劳动合同证明书》送达的行为仅是终止劳动合同关系之后的附随义务，且某农药公司对送达采取了积极的作为，其送达形式不影响终止合同行为的效力，劳动合同的到期终止亦不需要经过劳动行政部门的审批后生效。因此，某农药公司终止双方的劳动合同的行为不违反法律规定，王某主张违法终止劳动合同的经济赔偿金于法无据，法院不予支持。

案例出处：辽宁省大连市中级人民法院民事判决书（2014）大民五终字第 576 号。

◎ 被裁员工故意不去离岗体检，公司应该如何处理？

李某为某煤业公司采煤地附近村民，双方自 2001 年 6 月 22 日起建立劳动关系，李某先后从事上煤、检身、充电、加注硫酸、监督倒煤等工作。

2014 年 8 月 4 日，某煤业公司召开全体职工大会，宣布企业因受市场行情、煤质、资金、劳资纠纷、歇业等原因影响，生产经营严重困难，决定实行经济性裁员，裁员方案为"裁减采掘工人、井下及地面管理人员、后勤人员等 172 人；保留矿级班子、技术骨干、财务、人事及其他应保留岗位 22 人；工伤人员按工伤规定处理，不列入裁员对象；离职体检有职业病倾向者，暂不裁减；企业与被裁减人员解除劳动关系，实行经济补偿，待企业情况好转，复工复产时，优先招用被裁减人员，重新签订劳动合同，依法参加社会保险"，实施步骤为"2014 年 8 月 4 日，由企业向全体员工说明生产经营情况，讲明裁员原因，听取员工意见；2014 年 8 月 5—6 日，组织员工体检，体检费用由企业承担，对参加体检人员每人补助生活费及车费 50 元；2014 年 9 月 4 日起按批准后的裁员方案组织实施"。李某作为被裁员对象，到会并在签到表上签名。

2014 年 8 月 5 日，某煤业公司向劳动行政部门报送了经济性裁员报告、方案、名册和会议记录。2014 年 8 月 5—6 日，某煤业公司组织被裁减员工就近到某职工医院进行离岗前健康体检，李某以自己无交通工具和单位未为其派车为由未参加健康体检。

2014 年 9 月 7 日，某煤业公司向失业保险经办机构出具《终止（解除）劳动合同通知书》，载明按经济性裁员解除李某的劳动合同。同月 13 日，某煤业公司又以邮政特快专递方式向李某寄送《解除劳动关系通知书》，告知因生产经营状况发生严重困难，确需裁减人员，于 2014 年 9 月 5 日解除双方的劳动合同。

2015 年 1 月 6 日，失业保险经办机构向李某出具《农民工失业一次性待遇表》，载明李某失业时间为 2014 年 9 月 7 日，应享有三个月失业保险待遇，金额 1312.50 元。之后，某煤业公司一直未恢复生产。

2015 年 7 月 30 日，李某提请仲裁，要求某煤业公司支付违法解除劳动关系的赔偿金 178895 元、2014 年 8 月的工资 1500 元、失业保险待遇损失 8400 元。

📄 案例解析

劳动者和用人单位的合法权益平等受法律保护。2014 年 8 月 5—6 日，某煤业公司组织被裁减员工就近到职工医院进行离岗前健康体检，并对自行前往体检的员工予以生活费、交通费补助，李某清楚某煤业公司对离岗体检的安排，且交通条件满足自行前往体检的需要，李某以自己无交通工具和单位未为其派车为由不参加离岗体检，过错在于自身，某煤业公司于一月后解除李某的劳动合同，并无过错，不构成违法解除，李某以某煤业公司未进行离岗前健康体检为由，主张支付违法解除劳动合同赔偿金，理由不能成立，不予支持。

尽管某煤业公司不应支付李某违法解除劳动合同赔偿金，但依照《中华人民共和国劳动合同法》的规定及经济性裁员方案，某煤业公司应当支付李某经济补偿金。虽然李某的工作年限跨越了《中华人民共和国劳动合同法》施行日即 2008 年 1 月 1 日，根据该法第九十七条第三款"本法施行之日存续的劳动合同在本法施行后解除或终止，依照本法第四十六条规定应当支付经济补偿的，经济补偿年限自本法施行之日起计算；本法施行前按照当时有关规定，用人单位应当向劳动者支付经济补偿的，按照当时有关规定执行"的规定，李某的经济补偿金应当以 2008 年 1 月 1 日为节点分段计算，但按照《违反和解除劳动合同的经济补偿办法》（劳部发〔1994〕481 号）第九条"用人单位濒临破产进行法定整顿期间或者生产经营状况发生严重困难，必须裁减人员的，用人单位按被裁减人员在本单位工作的年限支付经济补偿金。在本单位工作的时间每满一年，发给相当于一个月工资的经济补偿金"的规定，并不影响每满一年工作年限支付一个月工资的经济补偿金计算方式。

对于计算经济补偿金的月工资，根据《中华人民共和国劳动合同法实施条例》"劳动合同法第四十七条规定的经济补偿的月工资按照劳动者应得工资计算，包括计时工资或者计件工资以及奖金、津贴和补贴等货币性收入。……劳动者工作不满 12 个月的，按照实际工作的月数计算平均工资"的规定，应当包括加班工资，某煤业公司将加班工资排除在李某工资收入之外计算经济补偿金，与法律法规不符，不予采纳。

根据双方确认一致的解除劳动关系时间点（2014 年 9 月 7 日），李某应当享有的经济补偿金为 31519.80 元（2334.80 元 / 月 ×13.5 月）。双方对仲裁裁决作出的由某煤业公司支付李某 2014 年 8 月 4 日工资 68.97 元、失业保险待遇损失 8400 元无异议，对此法院予以确认。

综上，法院最终判决：一、某煤业公司于本判决生效之日起三日内支付李某经济补偿金 31519.80 元；二、某煤业公司于本判决生效之日起三日内支付李某 2014 年 8 月 4 日工资 68.97 元、失业保险待遇损失 8400 元。

案例出处：重庆市第五中级人民法院民事判决书（2017）渝 05 民终 438 号。

◎ 企业未为劳动者提供离岗职业健康检查，需要承担什么法律责任？

2010 年 1 月，张某与某劳务服务公司建立劳动关系后，被派遣至某工业公司担任电焊工，双方签订最后一期的劳动合同的期限为 2010 年 1 月 1 日至 2014 年 6 月 30 日。2014 年 1 月 13 日，某劳务服务公司与张某签订《协商解除劳动合同协议书》，协议中载明甲、乙双方一致同意劳动关系于 2014 年 1 月 13 日解除，双方的劳动权利义务终止；甲方向乙方一次性支付人民币 48160 元，以上款项包括解除劳动合同的经济补偿、其他应得劳动报酬及福利待遇等。某劳务服务公司于 2014 年 1 月 21 日向张某支付人民币 48160 元。

2014 年 4 月，张某经上海市肺科医院诊断为电焊工尘肺一期。2014 年 12 月 10 日，张某经上海市劳动能力鉴定委员会鉴定为职业病致残程度七级。2014 年 11 月 27 日，张某申请仲裁，要求自 2014 年 1 月 13 日起恢复与某劳务服务公司的劳动关系。

张某主张 2014 年 1 月 13 日，某劳务服务公司与其签订《协商解除劳动合同协议书》，张某要求进行离职前职业健康检查，某劳务服务公司承诺签订协议后安排张某体检，但第二天即反悔。张某经向有关部门投诉后，某劳务服务公司才安排张某进行体检。张某认为与某劳务服务公司签订的《协商解除劳动合同协议书》系某劳务服务公司提供的格式合同，协议书虽称系张某提出解除劳动关系，实则是某劳务服务公司提出解除劳动关系。某劳务服务公司未安排其在离职前体检，违反了《中华人民共和国职业病防治法》的相关规定，故之前不能解除劳动合同。因此，请求法院判令自 2014 年 1 月 13 日起恢复张某与某劳务服务公司的劳动关系。

案例解析

本案的争议焦点为从事接触职业病危害的作业的劳动者未进行离岗前职业健康检查的，用人单位与劳动者协商一致解除劳动合同是否有效。根据《中华人民共和国职业病防治法》（2011 年修订）第三十六条的规定："对从事接触职业病危害的作业的劳动者，用人单位应当按照国务院安全生产监督管理部门、卫生行政部门的规定组织上岗前、在岗期间和离岗时的职业健康检查，并将检查结果书面告知劳动者……对未进行离岗前职业健康检查的劳动者不得解除或者终止与其订立的劳动合同。"因此，用人单位安排从事接触职业病危害的作业的劳动者进行离岗职业健康检查是其法定义务，该项义务并不因劳动者与用人单位协商一致解除劳动合同而免除。在进行职业健康检查前，劳动者对自身的健康状况无法预知，对自己是否患有职业病亦未可知，因此，在这种情况下达成的协议其意思表示是不完整的。双方的劳动合同是否解除应当根据劳动者的劳动能力鉴定结论而定。当鉴定结论显示劳动者因工或因职业病致残等级符合法定的条件下，用人单位才可终止或者解除劳动合同。

本案中，双方于 2014 年 1 月 13 日签订的《协商解除劳动合同协议书》并未明确张某已经知晓并放弃了进行离岗前职业健康检查的权利，且张某于事后亦通过各种途径积极要求某劳务服务公司为其安排离岗职业健康检查。因此，张某并未放弃对该项权利的主张，某劳务服务公司应当为其安排离岗职业健康检查。在张某的职业病鉴定结论出来之前，双方的劳动关系不能解除。2014 年 12 月 10 日，张某被鉴定为"职业病致残程度七级"。根据《工伤保险条例》第三十七条规定，职工因工致残被鉴定为七级至十级伤残的，劳动、聘用合同期满终止，或者职工本人提出解除劳动、聘用合同的，由工伤保险基金支付一次性工伤医疗补助金，由用人单位支付一次性伤残就业补助金。因此，鉴于双方签订的劳动合同原应于 2014 年 6 月 30 日到期，而张某 2014 年 12 月 10 日被鉴定为"职业病致残程度七级"，依据《工伤保险条例》的规定，用人单位可以终止到期合同，故张某与某劳务服务公司的劳动关系应于2014年12月10日终止。

案例出处：上海市第二中级人民法院民事判决书（2015）沪二中民三（民）终字第962号。

第五部分

劳动合同的管理

第 19 条

合同中止：特殊情况作用大

📖 示范条款

甲乙双方一致同意：当乙方暂时无法履行合同的义务，但仍有继续履行条件和可能时，双方的劳动合同中止履行，待阻碍因素消除后再继续履行。前述阻碍因素包括但不限于以下情形：

1. 包括但不限于乙方涉嫌违法犯罪，被公安、国家安全或者司法机关限制人身自由的；

2. 应征入伍或者履行国家规定的其他法定义务等原因而不能正常履行本合同的；

3. 其他不可抗力的情形。

甲乙双方同意劳动合同处于中止状态，试用期时间暂停计算，待乙方可以正常履行劳动合同后恢复；特别需要说明的是，试用期期间乙方因故缺勤超过 3 天的，则乙方的试用期时长按照缺勤时长予以顺延。

✅ 使用指南

劳动合同中止是指劳动合同存续期间，由于某些因素导致劳动关系主体双方主要权利义务在一定时期内暂时停止行使和履行，待中止期限届满后，又恢复到以前的正常状态。因《中华人民共和国劳动法》、《中华人民共和国劳动合同法》、司法解释等并未明确规定劳动合同中止问题，导致实务中会存在诸如试用期遇上医疗期、试用期遇上超过一定天数的其他假期、劳动者因涉嫌违法犯罪被限制自由期间、因不可抗力致使劳动合同暂时不能履行的情形，缺乏法律法规依据导致实务中不易妥善处理。

目前，国内一些地方法规对劳动合同中止问题进行一些规定，可以作为用人单位劳动合同管理的依据，详见下表：

来源	具体条文
原劳动部	《关于贯彻执行〈中华人民共和国劳动法〉若干问题的意见》（劳部发〔1995〕309号） 劳动者涉嫌违法犯罪被有关机关收容审查、拘留或逮捕的，用人单位在劳动者被限制人身自由期间，可与其暂时停止劳动合同的履行。 暂时停止履行劳动合同期间，用人单位不承担劳动合同规定的相应义务。劳动者经证明被错误限制人身自由的，暂时停止履行劳动合同期间劳动者的损失，可由其依据《国家赔偿法》要求有关部门赔偿。
建设部、财政部、中国人民银行	建设部 财政部 中国人民银行关于住房公积金管理几个具体问题的通知（建金管〔2006〕52号） 根据《条例》、国家统计局有关统计指标解释和劳动保障部有关规定，《条例》所称在职职工，是指在国家机关、国有企业、城镇集体企业、外商投资企业、城镇私营企业及其他城镇企业、事业单位、民办非企业单位、社会团体（以下统称单位）中工作，并由单位支付工资的各类人员（不包括外方及港、澳、台人员），以及有工作岗位，但由于学习、病伤产假（六个月以内）等原因暂未工作，仍由单位支付工资的人员。包括与单位签订劳动合同或符合劳动保障部门认定的形成事实劳动关系的在岗职工，不包括已离开本单位仍保留劳动关系的离岗职工。
山东	《山东省劳动合同条例》（2013年施行） 第二十六条 有下列情形之一的，劳动合同可以中止： （一）用人单位与劳动者以书面形式协商一致的； （二）劳动者因涉嫌违法犯罪被限制人身自由的；

来源	具体条文
山东	（三）因不可抗力致使劳动合同暂时不能履行的； （四）法律、法规规定的其他情形。 劳动合同中止期间，劳动关系保留，劳动合同暂停履行，用人单位可以不支付劳动报酬并停止缴纳社会保险费。劳动合同中止期间不计算为劳动者在用人单位的工作年限。 劳动合同中止履行的情形消失，除已经无法履行的外，应当恢复履行。
山东省青岛市	《青岛市人力资源和社会保障局关于规范劳动关系有关问题的意见》（青人社发〔2015〕1号） 劳动者在试用期内患病或者非因工负伤停工治疗的，在规定的医疗期内，试用期中止。医疗终结或者医疗期满后试用期继续履行。
上海	《上海市劳动合同条例》（2002年施行） 第二十六条 劳动合同期限内，有下列情形之一的，劳动合同中止履行： （一）劳动者应征入伍或者履行国家规定的其他法定义务的； （二）劳动者暂时无法履行劳动合同的义务，但仍有继续履行条件和可能的； （三）法律、法规规定的或者劳动合同约定的其他情形。 劳动合同中止情形消失的，劳动合同继续履行，但法律、法规另有规定的除外。 上海市劳动和社会保障局关于实施《上海市劳动合同条例》若干问题的通知（沪劳保关发〔2002〕13号） 按照《条例》第二十六条规定，劳动合同中止履行的，劳动合同约定的权利义务暂停履行。中止履行劳动合同期间用人单位可以办理社会保险账户暂停结算（封存）手续，期间不应计算劳动者同一用人单位工作时间。劳动合同中止期间，合同期满的，劳动合同终止。 但是，法律、法规、规章对劳动合同中止履行期间的权利义务及合同期限另有规定以及当事人双方另有约定的除外。 劳动者在中止履行劳动合同期间不得再与其他用人单位建立劳动关系。 用人单位为不符合中止条件的劳动者办理社会保险账户暂停结算（封存）手续的，应按规定为其补缴社会保险费用；对劳动者造成损失的，用人单位应当承担赔偿责任。双方当事人有争议的，按劳动争议处理程序解决。 《上海市企业工资支付办法》（2016年施行） 第十八条 劳动者因涉嫌违法犯罪被拘押或者其他客观原因，使劳动合同无法履行的，企业不支付劳动者工资，但法律、法规另有规定或者双方另有约定的除外。

续表

来源	具体条文
江苏	江苏省劳动仲裁案件研讨会纪要（苏劳社仲〔2003〕6号） 二、关于劳动争议的处理问题 （一）在劳动合同期内被司法机关错误拘留、逮捕、判刑的劳动者的社会保险费缴纳争议的处理问题 劳动者在劳动合同期内被司法机关错误拘留、逮捕、判刑，失去人身自由，从而导致劳动合同中止履行或解除的，其在被错误拘留、逮捕和服刑期间的工资收入损失可根据《中华人民共和国国家赔偿法》申请国家赔偿。但对于劳动者社会保险费的损失（个人缴费部分除外），《中华人民共和国国家赔偿法》未明确由国家赔偿。为保护劳动者的合法权益，目前应由用人单位为劳动者缴纳劳动合同中止履行期间或因劳动合同解除而中断履行期间的社会保险费。
	《江苏省劳动合同条例》（2013年施行） 第十五条 试用期包含在劳动合同期限内。 劳动者在试用期内患病或者非因工负伤须停工治疗的，在规定的医疗期内，试用期中止。 第三十条 有下列情形之一的，劳动合同可以中止： （一）经双方当事人协商一致的； （二）劳动者因涉嫌违法犯罪被限制人身自由的； （三）劳动合同因不可抗力暂时不能履行的； （四）法律、法规规定的其他情形。 劳动合同中止期间，劳动关系保留，劳动合同暂停履行，用人单位可以不支付劳动报酬并停止缴纳社会保险费。劳动合同中止期间不计算为劳动者在用人单位的工作年限。 劳动合同中止情形消失，除已经无法履行的外，应当恢复履行。
天津	天津市贯彻落实《劳动合同法》若干问题规定的通知（津人社发〔2013〕24号） 第十二条 劳动者有下列情形之一的，用人单位可以暂时停止履行劳动合同： （一）劳动者涉嫌违法犯罪被有关机关收容审查、拘留或逮捕在其限制人身自由期间的； （二）被强制戒毒期间的； （三）法律法规规定的其他情形。 第十三条 劳动合同暂时停止履行期间，用人单位和劳动者双方暂停履行劳动合同的有关权利、义务，不计算劳动者在用人单位的工作年限，法律法规另有规定的除外。 第十四条 劳动合同暂时停止履行情形消失，劳动合同应当恢复履行。劳动合同订立时所依据的客观情况发生重大变化，致使无法恢复履行的，经用人单位与劳动者协商，未能就变更劳动合同内容达成协议，用人单位可以解除劳动

来源	具体条文
天津	合同，并依照《劳动合同法》四十七条规定向劳动者支付经济补偿。 天津市贯彻落实《劳动合同法》若干问题实施细则（津人社规字〔2018〕14号） 第十三条 劳动者在试用期间内被证明不符合录用条件的，用人单位应当在试用期内做出解除劳动合同的决定。劳动者在试用期内患病或者非因工负伤的，经劳动关系双方协商一致，试用期可以中止。
北京	北京市高级人民法院《关于劳动争议案件法律适用问题研讨会纪要》（2009年施行） 劳动者长期未向用人单位提供劳动，用人单位也长期不再向劳动者支付劳动报酬等相关待遇，双方长期两不找的，可以认定此期间双方不享有和承担劳动法上的权利义务。 北京市劳动和社会保障局关于人事档案滞留原单位工作人员养老保险补缴问题的批复（京劳社养复〔2003〕334号） 二、对于自行离开工作单位或虽经批准但逾期未归，工作单位未按有关规定对其做出解除或终止劳动关系决定的人员，因个人原因未给单位提供劳动、单位未给其支付劳动报酬的时间，视为劳动关系中断的时间。劳动关系中断期间，社会保险关系随之中断，缴费工资基数为零，不能以本市最低工资或社会平均工资为基数补缴基本养老保险费。 关于贯彻实施《北京市基本养老保险规定》有关问题的通知（京劳社养发〔2007〕29号） 四、下列人员按以下办法缴纳基本养老保险费： （二）经企业批准请长假保留劳动关系，但不支付工资的人员，企业应与其签订书面协议。第一年，以其请假的上一年度本人月平均工资作为缴费工资基数；次年起按协议约定的缴费工资基数以及各自负担的数额，向社会保险经办机构缴纳。
浙江	浙江省高级人民法院民事审判第一庭、浙江省劳动人事争议仲裁院关于审理劳动争议案件若干问题的解答（四）（浙高法民一〔2016〕3号） 二、劳动者在试用期请病假，病假期间能否从试用期中扣除？ 答：试用期是用人单位与劳动者的相互考察期间。劳动者在此期间请病假，影响到考察目的的实现，故该病假期间可从试用期中扣除。
山西	《山西省劳动合同条例》（2010年施行） 第二十三条 用人单位与劳动者协商一致，可以中止履行劳动合同。

续表

来源	具体条文
山西	中止履行劳动合同期间，用人单位和劳动者双方暂停履行劳动合同的有关权利和义务。 第二十四条　协商中止履行劳动合同的，双方应当书面约定劳动合同恢复履行的期限或者条件。 中止履行劳动合同的期间，不计入劳动者在用人单位的工作年限。 中止履行劳动合同的情形消失，除劳动合同已经无法履行外，劳动合同应当恢复履行。
安徽	《安徽省劳动合同条例》（2004年施行） 第二十二条　有下列情形之一的，劳动合同中止履行： （一）用人单位和劳动者协商一致的； （二）劳动者被依法限制人身自由的； （三）因不可抗力致使劳动合同暂时无法履行的； （四）法律、法规规定的其他情形。 中止履行的情形消失，仍具备履行条件的，劳动合同继续履行，法律、法规另有规定的除外。
安徽马鞍山	《马鞍山市关于审理劳动人事争议案件若干问题的意见》（马劳人仲〔2016〕1号） 在劳动合同履行期间，因劳动者自身原因长期不向用人单位提供劳动，用人单位亦长期不向劳动者支付工资等劳动报酬，应视为双方劳动合同中止。中止期间，用人单位无须向劳动者履行劳动法上的义务。
宁夏	《宁夏回族自治区劳动合同条例》（2005年施行） 第二十四条　有下列情形之一的，劳动合同中止履行： （一）用人单位和劳动者协商一致的； （二）劳动者被依法限制人身自由的； （三）因不可抗力致使劳动合同暂时无法履行的； （四）法律、法规规定的其他情形。 中止履行的情形消失，仍具备履行条件的，劳动合同继续履行，法律、法规另有规定的除外。

⚖ 以案说法

◎ 合同中止后重新履行，企业需要支付员工中止期间的工资并补缴社保吗？

1980年3月20日，胡某到某银行云梦支行参加工作。1999年12

月 10 日，某银行云梦支行与胡某签订了无固定期限的劳动合同，该合同第二条约定工作内容为胡某根据某银行云梦支行安排，从事管理岗位工作；该《劳动合同书》第八条约定了劳动合同的变更、续订、终止与解除等事项。

2007 年 1 月 9 日，孝感市人民检察院因某银行云梦支行公款 3748 万元去向不明的问题作出《立案决定书》。同年 5 月 31 日，孝感市公安局发出拘留证，内容为将胡某执行拘留，但该拘留证没有向胡某宣布，也没有胡某签名。2008 年 3 月 30 日，孝感市人民检察院向孝感市人大常委会作出《关于胡某、曾某涉嫌挪用公款案的调查情况及扣押款处理意见的报告》，认为胡某涉嫌犯罪。但孝感市人民检察院一直未将胡某批准逮捕，一直未对胡某限制人身自由，胡某仍在深圳等地从事某银行云梦支行安排的欠款清收工作。

2008 年 8 月 11 日，某银行湖北省分行制定《某银行湖北省分行劳动合同制度实施细则（暂行）》，该细则第四十五条第一款第（五）项规定："有下列情形之一的，用人单位可以中止或者部分中止履行劳动合同：（五）其他可中止或者部分中止履行劳动合同的情形"，该细则自发布之日起执行。

2008 年 11 月 10 日，某银行湖北省分行人事处向孝感分行人事科下发《关于胡某中止劳动合同的通知》，认为胡某属于"其他中止或者部分中止履行劳动合同的情形"，通知中止胡某的劳动合同，停缴各项社会保险和公积金。

2008 年 11 月 19 日，某银行云梦支行发出《某银行湖北省分行中止劳动合同确认书》，通知自 2008 年 12 月 1 日起中止与胡某的劳动合同，胡某的妻子彭某在该确认书上签字。

2009 年 5 月 6 日，孝感市人民检察院作出《取保候审决定书》，决定对胡某采取取保候审的强制措施。2013 年 6 月 21 日，孝感市人民检察院作出《不起诉决定书》，认为胡某涉嫌挪用公款一案证据不足，不符合起诉条件，根据《中华人民共和国刑事诉讼法》第一百七十一条第四款的规定，决定对胡某不起诉。

2013年10月12日，胡某向某银行云梦支行作出承诺书，承诺：一、接受某银行云梦支行自上级行批准解除中止并继续履行劳动合同之日起发放的工资及保险、公积金；二、不向分、支行索取本人在中止劳动合同期间停发的工资、停缴的社会保险和住房公积金（单位部分）；三、不再提出其他任何要求。2013年10月29日，某银行孝感支行与胡某签订《某银行变更劳动合同协议书》，变更：1.将原中止劳动合同变更为继续履行劳动合同；2.将原劳动合同中的管理岗变更为操作岗；3.履行劳动合同以市分行批复时间为准。

2014年12月23日，胡某申请仲裁，请求裁决某银行云梦支行支付违法中止胡某劳动合同五年间的工资（含五险一金）50万元，该仲裁委员会于2015年2月11日作出仲裁裁决：1.自本裁决书生效之日起10日内，由某银行云梦支行支付给胡某2008年12月至2013年10月间的工资，具体金额以某银行云梦支行依法制定的工资分配办法予以确定；2.自本裁决生效之日起10日内，由某银行云梦支行为胡某补缴2008年12月至2013年10月间的社会保险金；3.驳回胡某要求某银行云梦支行为其补缴2008年12月至2013年10月间的住房公积金的请求。该仲裁裁决书送达后，某银行云梦支行于2015年3月2日向法院提起诉讼。

📑 **案例解析**

关于某银行云梦支行中止与胡某的劳动合同是否合法有效的问题。2008年11月10日，某银行云梦支行根据《某银行湖北省分行劳动合同制度实施细则（暂行）》第四十五条的规定，中止与胡某的劳动合同，停缴各项社会保险和公积金。2008年11月19日，某银行云梦支行向胡某送达了《某银行湖北省分行中止劳动合同确认书》，其妻彭某签收。2013 年 10 月 29 日，胡某与某银行云梦支行签订《某银行变更劳动合同协议书》，将原中止劳动合同变更为继续履行劳动合同。由此可知，某银行云梦支行中止与胡某的劳动合同，胡某已认可，双方的劳动合同已于 2008 年 11 月 19 日中止。

关于胡某出具的承诺书的效力如何评判的问题。法院认为，2013 年 6 月 21 日，孝感市人民检察院作出《不起诉决定书》，认为胡某涉嫌挪用公款一案证据不足，不符合起诉条件，决定对胡某不起诉。且某银行云梦支行于 2013 年 10 月 29 日与胡某签订《某银行变更劳动合同协议书》，恢复原劳动合同的履行，故某银行云梦支行应为胡某补缴劳动合同中止期间的工资和各项社会保险费。虽然胡某在 2013 年 10 月 12 日向某银行云梦支行出具了《承诺书》，但该《承诺书》免除了用人单位的法定义务，排除了劳动者的合法权益，且非胡某的真实意思表示，依据《中华人民共和国劳动法》第三条、《中华人民共和国劳动合同法》第二十六条的规定，该承诺应认定无效。

综上，某银行云梦支行应支付胡某 2008 年 12 月至 2013 年 10 月基础工资、岗位工资、绩效工资三项合计 147628 元，以及为胡某补缴 2008 年 12 月至 2013 年 10 月单位应缴的社会保险费（养老保险金、医疗保险金、失业保险金、工伤保险金、生育保险金）。

案例出处：湖北省孝感市中级人民法院民事判决书（2017）鄂 09 民终 245 号。

◎ 用工单位与派遣单位中止合同后，受伤员工医疗费损失如何认责？

2008 年 7 月 21 日，李某与某人力资源公司签订劳务派遣合同，李某被派遣至某科技公司从事作业员工作，派遣合同期限为两年。2009 年 1 月 21 日，李某在工作中发生机械伤害事故致左前臂受伤，后经苏州市劳动和社会保障局认定为工伤，评定伤残等级四级。李某退出工作岗位，保留劳动关系，自 2009 年 7 月起享受工伤保险待遇按月领取伤残津贴。

2008 年 12 月 30 日，某科技公司（甲方）与某人力资源公司（乙方）签订《劳务派遣协议》，约定"试用期合格的派遣员工的社会保险，甲方应按月支付，转账至乙方指定的银行账户"，协议约定期限自 2009 年 1 月 1 日至 2009 年 12 月 31 日。2009 年 4 月 1 日，双方签订《劳务派遣补充协议》，协议约定"乙方负责办理派遣至甲方员工的社会保险申报和缴纳，缴纳明细与费用由甲方提供，乙方须依法进行缴纳"。

2009 年 8 月 19 日，某科技公司向某人力资源公司发出《合同中止通知书》，正式通知某人力资源公司自 2009 年 9 月 20 日起中止与其于 2008 年 12 月 30 日签订的《劳务派遣协议》。某人力资源公司收函当日即回函某科技公司，认为其在中止通知书中未说明中止合同理由，要求继续履行双方签订的《劳务派遣协议》及《劳务派遣补充协议》。

2009 年 9 月 2 日，某科技公司（甲方）与李某（乙方）签订《和解协议》，协议约定乙方为某人力资源公司的员工，与某人力资源公司存在劳动关系。2008 年 7 月 21 日，乙方经某人力资源公司派遣至甲方工作。2009 年 1 月 21 日，乙方于甲方工作单位内发生工伤。经某人力资源公司向苏州市劳动部门申请后，乙方被认定为工伤并经苏州劳动能力鉴定委员会鉴定为工伤致残四级，无延长医疗期及无护理依赖程度。乙方根据相关规定，保留其与某人力资源公司的劳动关系，退出工作岗位。乙方发生工伤应当享受的包括医疗期、停工留薪期在内的待遇的具体项目及标准依照相关法律、法规的规定执行。除上述法定标准外，乙方向甲方额外提出经济要求，经高新区警方的协调就上述法定标准赔偿和乙方的额外经济要求有关各方达成如下一致意见：1. 一次性伤残补助金和伤残津贴按法定标准和程序由相应政府部门和单位承担并支付。2. 除上述一次性伤残补助金和伤残津贴以外，甲方同意一次性向乙方支付包括医疗期、停工留薪期的医疗费、护理费、伙食补助费，以及除医疗费、护理费、伙食、补助费等费用以外的此处未提及的可能的其他所有费用、额外经济赔偿等共计人民币 73000 元（包括乙方家属于事故发生后向甲方借款人民币 8000 元）。3. 鉴于乙方自 2009 年 7 月 1 日起已停止在甲方工作，乙方应自行处理其与某人力资源公司劳动关系的后续事宜。4. 除上述金额外，乙方不得再向甲方及某人力资源公司主张任何其他额外费用。

2010 年 4 月起，某科技公司停止向某人力资源公司支付李某的基本医疗保险费用。2011 年 6 月起，被告某人力资源公司中断为李某缴纳基本医疗保险费用。

2012 年 3 月 12 日，李某因感冒在苏州大学附属第二医院就诊，被告知医疗保险卡停用，故只能自费治疗，医疗费合计 98.7 元（上述医疗费用，经苏州市社会保险基金管理中心审核，其中 97.7 元属于基本医疗保险目录中可报销部分）。

李某向苏州市劳动人事争议仲裁委员会申请仲裁，请求裁决：某人力资源公司赔偿医疗费损失 98.7 元，某科技公司承担连带赔偿责任。2013 年 1 月 25 日，苏州市劳动人事争议仲裁委员会作出苏劳人仲案字〔2012〕第 128 号仲裁裁决，裁决：某人力资源公司赔偿李某医疗费损失 97.7 元，某科技公司承担连带责任。当事人对本裁决不服的，可以自收到仲裁裁决书之日起十五日内向人民法院提起诉讼。某科技公司对此不服，故诉至原审法院。

📑 案例解析

法院经审理后认为，李某与某人力资源公司签订劳动合同后，被派遣至某科技公司工作。李某于 2009 年 1 月 21 日发生工伤，被评定为伤残等级四级。根据《工伤保险条例》（2003）第三十三条规定，李某与用人单位某人力资源公司保留劳动关系，退出工作岗位，某人力资源公司理应以伤残津贴为基数，缴纳用人单位应承担的基本医疗保险费。但某人力资源公司违反规定，于 2011 年 6 月起中断为李某缴纳基本医疗保险费，导致李某医疗保险卡被停用，致使李某无法享受基本医疗保险待遇，由此产生的医疗费损失 97.7 元，根据《最高人民法院关于审理劳动争议案件适用法律若干问题的解释（三）》第一条之规定，理应由某人力资源公司赔偿，某科技公司承担连带赔偿责任。本案中，各方当事人争议的焦点如下：

一、某科技公司对李某医疗费损失是否应承担连带赔偿责任的问题。

法院认为：某科技公司单方违反《劳务派遣协议》《劳务派遣补充协议》约定，于 2010 年 4 月停止向某人力资源公司支付李某的基本医疗保险费用，该违约行为是导致某人力资源公司未为李某缴纳基本养老保险的直接原因，致使李某医疗保险卡无法使用而产生损失，某科技公司存在明显过错。另，某科技公司作为实际用工单位，是劳动者付出劳动的主要受益者，对被派遣的李某负有保障其劳动安全的法定义务，其对工伤损害的发生负有法律责任。虽李某构成工伤四级后退出工作岗位，但仍享有用人单位为其缴纳基本医疗保险费的工伤保险待遇。根据《中华人民共和国劳动合同法》（2007）第九十二条规定，劳务派遣单位某人力资源公司违反规定，没有为李某缴纳基本养老保险费用，给李某造成的医疗费损失，作为用工单位的某科技公司应承担连带赔偿责任。综上，无论是基于合同约定还是法律规定，某科技公司均应对李某医疗费损失承担连带赔偿责任。

二、2009 年 9 月 2 日《和解协议》能否免除某科技公司责任的问题。

法院认为，某科技公司与李某虽于 2009 年 9 月 2 日达成《和解协议》，但系某科技公司对李某除工伤法定待遇之外的额外经济补偿，并不涉及某科技公司因李某工伤所应承担的法定赔偿责任。何况，在该协议签订后，某科技公司仍按《劳务派遣协议》及《劳务派遣补充协议》约定向某人力资源公司支付李某的基本医疗保险费用直至 2010 年 4 月，说明某科技公司在签订《和解协议》时对该协议内容并不存在误解。综上，2009 年 9 月 2 日《补充协议》并不能免除某科技公司本案中所应承担的责任。

案例出处：江苏省苏州市中级人民法院民事判决书（2015）苏中民终字第 01955 号。

第 20 条

合同变更：白纸黑字保障高

📖 示范条款

1.除本合同另有约定外，经甲、乙双方协商一致，可以变更劳动合同的相关内容或者解除固定期限合同、无固定期限合同和以完成一定工作为期限合同。变更劳动合同的，双方应当签订《变更劳动合同协议书》。

2.变更劳动合同未采用书面形式，但已经实际履行了口头变更的劳动合同超过一个月，且变更后的劳动合同不违反法律、行政法规、国家政策以及公序良俗，视为双方签订了书面的《变更劳动合同协议书》。

📑 使用指南

劳动合同的变更是指劳动合同依法订立后，在合同尚未履行或者尚未履行完毕之前，经用人单位和劳动者双方当事人协商同意，对劳动合同内容作部分修改、补充或者删减的法律行为。一般情况下，用人单位变更名称、法定代表人、主要负责人或者投资人，不影响劳动合同的履行，无须对劳动合同进行变更。除此以外，用人单位需要注意的是：

第一，劳动合同变更的法律依据。《中华人民共和国劳动合同法》第三十五条："用人单位与劳动者协商一致，可以变更劳动合同约定的内容。变更劳动合同，应当采用书面形式。变更后的劳动合同文本由用人单位和劳动者各执一份。"《最高人民法院关于审理劳动争议案件适用法律若干问题的解释（四）》第十一条规定："变更劳动合同未采用书面形式，但已经实际履行了口头变更的劳动合同超过一个月，且变更后的劳动合同内容不违反法律、行政法规、国家政策以及公序良俗，当事人以未采用书面形式为由主张劳动合同变更无效的，人民法院不予支持。"

第二，劳动合同变更的一般程序。

1. 及时向对方提出变更劳动合同的要求，即提出变更劳动合同的主体可以是用人单位，也可以是劳动者，无论哪一方要求变更劳动合同，都应当及时向对方提出变更劳动合同的要求，说明变更劳动合同的理由、内容、条件等；

2. 按期向对方作出答复，即当事人一方得知对方变更劳动合同的要求后，应在对方规定的期限内作出答复，不得对对方提出的变更劳动合同的要求置之不理；

3. 双方达成书面协议，即当事人双方就变更劳动合同的内容经过协商，取得一致意见，应当达成变更劳动合同的书面协议，书面协议应指明对哪些条款作出变更，并应订明变更后劳动合同的生效日期，书面协议经双方当事人签字盖章生效，并报用人单位主管部门或者上级劳动行政部门备案。

第三，劳动合同变更的补偿问题。对于劳动合同的变更是否需要对劳动者进行补偿，主要还是依据变更行为是否对劳动者的合法权益有影响，有则补偿，没有无须补偿。

1. 需要补偿的。如《最高人民法院关于审理劳动争议案件适用法律若干问题的解释（四）》第五条："劳动者非因本人原因从原用人单位被安排到新用人单位工作，原用人单位未支付经济补偿，劳动者依照劳动合同法第三十八条规定与新用人单位解除劳动合同，或者新用人单位向劳动者提出解除、终止劳动合同，在计算支付经济补偿或赔偿金的工作年限时，劳动者请求把在原用人单位的工作年限合并计算为新用人单位工作年限的，人民法院应予支持。

用人单位符合下列情形之一的，应当认定属于'劳动者非因本人原因从原用人单位被安排到新用人单位工作'：

（一）劳动者仍在原工作场所、工作岗位工作，劳动合同主体由原用人单位变更为新用人单位；

（二）用人单位以组织委派或任命形式对劳动者进行工作调动；

（三）因用人单位合并、分立等原因导致劳动者工作调动；

（四）用人单位及其关联企业与劳动者轮流订立劳动合同；

（五）其他合理情形。"

2. 不需要补偿的。《广东省高级人民法院关于审理劳动争议案件疑难问题的解答》（2017）中提到，因企业搬迁引起的劳动合同履行问题如何处理？

"企业因自身发展规划进行的搬迁，属于劳动合同订立时所依据的客观情况发生重大变化，用人单位应与劳动者协商变更劳动合同内容。未能就变更劳动合同内容达成协议的，劳动者要求解除劳动合同以及用人单位支付解除劳动合同的经济补偿金的，予以支持。但如企业搬迁未对劳动者造成明显的影响，且用人单位采取了合理的弥补措施（如提供班车、交通补贴等），劳动者解除劳动合同理由不充分的，用人单位无须支付解除劳动合同的经济补偿金。"

⚖ 以案说法

◎ 工作地点变化是否构成劳动合同变更？

2010 年 4 月 1 日，王某与案外人某能源开发公司签订劳动合同并建立劳动关系，从事化水值班员工作，工作地点在江苏省宿迁市。2016 年 8 月 5 日，某仪控公司与案外人某能源开发公司签订《水岛资产委托运维合同》，合同约定某能源开发公司将生物质电厂可独立的"水岛资产"运营维护管理工作交某仪控公司完成，合同期限为 20 年。同日，案外人某能源开发公司与王某解除劳动合同，某仪控公司与王某签署《双向选择意向表》及《劳动合同》，该《劳动合同》第一条载明："1.乙方（王某）的主要工作地点为甲方（某仪控公司）及甲方下级主管单位控股或参股或合作企业所在地"，主要工作内容为某仪控公司系所有的相关工作。2.甲方在不违反法律规定或合同约定的情况下，可以根据生产经营及管理的需要，或者乙方的健康、工作表现等因素，调整乙方的工作部门、岗位、职位、职责和工作地点。乙方对调整有异议的应在 5 日之内向甲方提供书面理由。在双方达成一致意见前，乙方应服从甲方的调整决定。乙方理解并同意，本条款为双方针对乙方的工作部门、岗位、职位、职责或工作地点的有效变更或调整条款，并为本合同生效的条件之一。

双方劳动关系建立后，王某的工作地点较之前没有变化，均为江苏省宿迁市，亦即王某的经常居住地。

2018 年 2 月 7 日，因某仪控公司与案外人某能源开发公司就涉案《水岛资产委托运维合同》履行问题产生争议，某仪控公司向某能源开发公司发出《关于同意解除的回函》，后双方解除《水岛资产委托运维合同》。

2018 年 3 月 5 日，某仪控公司向王某发出《工作调动通知》，该通知载明："因公司业务需要，经公司领导研究决定，您的工作地点由宿迁变更为霍邱，现通知你自接收到本通知后 3 个工作日内到新办公地址就职，如到期仍不到岗，则视为员工自动解除劳动合同处理。"王某2018 年 3 月 5 日接到该通知后，未在 3 个工作日内（即 2018 年 3 月 8 日前）到岗，认为某仪控公司单方变更劳动合同内容并解除劳动合同，便申请劳动仲裁，请求某仪控公司支付经济补偿金。

某仪控公司诉称王某在收到《工作调动通知》3 个工作日内并未作出任何答复，未到新的工作地点报到，也未提交请假申请，某仪控公司按照双方劳动合同约定及员工手册对王某作出解除劳动合同处理并无不妥，无须支付王某经济补偿金。

📖 案例解析

某仪控公司是否应当向王某支付经济补偿金及如何支付的问题，法院认为，王某与某仪控公司之间的劳动合同，是基于某仪控公司与某能源开发公司签订《水岛资产委托运维合同》将王某在某能源开发公司所在岗位的生产经营内容交给某仪控公司独立完成而建立，王某没有太多的选择工作岗位和平等协商劳动合同内容的自由。某仪控公司也没有证据证明劳动合同中王某工作岗位及职责的内容是双方平等协商确定。在此情况下，虽然合同约定王某的工作地点为某仪控公司及某仪控公司下级主管单位控股或参股或合作企业所在地，并约定某仪控公司有权调整王某工作地点，但是基于某仪控公司与某能源开发公司约定的 20 年的合同期限，王某住所地为宿迁且与某仪控公司签订后合同工作地点就在宿迁，王某对其工作地点为宿迁有合理的期待，某仪控公司将王某的工作地点从江苏宿迁调整为安徽霍邱，应当与王某协商一致。工作地点属于劳动合同的重要组成部分。某仪控公司主张将王某的工作地点由江苏宿迁变更为安徽霍邱并不构成劳动合同的变更，不能成立。

因某仪控公司与某能源开发公司就涉案《水岛资产委托运维合同》履行问题产生争议，某仪控公司与某能源开发公司协商解除了《水岛资产委托运维合同》，某仪控公司与王某订立劳动合同时所依据的客观情况发生重大变化，双方又未能就变更劳动合同内容达成协议，根据《中华人民共和国劳动合同法》第四十条第三项、第四十六条第三项规定，某仪控公司可以解除劳动合同，但是应向王某支付经济补偿金。

关于经济补偿金数额问题。王某与某仪控公司之间的劳动合同，是基于某仪控公司与某能源开发公司签订《水岛资产委托运维合同》将王某在某能源开发公司所在岗位的生产经营内容交给某仪控公司独立完成而建立。王某与某能源开发公司解除劳动合同并与某仪控公司订立劳动合同，属于劳动者非因本人原因从原用人单位被安排到新用人单位工作的情形，且没有证据证明某能源开发公司与王某解除劳动合同时支付了经济补偿金，根据《中华人民共和国劳动合同法实施条例》第十条规定，王某在某能源开发公司的工作年限应合并计算为某仪控公司的工作年限。王某在某能源开发公司的工作期间为 2010 年 4 月 1 日至 2016 年 8 月 5 日，在某仪控公司工作期间为 2016 年 8 月 5 日至 2018 年 3 月 9 日，亦即王某合计工作年限为 7 年 11 个月。双方对劳动合同解除前十二个月王某的月平均工资为 4844 元均没有异议。据此，某仪控公司应向王某支付经济补偿 38752 元（4844 元 / 月 × 8 月）。

案例出处：江苏省宿迁市中级人民法院民事判决书（2019）苏 13 民终 447 号。

◎ 用人单位与劳动者对劳动合同的变更不能协商一致时，应如何处理？

1994 年 8 月，林某到邮电医院工作。2008 年 1 月 1 日，林某与某大酒店签订了无固定期限的劳动合同。2015 年 6 月 30 日，某大酒店作出《关于注销某大酒店有限责任公司的决定》，决议："一、由于经营需要、酒店经营现状不良等原因，决定注销某大酒店，酒店大楼交回银行。二、2015 年 7 月 1 日，酒店停止营业，进入清算程序……"2016 年 1 月 8 日，区邮政公司作出新邮分（2016）6 号《关于林某等工作调动的通知》，载明："原某大酒店邮政属性合同制员工林某、屈某、汤某、郭某，经区分公司研究决定：调动至你单位安排工作。本人应于2016年1月12日到你单位报到。其工作调动文件、工资介绍信、个人人事档案、社保转移等材料随后转递。"林某不同意对其工作安排，要求某大酒店按其工作年限支付经济补偿金未果。2016年3月9日，林某申请仲裁。

📑 案例解析

本案争议的主要焦点系某大酒店与林某劳动合同的解除属于何种情形，该情形下是否应支付经济补偿金。因劳动合同的解除情形即发生的客观事实只有一种，该客观事实即是用人单位与劳动者解除劳动合同的唯一情形。

本案中，某大酒店因经营需要难以为继进入清算程序，导致无法再为林某提供原有岗位，属因客观情况发生重大变化而致使劳动合同无法履行的情形。该情形符合《中华人民共和国劳动合同法》第四十条的规定，劳动合同订立时所依据的客观情况发生重大变化，致使劳动合同无法履行，经用人单位与劳动者协商，未能就变更劳动合同内容达成协议的，用人单位提前三十日以书面形式通知劳动者本人或额外支付劳动者一个月工资后，可以解除劳动合同。某大酒店进行清算即是上述法律规定中出现的"客观情况"，该情况使其和林某的劳动合同已不能履行，如双方继续履行劳动合同，须对劳动合同的变更进行协商并达成一致意见。当劳动者对变更的合同内容不予同意时，用人单位只能解除劳动合同。但某大酒店在此情形下，并未与林某进行协商，于2016年1月8日由区邮政公司作出新邮分〔2016〕6号《关于林某等工作调动的通知》，将林某调动至其他单位。因林某对此决定并不同意，双方未就劳动合同的变更达成一致，导致双方的劳动合同实际解除。故法院认定双方劳动合同解除的时间为2016年1月8日。林某申请仲裁及某大酒店公告解除劳动合同的行为均在双方就劳动合同进行变更未达成一致即2016 年 1 月 8 日之后，故双方的上述行为属劳动合同解除的客观情形已发生之后的行为，并不产生导致双方劳动合同的解除情形发生变化的法律后果。某大酒店辩称有五家单位且并未降薪供林某选择，林某拒不接受安排最终导致违反规章制度属过错在先，法院认为，向林某发出调动通知并为其安排工作的用人单位均已发生变化，均非与林某存在劳动关系的某大酒店，且将要变化的工作内容、地点、薪酬水平亦直接影响林某的履约能力及生活利益，属劳动合同内容的重大变更，在林某不同意变更的情形下直接发生双方劳动合同解除的法律后果，故上述通知并不直接对林某产生效力，亦不产生林某违反规章制度存在过错的事实，故法院对某大酒店的辩称理由不予采信。

综上，依据 1995 年 1 月 1 日起执行的《违反和解除劳动合同的经济补偿办法》第八条的规定，"劳动合同订立时所依据的客观情况发生重大变化，致使原劳动合同无法履行，经当事人协商不能变更劳动合同达成协议，由用人单位解除劳动合同的，用人单位按劳动者在本单位工作的年限，工作时间每满一年发给相当一个月工资的经济补偿金"；《中华人民共和国劳动合同法》第四十六条规定，"用人单位依照本法第四十条规定解除劳动合同的"，应当向劳动者支付经济补偿金，第四十七条规定，"经济补偿按劳动者在本单位的工作年限，每满一年支付一个月工资的标准向劳动者支付"。

林某自 1994 年入职，与某大酒店解除劳动关系的情形符合应支付经济补偿金的法律规定，该规定于 1995 年 1 月 1 日起执行，某大酒店向林某支付经济补偿金的年限为 1995 年 1 月至 2016 年 1 月共计 21 个月，工资标准为其解除劳动合同前十二个月的平均工资 6956.33 元。据此，某大酒店须向林某支付经济补偿金 146082.93 元（6956.33 元 / 月 ×21 月）。

案例出处：新疆维吾尔自治区乌鲁木齐市中级人民法院民事判决书（2016）新 01 民终 4172 号。

第 21 条

合同续签：先后次序控成本

📑 示范条款

1. 甲乙双方应在劳动合同期限届满前协商劳动合同续签事宜，乙方应于甲方指定时间前书面反馈续签意向，甲方未在指定时间前收到乙方书面同意续签意见的，视为乙方不同意续签劳动合同。

2. 本合同期限届满前 30 日乙方未向甲方提出续订劳动合同的书面要求，视为乙方不同意以原条件续订劳动合同。

3. 当甲乙双方符合签订无固定期限劳动合同的条件时，若乙方要求签订无固定期限的劳动合同，则乙方应在原劳动合同到期前 1 个月内，书面向甲方提出申情，未书面提出申请的，视为乙方放弃签订无固定期限劳动合同的要求。

✅ 使用指南

劳动合同的续订是指劳动合同期满后，当事人双方经协商达成协议，继续签订与原劳动合同内容相同或者不同的劳动合同的法律行为。用人单位在劳动合同续签时，需要注意以下三个方面问题：

第一，劳动合同续签的法律风险。劳动合同期限尚未届满，是否与劳动者续订劳动合同，用人单位应尽早作出决定。用人单位若不想与劳动者续订劳动合同，应提前书面通知劳动者并在劳动合同到期时即时办理合同终止手续。如果用人单位既未和劳动者续订劳动合同，又未即时办理终止手续，则很容易便形成事实劳动关系，一旦形成事实劳动关系，用人单位再想解除劳动关系，就需承担更多的法律风险，在特定情况下，还需与劳动者订立无固定期限劳动合同，甚至支付两倍工资。

第二，劳动合同续签的顺序问题。我们知道，《中华人民共和国劳动合同法》对劳动合同终止情况下，原则上也要支付经济补偿金，除非劳动者主动离职。在不降低原有劳动合同条件的情况下，用人单位想续签，而劳动者不想续签，怎么办？用人单位应通知劳动者办理辞职手续，不要拖延，如果拖长一个月又没办离职手续又没续签劳动合同，用人单位要承担双倍工资的法律责任。因此，从劳动合同续签的操作流程来看，一定是先征求劳动者劳动合同意见，若劳动者不同意的，则可以让劳动者办理离职手续，用人单位在终止劳动合同时无须向劳动者支付经济补偿金。

第三，劳动合同续签的自动续约。为了防止用人单位忘记与劳动者续签劳动合同，我们可以在劳动合同中约定自动续约的条款，详见本书自动续签部分，此处不再赘述。

⚖ 以案说法

◎ 未续签劳动合同，公司人事管理人员能否索要二倍工资？

2013年11月4日，管某进入某置业公司工作，某置业公司与管某签订了书面劳动合同，约定某置业公司聘用管某从事综合管理部副经理工作，合同期从2013年11月4日起至2014年11月3日止，岗位薪酬为 8000 元（税前），合同还约定，合同期满，甲乙双方同意延续劳动关系的，在合同期满前 30 日内双方重新订立劳动合同。该合同订立后，双方未再签订书面劳动合同，管某一直在某置业公司工作，职务仍是综合管理部副经理。2015 年 10 月 29 日，双方解除劳动关系。

2015 年 11 月 12 日，管某申请仲裁，请求裁决某置业公司支付管某未签订劳动合同的二倍工资101185.7 元。2016 年 1 月 12 日，仲裁委员会裁决某置业公司应当向管某支付 2014 年 12 月 4 日至 2015 年 10 月 29 日期间未签订书面劳动合同的二倍工资差额 101185.7 元。该裁决书某置业公司于农历正月初七即 2016 年 2 月 14 日收到。某置业公司认为，管某系主管某置业公司劳动人事、后勤以及行政事务的管理人员，相关人事报批事务均由管某拟定，再由公司领导予以审核，且这方面的工作只有管某一个人负责。管某作为人事主管，除了负责职工入职招聘、签订劳动合同以及劳动合同变更以外，还负责保管所有的劳动人事资料直至管某离职，故某置业公司诉讼请求不支付管某未签订书面劳动合同的二倍工资差额。

📑 案例解析

本案的争议为未续签书面劳动合同的责任在谁，某置业公司是否需要支付二倍工资？

法院经审理后认为，管某入职某置业公司后，双方建立了劳动关系。管某任职某置业公司综合管理部副经理，根据某置业公司提交的内部签报单反映，管某在职期间从事涉及发放油补、员工转正、办理离职、社保与公积金缴纳和转出、试用人员工资发放等劳动人事工作事宜，管某的岗位涵盖人事工作，管某在劳动仲裁审理期间亦认可负责过劳动合同的签订和管理。管某属某置业公司管理人员，具体从事某置业公司劳动人事工作，相对于普通劳动者对劳动法律法规具备更高的认知能力，对于用人单位未与劳动者签订书面劳动合同应当承担二倍工资的法律责任应当知晓，故管某基于某置业公司人事行政管理人员身份，对其本人与某置业公司续签劳动合同负有提示义务，管某未能举证证明已尽该提示义务，也未能举证证明某置业公司存在拒签劳动合同的行为。据此，本院认定某置业公司对未续签劳动合同不应承担责任。管某要求某置业公司支付未续签书面劳动合同二倍工资差额的主张难以成立。综上，法院裁决某置业公司无须支付管某未续签书面劳动合同二倍工资差额。

案例出处：江苏省苏州市中级人民法院民事判决书（2016）苏05民终4370号。

◎ 员工逾期未续签合同，用人单位视为拒绝续签是否合理？

郭某于2011年3月14日与某人才公司签订一份期限至2013年3月25日的劳动合同，被派遣至上海某座椅公司担任操作工。后郭某与某人才公司续签一份期限至2015年3月25日的劳动合同，仍被派遣至上海某座椅公司担任操作工。2015年2月，某人才公司向郭某出具劳务协议到期名单，表示其同意与郭某续签劳动合同，郭某亦表示同意续签。双方劳动合同期限届满前，郭某多次接到通知至上海某座椅公司食堂续签劳动合同，但郭某未按通知到指定地点续签劳动合同。2015年3月26日下午，某人才公司向郭某发出一份落款时间为2015年3月25日的劳动合同到期续签通知，要求郭某于2015年3月30日前至某人才公司处办理续签手续，逾期视作本人不愿意与公司续签劳动合同。郭某与某人才公司的劳动合同已于2015年3月25日到期终止。2015年3月27日，郭某申请仲裁，要求某人才公司支付终止劳动合同经济补偿金23400元，上海某座椅公司承担连带责任。

郭某主张其未能续签是某人才公司的过失，某人才公司并未多次通知其续签，且必须调岗才能续签，并非其维持或提高待遇，而郭某不同意续签所致；2015年3月25日劳动合同到期当日，上海某座椅公司安排郭某休息，导致当日其未能出勤，并因此没有能够续签劳动合同。故该休息安排可能是某人才公司和上海某座椅公司蓄意安排的。

📝 案例解析

法院认为，劳动合同到期终止，除用人单位维持或者提高劳动合同约定条件续订劳动合同，劳动者不同意续订的情形外，用人单位应当向劳动者支付经济补偿。根据该规定，劳动者获得劳动合同到期终止经济补偿金必须排除的情形是，劳动者自身原因导致的续签不成。本案中，郭某主张其并未被多次通知续签。根据郭某在原审中的陈述可知，某人才公司和上海某座椅公司曾在劳动合同到期终止前要求过与其签订劳动合同，同时也告知了续签合同的地点。故无论是某人才公司还是上海某座椅公司，都已经尽到了通知续签的义务。另外，就郭某主张的续签劳动合同当日其被安排休息导致未能续签劳动合同的问题，法院认为，劳动合同到期终止前，双方就续签劳动合同的时间、地点，均可以根据各自工作、生活及经营管理需要进行安排。

本案中，郭某虽或因休息日上海某座椅公司的安排，错过了数次续签劳动合同的机会。但其仍可以在既非休息日也无休息安排的 2015 年 3 月 23 日前去续签，但郭某却申请了当日调休，进而丧失了续签的机会。故郭某与某人才公司未能续签劳动合同，系自身原因造成。

据此，法院裁决某人才公司无须支付劳动合同到期终止经济补偿金。

案例出处：上海市第一中级人民法院民事判决书（2015）沪一中民三（民）终字第2478 号。

第22条

员工离职：遵循程序最重要

示范条款

1. 乙方解除或终止劳动关系的，应提前30日向甲方（应向直接上级提出，并报甲方人力资源部门备案）提出书面申请（试用期内提前3天），该申请为乙方单方不可撤销之申请。为不影响甲方的正常工作，乙方理解并同意，具体离职时间可以按照甲方的要求提前或延后。

2. 本合同解除或终止时，乙方应履行下列义务：（1）向甲方指定的人交接工作；（2）完好归还其占有的甲方的办公用品、文件、设备等有形或无形资产；（3）向甲方完整移交载有甲方重要信息的任何载体；（4）协助甲方清理双方之间的债权、债务；（5）完成甲方规定的离职流转程序，办理有关离职手续；（6）其他：处理其他应了而未了的事务。

3. 本合同解除或终止时，甲方应履行下列义务：（1）为乙方办理终止劳动关系手续；（2）自劳动关系终止之日起15日内为乙方办理社会保险和住房公积金账户转移或者封存手续；（3）应乙方要求，及时、如实出具乙方的工作履历或绩效证明。

4. 乙方不辞而别，或者下落不明，或者未履行本合同约定之义务，致使甲方无法办理或迟延办理与乙方离职相关的手续的，或给甲方造成经济损失的，乙方在此不可撤销地承认其负有过错，乙方同意依照甲方相关规定承担赔偿责任。

5. 乙方离职后，不得以甲方的名义对外行事，否则乙方因无权代理给甲方或第三方造成的一切损失应由乙方承担。乙方同意其离职薪酬结算时间在最近的一次甲方薪酬发放日。

使用指南

一般来说，劳动者离职包括了公司辞退和劳动者辞职两个大类，因用人单位辞退在本书中的第六部分有更为详细阐述，此处我们重点分析一下劳动者辞职的问题，用人单位在劳动者辞职的情况下主要把握以下几个方面：

第一，劳动者辞职无须批准，预告期满即生效。

根据《中华人民共和国劳动合同法》第三十七条的规定："劳动者提前三十日以书面形式通知用人单位，可以解除劳动合同。劳动者在试用期内提前三日通知用人单位，可以解除劳动合同。"

上述规定，并未附加任何的特殊条件，也并不需要企业作出同意的意思表示或者签字确认。一旦劳动者提前 30 天（试用期内为 3 天，以下简称"预告期"）以书面方式通知了企业，预告期满后，双方劳动关系即解除。

第二，形式上必须是书面，无论是纸质还是电子。

若劳动者在向公司提出辞职时，仅以口头方式告知其主管或人事部门，并无书面的辞职，未来劳动者反悔时，公司很难举证该劳动者提出辞职的事实及时间。因此，用人单位常常要求劳动者采取书面的方式向公司提出辞职。实际上，电子邮件、短信、微信等方式都是可以作为书面的证据。例如：2019 年 12 月公布的《最高人民法院关于修改〈关于民事诉讼证据的若干规定〉的决定》中规定：

"第十四条 电子数据包括下列信息、电子文件：（一）网页、博客、微博客等网络平台发布的信息；（二）手机短信、电子邮件、即时通信、通讯群组等网络应用服务的通信信息；（三）用户注册信息、身份认证信息、电子交易记录、通信记录、登录日志等信息；（四）文档、图片、音频、视频、数字证书、计算机程序等电子文件；（五）其他以数字化形式存储、处理、传输的能够证明案件事实的信息。"

"第十五条 当事人以视听资料作为证据的，应当提供存储该视听资料的原始载体。当事人以电子数据作为证据的，应当提供原件。电子数据的制作者制作的与原件一致的副本，或者直接来源于电子数据的打印件或其他可以显示、识别的输出介质，视为电子数据的原件。"

为了确保电子证据的有效性，用人单位应当在劳动合同中要求劳动者填写本人的手机号、微信号或 QQ 号，HR 也要注意核实其实际使用与劳动合同中约定是否一致，避免无法证明短信、微信或邮件是其本人发出的尴尬。

第三，程序上必须严密，重视自动离职[①]。

在劳动者辞职的流程上，用人单位要关注 3 个关键点：

1. 劳动者辞职要通知公司，但谁又代表公司呢？若在无明确规定的情况下，各级管理人员均可以代表公司。为不影响公司正常运营，建议至少应规定向直接上级提出，并到人力资源部备案。

2. 劳动者辞职提前 30 天，但不意味着一定要待满 30 天才可以离开公司，若双方协商一致的话，劳动者也可以提前离开公司，尤其是对公司经营影响不大的岗位，或者对公司有较大怨气的劳动者，可以提前让

---

① "自动离职"来源于《劳动部办公厅关于自动离职与旷工除名如何界定的复函》对《中华人民共和国企业劳动争议处理条例》第 2 条第 1 项中对自动离职的解释，"自动离职"是指劳动者不向用人单位打招呼，随意脱离所在工作岗位和所在单位的行为。本质上也是员工辞职，也应按照用人单位辞职的程序处理，而不能不处理。

其离开公司。

3. 劳动者不辞而别离开公司，俗称"自动离职"，HR 也应按照公司规章制度予以处理，而不能放任自流。即用人单位可以在规章制度中明确：劳动者未按规定办理请假手续未出勤的，按旷工处理，单次或累计旷工达到一定天数的，视为严重违纪，用人单位有权解除劳动关系。

第四，原则上，劳动者辞职申请不能单方撤销。

劳动者辞职申请能不能撤销呢？国家法律层面并无明确规定，个别地方对此有过规定。例如《江苏省劳动争议仲裁委员会关于印发〈江苏省劳动仲裁疑难问题研讨会纪要〉的通知》（苏劳仲委〔2007〕6 号）中曾作出说明："十二、劳动者按照《劳动法》第三十一条规定通知用人单位解除劳动合同后又反悔，是否有权撤回已递交的通知？劳动者依据《劳动法》第三十一条规定书面通知用人单位解除劳动合同，三十日期限未届满前，劳动者辞职行为没有产生预期法律后果，故劳动者可以撤销辞职行为，撤回解除劳动合同通知。但用人单位如在三十日内已与劳动者办理了工作交接手续或已对工作重新作出安排，及其他难以撤销的准备工作，免除劳动者工作满三十日的义务的，应视为用人单位同意劳动者辞职，双方就解除劳动合同已协商达成一致，应适用《劳动法》第二十四条规定，劳动者无权撤销辞职行为。"

因此，用人单位可以在劳动合同中约定"辞职申请为乙方单方不可撤销之申请"，从而降低用人单位在用工管理上的风险。

⚖ 以案说法

◎ 劳动者在办理离职交接时应承担怎样的义务？

邱某于 2011 年 10 月 8 日入职某贸易公司，双方签订的最后一份劳动合同期限为自 2015 年 11 月 1 日起无固定期限的劳动合同，合同约定邱某担任营业部营业助理，月薪税后 5462 元。每月 25 日发放上月 16 日至本月 15 日的工资。自 2016 年 2 月起，邱某的工资调整为 5626 元。

2016 年 11 月 30 日，某贸易公司、邱某签订协商解除劳动合同经济补偿金协议书，双方的劳动合同于 2016 年 12 月 1 日解除，某贸易公司给予邱某一次性工龄补偿金及一个月额外支付工资计 46466 元。12 月 1 日，邱某办理离职手续，某贸易公司支付邱某经济补偿金。

2016 年 12 月，某贸易公司员工通过微信要求邱某告知工作电脑的密码及电脑内文件资料未果。2017 年 2 月，某贸易公司向邱某发出律师函，要求邱某在本月 21 日到公司在其使用过的电脑上解锁电脑密码，并移交电脑中的所有资料。如邱某届时不去，公司将委托上海某科技公司办理解除电脑密码的程序，如发现文件资料确被删除了，将进行恢复数据，将会产生 8000 元的维修损失。为避免造成不必要的经济损失，要求邱某去公司协商解决。

2017 年 1 月 11 日，邱某申请仲裁，要求某贸易公司支付 2016 年 11 月 16 日至 11 月 30 日工资 2813 元。某贸易公司则要求邱某交付电脑密码及资料，如无法交付，要求邱某支付恢复电脑硬盘数据的费用 8000 元。仲裁裁决：一、某贸易公司支付邱某 2016 年 11 月 16 日至 11 月 30 日工资 2813 元；二、对某贸易公司的反请求事项不予支持。某贸易公司不服裁决诉至法院。

📄 案例解析

劳动者、用人单位的合法权益均受法律保护。劳动者应当遵循诚实信用的原则办理工作交接。为保证用人单位相关工作的有序、顺利进行，不影响正常的生产经营活动，劳动者应当返还公司的财物以及相关经营资料，当然也包括存储在电脑硬盘上的相关数据及文件。保证公司财物和相关经营数据文件的完整性也是劳动者理应遵守的基本义务。

邱某虽然在离职时将电脑返还给某贸易公司，但邱某因其与某贸易公司存在工资争议而拒绝告知密码，并且删除了存储在硬盘上的数据文件，对此邱某完全可以通过合理的途径予以解决，但其以拒绝告知密码和删除文件的方式激化矛盾，显属不当。邱某认为公司没有禁止员工删除硬盘上的文件，其无须遵守的主张，对此法院认为，保证公司财物和相关经营数据文件的完整性是劳动者理应遵守的基本义务，在未得到公司许可下，员工不得擅自删除公司经营文件，故对邱某的上述主张，法院难以支持。

经查实，某贸易公司恢复硬盘数据后发现，除涉及邱某个人的相关文件外，还有涉及公司证照、员工联系资料、公司各部门订单、对账单、客户联系资料、公司进出口业务资料、公司订房、机票等总务事宜，涉及某贸易公司经营的重要资料，邱某将上述内容删除更是不当。现某贸易公司委托专业公司对电脑密码解锁、恢复硬盘数据产生了相关费用，某贸易公司要求邱某予以承担，理由正当，应予支持。至于维修费用的金额，某贸易公司已经提供了增值税发票、支付凭证以及某科技公司的情况说明，可以证实某贸易公司支付了费用9200元，邱某虽然一直对维修费的金额表示异议，但未能提供充分证据予以反驳，所以法院对邱某的异议不予采纳。

综上所述，某贸易公司应支付邱某2016年11月16日至11月30日的工资2813元，但邱某应支付某贸易公司电脑密码解锁、恢复硬盘数据费9200元。

案例出处：上海市第二中级人民法院民事判决书（2017）沪02民终10169号。

◎ 公司拒开离职证明要承担什么后果？

张某于2011年5月4日入职甲公司，担任法律顾问，工资标准每月16000元，双方签订了期限为2011年5月4日至2014年5月3日的劳动合同。

甲公司主张双方劳动合同关系到期解除。张某主张 2014 年 5 月 5 日，甲公司以劳动合同到期为由口头与其解除劳动合同，系违法解除。张某主张因甲公司未给其开具离职证明导致其无法找新工作，张某据此提交了 2014 年 4 月 25 日其去乙公司应聘的录用通知书，显示："张某，您好！恭喜您已通过面试，现通知您已被公司正式录用，担任法律顾问职位，薪资福利约定试用期薪资 22000 元 / 月，转正后基本薪资 22000 元 / 月。"张某还提交了乙公司与张某签订的期限为 2014 年 5 月 7 日至 2017 年 5 月 6 日的劳动合同以及乙公司向张某发送的《解除劳动合同通知书》，显示："您好，由于您未能按照双方约定及时向本公司提供'与原工作单位终止劳动合同的证明（即离职证明）原件'，根据《劳动合同法》以及双方签订的《劳动合同》等相关规定，公司正式通知您与您解除劳动合同。您最后的工作日期截止到 2014 年 5 月 30 日，请您于该日期前办理好工作交接手续及各项离职手续。基本工资的结算标准按劳动合同签订工资结算。"张某还提交了丙公司出具的《员工录用通知书》及《不予签订劳动合同通知书》，《员工录用通知书》显示："尊敬的张某女士，很高兴地通知您，您已被我公司录用。您的职位为：高级法律顾问，税前月度总薪酬为 22000 元。在此对您的加盟表示欢迎，并请您于 2014 年 8 月 4 日早 9 时来公司报到。"《不予签订劳动合同通知书》显示："尊敬的张某女士，非常抱歉地通知您，因您未能在约定期限内提供原单位的离职证明原件，依据给您发出的《员工录用通知书》及公司有关规定，我公司将不能与您签订正式的劳动合同及为您办理入职手续。鉴于您的学识、资历给我们留下了深刻的印象，我们建议您在准备齐全我公司需要的入职文件后，可再次与我们联系，如届时仍有工作机会，我们即当优先考虑。"甲公司对上述证据的真实性均不予认可。甲公司主张因张某未办理离职交接，故未给其开具离职证明。法院向乙公司调查张某面试及录用情况，乙公司给法院回函，内容为："我公司曾于 2014 年 4 月 25 日向被查询人张某发出《录用通知书》（有效期为 30 日），并于 2014 年 5 月 7 日与其签订固定期限劳动合同（期限自 2014 年 5 月 7 日至 2017 年 5 月 6 日止），任命其担任'法律顾问'岗位，月工资为 22000 元……后因张某未能在期限内向本公司提供'与原工作单位终止劳动合同的证明（即离职证明）原件'，我公司于 2014 年 5 月 27 日向其发出《解除劳动合同通知书》，双方劳动关系于 2014 年 5 月 30 日解除。"法院依法调取张某社会保险缴费记录显示：甲公司为张某缴纳 2014 年 1 月至 2014 年 4 月的社会保险，2014 年 6 月至 2015 年 2 月期间社会保险由西城区人才交流服务中心社会保险代理处缴纳。甲公司认可到目前为止未为张某开具解除劳动合同证明，称因解除劳动合同证明时间、理由均不确定故无法开具。

2014 年 9 月 29 日，张某以甲公司为被申请人申请仲裁。2014 年 10 月 11 日，朝阳仲裁委员会作出不予受理通知书，对张某的请求决定不予受理。张某不服诉至法院。

案例解析

2002 年实施的《最高人民法院关于民事诉讼证据的若干规定》第二条："当事人对自己提出的诉讼请求所依据的事实或者反驳对方诉讼请求所依据的事实有责任提供证据加以证明，没有证据或者证据不足以证明当事人的事实主张的，由负有举证责任的当事人承担不利后果。"

《中华人民共和国劳动合同法》第五十条："用人单位应当在解除或者终止劳动合同时出具解除或者终止劳动合同的证明，并在十五日内为劳动者办理档案和社会保险关系转移手续。"第八十九条："用人单位违反本法规定未向劳动者出具解除或者终止劳动合同的书面证明，由劳动行政部门责令改正；给劳动者造成损害的，应当承担赔偿责任。"本案中，甲公司认可到目前为止尚未给张某开具解除劳动合同证明，张某就未开具解除劳动合同证明给其造成的损失提交了乙公司及丙公司出具的《不予签订劳动合同通知书》及《解除劳动合同通知书》等，法院亦依法向乙公司核实相关情况，可以证明甲公司未给张某出具解除劳动合同证明确实给张某造成了一定的损失，张某的社会保险缴费记录亦显示张某从甲公司离职后一直未有新的单位给其缴纳社会保险，故法院对张某关于甲公司未给其开具解除劳动合同证明给其造成损失的主张予以采信。法院将综合考虑案件情况酌情判定甲公司支付张某未出具解除劳动合同证明造成的损失。

综上，法院判决甲公司支付张某未出具解除劳动合同证明造成的损失 40000 元。

案例出处：北京市第三中级人民法院民事判决书（2015）三中民终字第 09820 号。

第23条

经济补偿：扣除标准考虑到

📖 示范条款

模式一：适用于普通用人单位

甲方按本合同向乙方支付经济补偿金时，将根据下列情形，对支付乙方经济补偿的工作年限做相应的扣减或调整，乙方对以下约定完全同意无异议，具体如下：

1. 因乙方在甲方及甲方关联公司之间调动，甲方已将乙方在甲方及甲方关联公司工作年限合并计算，但乙方已获得之前甲方关联公司的经济补偿，乙方同意对已取得经济补偿的工作年限（两次以上时将累计计算）扣减；

2. 因乙方多次入职甲方，无论乙方在甲方的工作年限是否合并计算，乙方同意以最近的一次入职后工作年限为经济补偿依据。

模式二：适用于劳务派遣机构

甲方按本合同向乙方支付经济补偿金时，将根据下列情形，对支付乙方经济补偿的工作年限做相应的扣减，乙方对以下扣减方式完全同意无异议，具体如下：

1. 乙方过去因被其所在的用工单位退回时，已获取了经济补偿的工作年限（两次以上时将累计计算）；

2. 乙方向其所在的用工单位辞职，在该用工单位的工作年限（两次以上时将累计计算）。

≪≡ 使用指南

一般来说，用人单位按照工作年限给予劳动者相应的经济补偿，但是也存在以下三种特殊情况，具体如下：

第一，特殊的工龄计算。不同的用人单位在劳动者的工龄计算方面规则有所不同，与我们在《中华人民共和国劳动合同法》上所讲的经济补偿年限不一定相同，工龄计算往往与劳动者在用人单位内部的各种福利有关。例如有的用人单位为了鼓励劳动者长期服务，在制度中规定：即使是劳动者多次入离职，全部工作年限都将被累计计算。在这种情况下，如果简单按照劳动者的工龄来计算经济补偿金，将大大增加用人单位的成本。

第二，特殊的单位调整。劳动者非因本人原因从原用人单位被安排到新用人单位工作，原用人单位已支付经济补偿的，新用人单位可以从中扣减经济补偿的年限。例如《最高人民法院关于审理劳动争议案件适用法律若干问题的解释（四）》第五条："劳动者非因本人原因从原用人单位被安排到新用人单位工作，原用人单位未支付经济补偿，劳动者依照劳动合同法第三十八条规定与新用人单位解除劳动合同，或者新用人单位向劳动者提出解除、终止劳动合同，在计算支付经济补偿或赔偿金的工作年限时，劳动者请求把在原用人单位的工作年限合并计算为新用人单位工作年限的，人民法院应予支持。"前述"劳动者非因本人原因从原用人单位被安排到新用人单位工作"包括："（一）劳动者仍在原工作场所、工作岗位工作，劳动合同主体由原用人单位变更为新用人单位；（二）用人单位以组织委派或任命形式对劳动者进行工作调动；

（三）因用人单位合并、分立等原因导致劳动者工作调动；（四）用人单位及其关联企业与劳动者轮流订立劳动合同；（五）其他合理情形。"

第三，特殊的用人单位。这里所谓特殊的用人单位，主要是指人力资源服务机构。我们知道人力资源服务机构在为用人单位服务时，常常采用人力资源外包或劳务派遣的方式，这其中就会涉及用人单位（与劳动者签订劳动合同的一方）、用工单位（实际使用劳动者的一方），当劳动者被用工单位退回且获得了用工单位支付的经济补偿，或劳动者主动向用工单位提出辞职，劳动者都可能回到用人单位，仍与用人单位保持着劳动关系的，未来出现需要经济补偿情形时，用人单位可以将其工作年限扣减或调整。

⚒ 以案说法

◎ 经济补偿金的支付标准是什么？

2009 年，某制砖厂与刘某峰、仇某共同出资在衡阳县演陂镇木瓜村开办了某制砖厂，至 2011 年由三合伙人共同经营，2012 年至 2015 年承包给刘某生、刘某英，2016 年元月至 2017 年 12 月底由彭某负责经营管理。

2015 年 7 月 21 日，某制砖厂与衡阳县某建材公司签订砖厂租赁合同，双方约定自 2016 年 1 月 30 日起至 2020 年 9 月 30 日止，由衡阳县某建材公司租赁正源砖厂，2016 年 3 月 29 日双方又签订停产补充协议，约定某制砖厂生产至 2016 年 4 月 15 日止，不得再从事制砖生产，并做停产五年安排。

2016 年 3 月底，罗某亮等 24 人得知砖厂即将停产，便要求某制砖厂发放工资，因双方未能达成一致而罢工，并要求补偿和负责养老保险，后某制砖厂再未生产。罢工事件经衡阳县公安局演陂派出所、演陂镇政府及综治办处理后，某制砖厂与 24 名原告结清工资，未作其他补偿。

罗某亮等 24 人自 2012 年起先后进入某制砖厂工作，双方未签订劳动合同，工资按计件以现金形式发放。部分人员缴纳了工伤保险，未缴纳其他社会保险。根据工伤保险参保记录，原告李某兰、谭某娥、蒋某良、罗某亮入职砖厂时间为 2012 年 4 月，李某星入职时间为 2012 年 5 月，仇某平、冯某秀入职时间为 2014 年 7 月。其余 17 人只有 2016 年工作一个月的工资发放记录，王某林 2102 元、李某喜 3117 元、周某元 9500 元、张某秀 3118 元、罗某文 2451 元、张某秀 1422 元、王某会 2636 元、蒋某燕 786 元、蒋某珍 2011 元、蒋某良与冯某秀合领 2669 元、蒋某生与周某生合领 7075 元、欧某秀与唐某良合领 5389 元、刘某东与戴某英合领 6036 元、彭某芳与罗某亮合领 7138 元。

后双方因经济补偿金和补缴养老保险事宜产生争执未果，罗某亮等 24 人申请劳动仲裁。

📝 案例解析

某制砖厂应否为罗某亮等 24 人支付经济补偿金？依据《中华人民共和国劳动合同法》第三十八条和第四十六条规定，用人单位未按照劳动合同约定提供劳动保护或者劳动条件的，未依法足额缴纳社会保险费的，劳动者可以解除劳动合同，且用人单位应当向劳动者支付经济补偿。

本案某制砖厂准备停产而未对包括 24 名员工在内的员工作任何安排，在员工罢工后也没有给予补偿和补缴养老保险，罗某亮等 24 名员工以此为由申请劳动仲裁要求某制砖厂给予经济补偿，衡阳县劳动人事争议仲裁委员会裁决某制砖厂支付被告经济补偿金符合相关法律规定。某制砖厂现在的经营者彭某提出其经营时间不长，制砖厂原来是共同经营和承包经营，即便要支付经济补偿也应当由实际经营者按各自经营时间支付。法院认为，本案某制砖厂为用人单位主体，罗某亮等 24 名员工不是为某个经营者做工，经济补偿应当由用人单位支付。

各员工经济补偿金的计算：依据《中华人民共和国劳动合同法》第四十七条规定："经济补偿按劳动者在本单位工作的年限，每满一年支付一个月工资的标准向劳动者支付。六个月以上不满一年的，按一年计算；不满六个月的，向劳动者支付半个月工资的经济补偿。……月工资是指劳动者在劳动合同解除或者终止前十二个月的平均工资。"《中华人民共和国劳动合同法实施条例》第二十七条规定，劳动者工作不满十二个月的，按实际工作月数计算平均工资，月平均工资低于最低工资标准的，按最低工资标准计算。

综上所述，判决某制砖厂向罗某亮等 24 名员工支付经济补偿金人民币 115281.25 元。

案例出处：湖南省衡阳市中级人民法院民事判决书（2017）湘 04 民终 985 号。

◎ 什么情况下，企业可不支付经济补偿金？

2011 年 3 月 30 日，马某到某商业公司工作，双方未签订书面劳动合同；2017 年 9 月 1 日，A 公司（甲方）、某商业公司（乙方）与某实业公司（丙方）签订《协议书》，协议约定：乙方在甲方同意下，将新郑市人民路与玉前街交叉口处"庆都首府"商业广场经营管理权转让给丙方，在本协议签订后 3 个月内，丙方应保持乙方现有 90% 以上员工工作的稳定性；3 个月后，由丙方自行决定上述员工的去留等内容。2017 年 9 月 1 日之后，马某到某实业公司工作至今。

2018 年 9 月 7 日，新郑市劳动人事争议仲裁委员会立案受理马某的仲裁申请，马某请求裁决：1. 某商业公司支付未签订书面劳动合同的 11 个月双倍工资差额为 35627.60 元；2. 请求某商业公司支付经济补偿金 19431.60 元。该仲裁委员会经审理于 2018 年 11 月 19 日作出裁决，要求某商业公司一次性支付马某经济补偿金 19431.60 元。后某商业公司不服该裁决，向法院提起诉讼。

【案例解析】

马某与某商业公司均认可马某在该公司工作期间双方未签订书面劳动合同，根据《中华人民共和国劳动合同法》第十四条"用人单位自用工之日起满一年不与劳动者订立书面劳动合同的，视为用人单位与劳动者已订立无固定期限劳动合同"之规定，视为某商业公司与马某已订立无固定期限劳动合同。根据《中华人民共和国劳动合同法》第四十六条及《最高人民法院关于审理劳动争议案件适用法律若干问题的解释（四）》第五条之规定，用人单位应当向劳动者支付经济补偿均以解除或终止劳动合同为前提，且应符合法律规定；本案中，某商业公司与某实业公司签订商业广场经营权转让协议中对其员工工作进行了安置，马某亦在 2017 年 9 月 1 日之后到某实业公司工作至今，应视为其同意该工作安置。《劳动部关于实行劳动合同制度若干问题的通知》第 21 条规定："劳动者在劳动合同期限内，由于主管部门调动或转移工作单位而被解除劳动合同，未造成失业的，用人单位可以不支付经济补偿金。"本案中，某商业公司将"庆都首府"商业广场经营管理权转移给某实业公司后，马某虽因工作单位的转移而被解除劳动关系，但并未造成马某失业，故马某请求某商业公司支付经济补偿，无事实根据及法律依据，法院不予支持。综上，某商业公司无须支付马某经济补偿 19431.60 元。

案例出处：河南省郑州市中级人民法院民事判决书（2019）豫 01 民终 2641 号。

第六部分

PART VI

规章制度与纪律

第24条

规章制度：背靠大树好乘凉

📖 示范条款

1. 甲方有权根据其经营管理的需要，随时合理地修订其规章制度。对于规章制度的修订，甲方可用其认为适当的任何方式（包括但不限于通知、通告、电子邮件、备忘录和《员工手册》等）告知乙方，乙方确认随时查阅。甲方有权根据乙方的表现或行为，依据国家的法律、法规和甲方依法制定的规章制度，给予乙方适当的奖惩和处理。

2. 甲方制定的各项规章制度和《员工手册》，主要通过 OA 系统、电子邮件以及张贴公告等方式在内部公布，为合同附件。入职时乙方确认已全面知晓且严格遵守公司的各项规章制度和《员工手册》相关规定，且清楚甲方可以根据实际情况修改各项规章制度与《员工手册》，修订后的规章制度与《员工手册》仍为本合同附件。若有违反，愿按照公司各项规章制度和《员工手册》上面的要求承担相应的责任。乙方有权随时向甲方咨询与工作有关的情况或规章制度。

3. 乙方认可甲方各项制度与管理的公正与公平，乙方接受甲方的工作评价、业绩考核结果以及甲方对工作内容、工资核算与调整、职务任免等相关决定。

≋ 使用指南

第一，关于规章制度的民主程序问题。

2008 年生效的《中华人民共和国劳动合同法》第四条第二款规定："用人单位在制定、修改或者决定有关劳动报酬、工作时间、休息休假、劳动安全卫生、保险福利、职工培训、劳动纪律以及劳动定额管理等直接涉及劳动者切身利益的规章制度或者重大事项时，应当经职工代表大会或者全体职工讨论，提出方案和意见，与工会或者职工代表平等协商确定。"

该条款明确规定了用人单位制定规章制度时应当经过民主程序，以及民主程序的适用范围、具体途径与步骤等。时至今日，中国没有几家用人单位能够按照该法条履行规章制度的民主程序，导致了在司法实践中大量用人单位败诉的情形。此外，也带来一个让众多用人单位困惑的问题："没有经过民主程序的规章制度是否可以作为惩处劳动者的有效制度依据？"不同的地方对这个问题处理有所不同，一般来说，北京、上海更严格，而广东相对宽松，例如 2008 年《广东省高级人民法院、广东省劳动争议仲裁委员会关于适用〈劳动争议调解仲裁法〉、〈劳动合同法〉若干问题的指导意见》第二十条第二款规定："《劳动合同法》实施后，用人单位制定、修改直接涉及劳动者切身利益的规章制度或者重大事项时，未经过《劳动合同法》第四条第二款规定的民主程序的，原则上不能作为用人单位用工管理的依据。但规章制度或者重大事项的内容未违反法律、行政法规及政策规定，不存在明显不合理的情形，并已向劳动者公示或告知，劳动者没有异议的，可以作为劳动仲裁和人民法院裁判的依据。"2015 年《深圳市中级人民法院关于审理劳动争议案件的裁判指引》第七十二条第二款规定："《劳动合同法》实施后，用人单位制定、修改直接涉及劳动者切身利益的规章制度或重大事项时，未经过《劳动合同法》第四条第二款规定的民主程序的，原则上不能作为用人单位用工管理的依据。但规章制度或重大事项的内容未违反法律、行政法规及政策规定，不存在明显不合理的情形，并已向劳动者公示或告知的，劳动者没有异议的，可以作为用人单位用工管理的依据。"

第二，关于规章制度的公示签收问题。

用人单位的规章制度正式颁布以后，不能锁在抽屉里面，应当向劳动者公示知晓，并且用人单位还必须证明劳动者知晓规章制度的内容。这就带来了规章制度的公示与签收问题，我认为相对有效的方法主要有以下几种：

1.线下签收法。实践证明，这种方法最笨最麻烦但也最有效。无论是在入职、培训、考试、开会或者别的什么环节，用人单位可以直接将规章制度交给劳动者，由劳动者签名后留存。注意让劳动者注明签收的时间尤其是关于管理方面内容以及条文的简要概述，留存一份完整的劳动者签名页和劳动者在骑缝处签名按手印的全套规章制度。

2.电子签收法。电子邮件、微信、手机、钉钉等告知法。要求劳动者阅读后回复同意，需要注意的是：电子邮箱地址、微信号、手机号、钉钉号等事先已经得到劳动者的确认。同时，用人单位还需要将所有劳动者回复的电子数据保留存档，最好能截图打印留存下来。此外，用人单位也可以采用具有法律效力的电子合同方式，让劳动者对规章制度进行电子签收[①]。劳动行政部门目前也认可电子劳动合同的效力。人力资源社会保障部办公厅印发《人力资源社会保障部办公厅关于订立电子劳动合同有关问题的函》（人社厅函〔2020〕33号）明确表示：

"用人单位与劳动者协商一致，可以采用电子形式订立书面劳动合同。采用电子形式订立劳动合同，应当使用符合电子签名法等法律法规

[①] 读者朋友有兴趣的话,可以使用我开发的"新人事"微信公众号,可以实现电子劳动合同、规章制度电子签等功能。

规定的可视为书面形式的数据电文和可靠的电子签名。用人单位应保证电子劳动合同的生成、传递、储存等满足电子签名法等法律法规规定的要求，确保其完整、准确、不被篡改。符合劳动合同法规定和上述要求的电子劳动合同一经订立即具有法律效力，用人单位与劳动者应当按照电子劳动合同的约定，全面履行各自的义务。"

3. 合同约定法。规章制度的有效性有赖于用人单位的民主程序，在劳动合同中明确约定：劳动者签订劳动合同时，已经阅读、学习、理解并愿意遵守用人单位的规章制度。表述可同第 1 点。

此外，不推荐的公示方法是：

1. 通过网站或者宣传栏、公告栏等公示法。将规章制度发布在网站上或者宣传栏、公告栏上，这种方式的优点是快捷、节省成本且容易操作，缺点是增加了举证责任和举证成本。

2. 视频会议法。通过视频会议的方式解决，适用于劳动者流动性较大，或者因生病无法到会、不能及时到单位的一种补充方式。

第三，关联公司规章制度的效力问题。

在市场经济体制下，用人单位可以根据自身业务发展的需要，成立各种形式的组织形式，例如集团公司、总公司、母公司、控股公司，还可以通过投资、参股或托管设立全资、控股、参股或附属子公司。从法律上讲，只要具有独立法人资格，依法独立承担民事责任，是彼此独立的主体，相互不能替代。因此，主管部门、母公司，当然也不能代替所属公司、子公司制定劳动规章制度；主管部门、母公司制定的劳动规章制度，必须经过所属公司、子公司自身自主的转换、转发文件，才能在所属公司、子公司执行。而此时所属公司、子公司已经是所要执行的劳动规章制度的实际制定者了。

需要注意的是：分公司、办事处等组织形态，因为不具有独立法人资格，用人单位可以直接适用其规章制度。

⚖ 以案说法

◎ 员工代他人打卡上班，企业以此为由解除劳动合同是否合法？

戴某于 2003 年 1 月 9 日进入某国际科技公司工作，双方签订了劳动合同。2014 年 10 月 14 日，戴某与同事王某协商后代王某上班，并由其持王某的工牌刷卡上下班。事件发生后，某国际科技公司向戴某、王某调查了事发经过，在经过相关部门讨论及工会同意后，于 2014 年 10 月 22 日发出解除通知，认为戴某存在严重违反公司规章制度的行为，于当日解除双方的劳动关系。事后，因戴某认为某国际科技公司的解除行为违法，向无锡市新区劳动争议仲裁委员会提出申诉。因仲裁委员会逾期未予裁决，戴某遂诉至法院。

戴某认为其在 2014 年 10 月 14 日晚接到公司通知去加班，但到公司后被通知取消加班，而恰好王某感到身体不适，于是两人协商由其顶替王某上班，并由其刷王某的工牌上下班，两人协商后王某就直接离开了公司，但是其进入公司后已经向上级领导进行了告知并获得同意，两人的行为属于顶替上班并非代打卡，且公司 2012 版《员工手册》并未经过民主程序，故公司解除行为违法，并提供王某病历资料及票据若干予以证明。某国际科技公司认为事情是发生在 2014 年 10 月 14 日晚，而病历显示王某看病是在 10 月 17 日，且事发当天王某并未请病假，公司开除是基于代打卡，该证据无法解释代打卡行为。某国际科技公司认为公司对于代打卡或让人代打卡是严重违纪行为、会导致解除劳动合同的规定是多次重申的，不但在规章制度中规定，在平时交接班时或公司公告栏均会提醒，且在考勤机的上方亦张贴明显提示牌告知员工，公司在员工入职培训时的案例也说明了代打卡是不论动机的，王某将自己的工牌交给戴某进行刷卡上下班就是代打卡行为，提供交接班记录、宣传栏照片、考勤机照片、证人证言、工作职责打印件、诊所照片打印件若干予以证明。

另查明，某国际科技公司 2008 版《员工手册》中规定："有以下违纪行为之一的，员工将被立即解除劳动合同：……23. 代人打卡或让人代打卡……" 2012 版《员工手册》中同样规定："有以下违纪行为之一的，员工将被立即解除劳动合同：……23. 代人打卡或让人代打卡……" 戴某入职之时，签署了《员工行为规范条例认可书》，且某国际科技公司对其进行了入职培训，在"员工行为案例分析"中举例说明了代打卡和让人代打卡都将被解除劳动合同。

📝 案例解析

当事人对自己提出的诉讼请求所依据的事实有责任提供证据予以证明，没有证据或证据不足时，由负有举证责任的当事人承担不利后果。

本案中，某国际科技公司以戴某违纪为由解除双方的劳动关系，其对此负有举证责任。

首先，关于解除劳动合同依据的规章制度合法性问题。某国际科技公司提供了《员工手册》民主程序制定实施方案、戴某签字确认的员工行为规范条例认可书、照片等证据，证明《员工手册》等规章制度的制定经过了民主程序，并依法进行了公示。虽然戴某对于 2012 年《员工手册》的民主制定程序提出了异议，但现有证据足以证明上述两版规章制度均经过了公示程序，故法院认定某国际科技公司的规章制度符合法律规定，可以作为解除劳动合同的依据。

其次，戴某是否存在严重违反公司规章制度的事实。双方对于王某将自己的工牌交给戴某进行刷卡上下班一事均无异议，但对于该行为是顶替上班还是代打卡行为存在争议。虽然戴某认为其是因为王某当天身体不适才顶替上班并非代打卡，但如果王某身体不适完全可以向公司请假，即使其顶替王某的岗位上班，亦应当持自己的工牌进行上下班打卡，而非是用王某的工牌进行打卡，戴某的解释无法规避其实际持有王某的工牌并进行打卡上下班的行为，此种行为完全符合某国际科技公司规章中规定的代打卡情形。而某国际科技公司已经通过多种形式、多种途径向员工告知了代打卡或让人代打卡的严重后果，戴某作为公司员工对此应当知晓，且某国际科技公司在员工入职时对违反该条规定的行为列举案例进行了解释说明，不存在无法理解或错误理解的情形，故戴某持王某工牌代打卡上下班的行为违反了某国际科技公司的规章制度。

戴某认为代打卡行为没有损害公司的经济利益，不应当认定为严重违纪行为，但某国际科技公司作为用人单位对于公司具有管理职权，可以根据公司的实际情况制定自己的规章制度，虽然王某让戴某代打卡上班表面上看没有对公司的经济利益造成影响，但该行为损害了某国际科技公司的管理职能，公司将代打卡或让人代打卡行为列为严重违纪符合法律规定。

综上，某国际科技公司在征求工会意见后据此与戴某解除劳动关系并无不当，无须支付赔偿金。

案例出处：江苏省无锡市中级人民法院民事判决书（2015）锡民终字第1128号。

◎ 公司能否以员工违反规章制度为由辞退员工？

付某于2003年7月25日进入某电子公司工作，担任生产部组长一职，截至2016年8月23日已工作13年零1个月。2016年8月23日，某电子公司以付某严重违反规章制度为由，与付某解除劳动关系。

某电子公司辩称公司是化工厂，在生产方面存在隐形危险，公司严格要求员工一定要遵守纪律，遵守岗位安全生产规范制度，而付某所在部分是绿油工序，是国家规定的危险岗位，其在夜晚上班的凌晨时间玩手机支付宝是以娱乐为目的，既不是汇报工作，也不是接听紧急电话，且该时间段是工伤事故和安全事故的高发期，其中八成事故均在夜班时间发生，付某身为组长，主要职责之一就是监管下属员工巡查生产线，保证安全生产，然而付某在夜班生产时间、管理时间内玩手机，没有尽到监管责任。付某此行为已经严重违反公司的规章制度，公司依据《员工手册》的规定和《中华人民共和国劳动合同法》的规定解除劳动关系，合法解除不需要支付赔偿金。

付某辩称其属于管理人员，具备使用手机的权限；且其作为生产部的组长，不直接参与生产线上的流水工作，而是作为管理者对员工的生产进行监督管理，所以不会因使用手机而导致严重的后果发生，而且在其非常短暂的使用手机支付宝的时间内，并未因此而未履行相应的职责，也未对某电子公司的生产经营造成任何的损失，且公司提供的《员工手册》是在办理离职手续时才签收，对其没有约束力。

📑 案例解析

本案中，关键在于某电子公司应否向付某支付违法解除劳动合同的赔偿金 156600 元的问题。《中华人民共和国劳动法》第二十五条规定："劳动者有下列情形之一的，用人单位可以解除劳动合同：（一）在试用期间被证明不符合录用条件的；（二）严重违反劳动纪律或者用人单位规章制度的；（三）严重失职，营私舞弊，对用人单位利益造成重大损害的；（四）被依法追究刑事责任的。"本案中，付某和某电子公司均对付某于 2016 年 8 月 24 日凌晨 4：30 在上班时间使用手机登录支付宝的事实无异议，但双方对该行为是否适用该公司《员工手册》"严重违纪解除劳动合同……凡是上班时间没有手机使用权限者一律不允许使用手机：如在上班时间用手机聊天、发短信、听音乐、看影片、玩游戏、上网或在厕所听音乐、MP3 等"的规定解除劳动合同有分歧。首先，结合某电子公司提供的《有关工会通过员工手册的决定》《会议签到表》，该《员工手册》内容的制定符合法律规定，且付某亦在《签收表》签名确认知悉该《员工手册》的相关内容，虽付某主张该《员工手册》是在离职时才签收的，但并未有举证证明，故该《员工手册》是合法有效的，可作为双方解除劳动关系的依据。

其次，由于付某的职位是绿油组组长，对该组的生产负有监督管理的职责，同时付某已在某电子公司工作长达十一年，其清楚绿油组的工作内容和性质具有一定的危险性，作为组长在工作期间应比一般员工更警惕与谨慎，在上班期间使用手机登录支付宝处理与工作无关的事情，明显不当。

最后，某电子公司根据《员工手册》相关条文认定付某属于严重违纪行为，并按照该公司内部管理流程作出解除与付某劳动关系的决定，在通知该公司工会后，与付某签订解除劳动合同协议书亦符合法律规定的程序，合法有效。

综上，某电子公司与付某解除劳动合同属合法行为，无须向付某支付赔偿金。

案例出处：广东省江门市中级人民法院民事判决书（2017）粤 07 民终 1419 号。

◎ 辞退骗取病假员工是否合理？

2008 年 8 月，陈某入职某饭店担任服务员，双方先签有固定期限劳动合同并在到期后转为无固定期限劳动合同。双方约定，乙方（陈某）严重违反公司规章制度的，甲方（某饭店）有权解除劳动合同并不支付经济补偿金；《员工违纪处理规定》《员工考勤管理规定》等为合同附件，乙方确认上述附件已阅读并知悉全部内容，并愿意认真履行和严格遵守。《员工违纪处理规定》载明"严重违反企业劳动纪律及规章制度的（包括连续三天旷工或一年内累计旷工六天），解除劳动合同"；《员工考勤管理规定》也载明"请病假人员不能提供假条，或开具假病假条及有意隐瞒实情而不上班的，其离岗天数按旷工计算；连续三天旷工或一年内累计旷工六天的，解除劳动合同"。

2017 年 1 月 5 日、13 日、20 日以及同年 2 月 3 日，陈某先后向某饭店提交了北京某医院病假诊断证明书（开具人为郭某），上述假条载明的病假时间分别为 8 天、8 天、13 天、13 天。对此假条的真实性，某饭店曾前往北京某医院进行过多次核实，得知陈某及其母亲认为医院开具 3 天病假条时间较短,来往医院频繁比较麻烦,要求该院职工郭某开具更长时间的假条。郭某在盖了章的病假 3 天的假条上进行了修改,先后将 4 张 3 天的病假条修改为 2 张 8 天、2 张 13 天的病假条。

某饭店表示即使陈某没有直接实施变造病假条的行为,但其明知是通过违反医院审批规定,采用先盖章后修改而取得的变造病假条的情况下,仍向公司提交,以骗取病休的做法已经严重违反了公司管理制度,并构成旷工。对此,陈某表示自己没有直接实施变造病假条,且向某饭店提交时,没有意识到医务人员的行为不妥以及对自己的影响,主观上没有骗取休假的恶意。

2017 年 2 月 24 日,某饭店召开行政办公会,认定陈某提交变造的病假条,构成连续旷工超过 3 天,决定与陈某解除劳动关系。2017 年 2 月 27 日,某饭店工会作出《关于陈某旷工违纪处理意见的批复》,同意与陈某解除劳动合同。同日,某饭店出具《解除劳动合同通知书》并向陈某当面送达,陈某拒收。后某饭店又采用邮寄的方式向陈某送达,仍被拒收。2017 年 3 月 29 日,某饭店在《北京晨报》上发布与陈某 2 月 27 日解除劳动合同的公告。

后陈某申请仲裁,要求某饭店支付 2017 年 3 月的工资及违法解除劳动合同赔偿金。2017 年 7 月 18 日,仲裁委员会作出裁决:某饭店支付陈某违法解除劳动合同经济赔偿金 72738.72 元。某饭店不服仲裁裁决,向法院提起诉讼。

📖 案例解析

法院认为,诚实信用原则是公民从事民事活动应当遵循的基本原则。用人单位、劳动者应当按照法律规定及合同约定,忠实、守信、全面地履行各自义务。劳动者严重违反用人单位规章制度的,用人单位有权解除劳动合同。

本案中,陈某怂恿医疗机构相关人员多开病休期限,盖章后将病假条交予他人修改，并在明知变造的情况下仍向某饭店提交以骗取病休的行为，违背了诚实信用原则、违反了某饭店的规章制度，构成旷工超过3天，情节严重。某饭店以此为由与被告解除劳动合同，有事实及法律依据且程序合法，属合法解除，不负有支付赔偿金的义务。据此，某饭店要求不支付被告违法解除劳动合同赔偿金的请求，法院予以支持。

案例出处：北京市第二中级人民法院民事判决书（2017）京02民终12683号。

第 25 条

严重违规：规矩准绳管理好

示范条款

乙方若有以下情形之一的，属于严重违反企业规章制度，甲方有权单方解除合同，并不予支付任何经济补偿：

严重违规一：日常行为

1. 连续旷工天数 3 天及以上或在 1 个年度内旷工 5 次及以上的；1个月迟到、早退或擅离职守累计 6 次及以上或代他人打卡累计 2 次以上。旷工是指员工未履行请假手续或请假手续未获批准而缺勤的情形。员工迟到、早退或擅离职守超过 30 分钟的，按旷工处理。当天内旷工累计未满 4 小时的按旷工半天计算，累计超过 4 小时（含 4 小时）的按旷工1 天计算。

2. 甲方实行工资保密制度，若乙方有任何泄露自己工资或他人工资，或以非正当渠道获知他人工资等行为，经查实甲方有权按公司规定给予无条件解聘的处罚。乙方关于劳动报酬方面的任何不明之处应及时与人事行政部门联系。

3. 乙方参与任何形式的赌博、吸食毒品、嫖娼、卖淫等活动，或因违法行为被国家机关采取强制措施、拘留的。

4. 上班时间玩与工作无关的游戏、炒股票；或下班时间在公司玩游戏影响同事被投诉的。

5.乙方在公司内外无理取闹、聚众闹事、打架斗殴、贪污盗窃等，影响生产秩序或工作秩序或社会秩序的。

6.乙方通过网络、短信、媒体等各种方式散布针对公司的不利言论行为，经公司认定情节严重的。

7.其他违反社会公德、企业文化核心价值观以及公司管理层确认为严重违反公司规章制度的行为。

严重违规二：懈怠工作

1.乙方不胜任工作，且在公司做出调整岗位决定之日起3个工作日后，仍不服从公司岗位或者工作内容调整；或者工作中不服从管理，不按照上级的要求行事，经再次要求仍不服从的，或辱骂、殴打管理人员，或对管理人员进行打击报复的。

2.乙方是驾驶员的，因其自身原因，其营运服务的证、照被吊扣或失效15天（含）以上的或因乙方发生同等以上（含同等）行车（客伤）死亡事故或次责以上（含次责）特大行车（客伤）事故或物损三万元以上的，甲方可以随时解除合同。

3.乙方因其自身原因违章作业或造成甲方损失5000元以上事故的，除给予经济处罚或处分外，甲方还可以随时解除合同。

4.与客户发生肢体冲突或剧烈言辞冲突的，无论何种原因。

严重违规三：利益冲突

1.乙方未经甲方书面同意，同时与其他用人单位建立劳动关系（包括事实劳动关系）或直接、间接、实际控制、参与自营或者为他人经营与甲方有竞争的业务。

2.与跟甲方有竞争关系或商业往来关系的个人或组织存在业务关联关系，有可能导致利益冲突的。

3.挪用或侵占公司及客户财物，或者私自接受客户、供应商及利害关系方任何好处及报酬的，无论何种方式及金额。

4. 乙方利用甲方客户、业务渠道，表达谋取私利的交易意向、发生谋取私利的交易行为或结果等。

5. 提供虚假的票据进行报销，或报销用途与实际用途不相符合的，无论金额多少。

✅ 使用指南

《中华人民共和国劳动合同法》第三十九条规定："劳动者有下列情形之一的，用人单位可以解除劳动合同：（一）在试用期间被证明不符合录用条件的；（二）严重违反用人单位的规章制度的；（三）严重失职，营私舞弊，给用人单位造成重大损害的；（四）劳动者同时与其他用人单位建立劳动关系，对完成本单位的工作任务造成严重影响，或者经用人单位提出，拒不改正的；（五）因本法第二十六条第一款第一项规定的情形致使劳动合同无效的；（六）被依法追究刑事责任的。"

用人单位援引本款解雇试用期的劳动者必须要在规章制度的制定上下足功夫，这包括：用人单位制定涉及劳动者权益的规章制度必须按照《中华人民共和国劳动合同法》第四条规定履行法定的民主程序，否则容易承担规章制度无效的后果；用人单位在规章制度中明确劳动者的哪些情形是属于严重情形，不同公司对严重程度界定有所差异，这些内容必须在规章制度中明示；用人单位必须履行规章制度的告知义务，而不是束之高阁，劳动者无从知晓。对于大部分用人单位来说，要能根据此法条解雇试用期劳动者是相当困难的，如果用人单位未设置工会或职工代表大会，别说是期望符合法律规定的全部要件，单就一个规章制度的合法性而言，几乎就不太可能援引本法条解雇试用期劳动者。

规章制度是用人单位行使用工自主权、有效组织生产的重要工具，也是规范用人单位与劳动者之间权利义务关系的重要依据，一般情况下，规章制度是与全体劳动者产生法律关系的。除此以外，还有用人单位与每个劳动者产生法律关系的工具——劳动合同。从法律效力来看，劳动合同的效力高于公司的规章制度。因此，用人单位可以通过全面梳理涉及劳动者管理的重要事项，将核心或长期不变的内容直接列入劳动合同约定内容中，避开规章制度制定的难题，使之成为劳动合同内容的重要组成部分。

⚖ 以案说法

◎ 辱骂公司领导，用人单位解除合同是否违法？

孙某于 2006 年 7 月进入某物业公司从事保安工作；于 2006 年 12 月底升任项目副主管；于 2009 年 12 月 1 日升任项目主管；于 2011 年 12 月 1 日升任项目副经理。双方签有多份书面劳动合同，末份劳动合同期限自 2014 年 12 月 1 日起至 2017 年 6 月 30 日止，约定月基本工资 5000 元、岗位工资 2000 元。

2015 年 9 月 1 日，某物业公司开具《处罚通知书》，以孙某包庇纵容、顶撞领导、严重失职为由，对孙某处以降职降薪的处罚，撤销孙某的项目副经理职务，降职为项目副主管，月工资降为基本工资 2500 元、职务工资 1000 元。

2015 年 9 月 30 日，某物业公司向孙某出具《开除通知书》，载明：你因上班期间，辱骂领导、动手打领导，在公司造成非常恶劣的影响；为了严肃公司纪律，现决定即日起作出违纪开除的处罚。

另外，某物业公司《员工手册》第二章第 2.2.15 条规定：严禁串岗聊天，非公事不得私自进入其他部门；第 2.2.22 条规定：严禁在员工之间挑拨是非、滋事闹事；第 8.2 条规定：员工按规定越级反映情况，直属上司不得报复、压制、威胁反映情况之员工。该《员工手册》第四章第 2.2.2 条规定：工作态度恶劣，粗暴对待上司、同事或客人，记小过；

第 2.3.1 条规定：记小过三次或记大过一次，可即时解除。

2015 年 12 月 16 日，孙某申请仲裁。仲裁委员会作出裁决：某物业公司无须支付孙某违法解除劳动合同赔偿金 319827 元。孙某不服，遂提起诉讼。

📖 案例解析

法院认为，用人单位对劳动者具有用工管理权，对于严重违反用人单位规章制度的，可以解除劳动合同。但因用人单位作出的开除、除名、辞退、解除劳动合同等决定而发生的劳动争议，用人单位负举证责任。本案中，某物业公司以孙某存在辱骂领导、动手打领导的情形，在公司造成非常恶劣的影响为由，解除双方之间的劳动合同，故应对孙某的违纪事实及相应的解除依据承担证明责任。根据某物业公司提供的视频、照片、证人证言等证据，已经可以反映孙某确实存在多次辱骂领导之行为，且其领导亦明确对该行为予以警告和记过处理。孙某作为某物业公司的管理层劳动者在工作中理应起到表率作用，应当遵守用人单位的规章制度和基本的劳动纪律。孙某多次辱骂领导，且在经口头告知处分和实际处罚后仍未收敛，又再次辱骂领导并引发矛盾，既违反了用人单位的规章制度，亦有悖于基本的劳动纪律和职业操守，行为严重失当，情形也较为恶劣。故某物业公司解除双方之间的劳动合同，并无不当。关于孙某主张违法解除劳动合同赔偿金的诉讼请求，缺乏依据，法院不予支持。

案例出处：上海市第一中级人民法院民事判决书（2017）沪 01 民终 2052 号。

◎ 用人单位与利用职务便利谋取私利的员工解除劳动关系，是否需要支付赔偿金？

2013 年 3 月，吴某入职某进出口公司，在食堂担任厨师。双方签订过两次书面劳动合同，其中第二份合同期限自 2016 年 3 月 1 日起至 2019 年 2 月 28 日止，双方约定了工作岗位、工作时间、劳动报酬及相关福利待遇等。

在工作期间，吴某将其自产的玉米销售给某进出口公司食堂的食材供应商，后经供应商向某进出口公司反映了该情况并提供了录音证据。2018 年 8 月 2 日，某进出口公司作出《关于与吴某解除劳动合同的通知》并通知了吴某，认为吴某利用工作之便利谋取私利、徇私舞弊，造成恶劣影响，违反公司规章制度，决定自即日起解除与吴某的劳动合同。吴某不服该决定，认为某进出口公司属于违法解除劳动合同，故向劳动仲裁部门申请仲裁，要求某进出口公司支付赔偿金 67836.24 元。仲裁委员会经审理作出裁决，驳回了吴某的仲裁请求。吴某不服裁决，向法院提起了诉讼。

案例解析

根据《中华人民共和国劳动合同法》第三十九条的规定，劳动者严重违反用人单位的规章制度的，用人单位可以解除劳动合同。本案的争议焦点在于：一、吴某向供应商销售自家的玉米是否可以认定为利用工作之便谋取私利、徇私舞弊的行为。二、若有上述情形，某进出口公司是否可以根据规章制度解除与吴某的劳动合同。

焦点一，根据查明的事实，吴某向供应商销售自家的玉米属实，虽无证据反映当时双方的心理状态，但根据供应商提供的录音，吴某在通话中说"我可以刁难你哇""我都可以有办法对付你的知道吧"这些带有威胁性的语言，符合供应商事后举报的事实，结合吴某的岗位是食堂厨师并享有一定管理权力，可以认定吴某利用其工作上便利条件迫使供应商采购其玉米并销售给某进出口公司，并且不为某进出口公司所知晓。关于吴某辩称酒后所言不是真实意思，但根据供应商举报这一事实，可以推断吴某酒后所言极可能是其真实想法。退一步讲，不论销售价格与市场价相比如何，也不论其是胁迫供应商或者是与供应商分享利润，只要对某进出口公司隐瞒上述事实，均应认定为利用工作便利谋取私利以及营私舞弊的行为。

焦点二，根据法律及相关司法解释的规定，某进出口公司的规章制度通过民主程序制订并向职工公布，内容不违反法律规定，可以作为企业管理以及法院审理的依据。就吴某提出的违规行为与处理结果是否相适应的问题，法院认为，营私舞弊属于故意所为，并且与廉洁与否息息相关，况且系经供应商举报后查明，说明对公司声誉和企业的正常管理已造成损害，因此某进出口公司根据相应的事实以及规章制度，解除了与吴某的劳动合同，符合法律的规定。吴某主张某进出口公司违法解除的理由不能成立，诉请的赔偿金不予支持。

案例出处：浙江省嘉兴市南湖区人民法院民事判决书（2019）浙 0402 民初 2249 号。

第 26 条

严重失职：一板一眼要求严

📖 示范条款

乙方出现下列情形之一的，属于"严重失职，营私舞弊，给用人单位造成重大损害"，因乙方过失或故意给甲方造成损害的，乙方须承担完全的赔偿责任，甲方有权单方解除合同，并不予支付任何经济补偿。

1.遗失公司各类证照、印鉴、会计账册、财务或者研发资料等；

2.玩忽职守，不负责任，导致项目失败，或者导致发生事故；

3.伪造工作业绩、各种材料或者数据（如假生产记录、假签名等）；

4.未能按时按质完成工作任务，经客户多次投诉或者主管多次警告仍无效；

5.泄露公司机密信息，使甲方利益受到损害；

6.其他属于严重失职，营私舞弊的行为。

前述行为符合以下条件之一的，属于给甲方造成重大损害：

1.甲方损失超过 5000 元人民币；

2.甲方被新闻媒体刊登批判性报道或被政府有关部门通报批评或处罚的，无论金额大小；

3.甲方各类纸质或电子资料无法恢复。

✅☰ 使用指南

《中华人民共和国劳动合同法》第三十九条规定:"劳动者有下列情形之一的,用人单位可以解除劳动合同:(一)在试用期间被证明不符合录用条件的;(二)严重违反用人单位的规章制度的;(三)严重失职,营私舞弊,给用人单位造成重大损害的;(四)劳动者同时与其他用人单位建立劳动关系,对完成本单位的工作任务造成严重影响,或者经用人单位提出,拒不改正的;(五)因本法第二十六条第一款第一项规定的情形致使劳动合同无效的;(六)被依法追究刑事责任的。"

本法条中"营私舞弊"相对容易认定,在劳动争议案件中,用人单位与劳动者往往纠结在"严重失职"与"重大损害"两个方面。一方面,用人单位往往很难讲清楚什么样的情况属于"严重失职";另外一方面,用人单位没有明示什么程度的损害属于"重大损害",常常是公说公有理,婆说婆有理。在没有清晰界定好这两个问题之前,用人单位援引本款解雇试用期的劳动者,容易导致劳动争议上的被动。

用人单位必须明确建立本单位重大损害的标准,以及认定重大损害的程序,即时通报劳动者给单位造成的重大损害。损害既可以包括物质上的损失,也可以包括非物质上的损失,如用人单位的商誉、美誉度等无形权利。对于重大损害标准,用人单位可以根据组织的发展阶段与规模不同而差别对待。至于"严重失职",用人单位无法穷尽也没有必要将全部的情形都列明,实际上,"重大损害"是"严重失职"的后果,用人单位可以反向界定"严重失职",保留最终确认劳动者是否属于"严重失职"的权利,当然也需要排除不可抗力等特殊情况。

⚖ 以案说法

◎ 检察机关撤回对员工的起诉，是否还能认定为严重失职？

王某于 1998 年 11 月 1 日入职某压缩机公司，双方于 2008 年 10 月 22 日签订无固定期限劳动合同，工作岗位为动力车间领班。2014 年 2 月 5 日，某压缩机公司发生较大安全事故导致三名工作人员死亡。北京市安全监管局、北京市公安局、北京市监察局、北京市人力社保局、北京市总工会以及顺义区政府等有关部门组成事故调查组，并邀请市人民检察院同步参与，全面开展事故的调查处理工作，后事故调查组形成了《事故调查报告》，对事故原因及性质进行了认定，并作出了事故分析及处理建议。

该《事故调查报告》认定该起安全事故的直接原因为违章指挥、违规作业导致现场作业人员硫化氢气体中毒，王某违反公司危险作业管理规定，在节假日派工前未到公司环境健康安全科（以下简称"EHS科"）开具有限空间危险作业许可证，致使现场作业人员在未经公司 EHS 科许可、未检测含氧量及有害气体、未进行强制通风、未佩戴个人防护用品的情况下，盲目进入气浮罐内开展清洁作业；现场作业人员违反公司危险化学品使用管理规定，在未经公司 EHS 科审批的情况下，擅自使用硫酸用于气浮罐管道清理作业。

该《事故调查报告》作出的事故责任分析及处理意见认为，王某的行为违反某压缩机公司《危险作业许可管理制度》，对事故发生负有直接责任，其行为涉嫌违法犯罪，由公安机关立案侦查，依法追究其刑事责任，并对某压缩机公司及总经理分别给予 23 万元和 5 万元的行政处罚，对其他相关人员追究了行政责任。2014 年 7 月 21 日，北京市公安局顺义分局侦查终结，以王某涉嫌犯重大责任事故罪向北京市顺义区人民检察院移送审查起诉，北京市顺义区人民检察院曾将该案退回公安机关补充侦查二次，延长审查起诉期限二次。2015 年 2 月 4 日，北京市顺义区人民检察院以王某触犯《中华人民共和国刑法》第一百三十四条规定，以重大责任事故罪提起公诉。2015 年 11 月 28 日，北京市顺义区人民法院准许北京市顺义区人民检察院撤回对被告人王某的起诉。2015 年 12 月 10 日，北京市顺义区人民检察院认可北京市公安局顺义分局认定王某犯罪事实不清、证据不足，不符合起诉条件，决定对王某不起诉。

2016 年 4 月 12 日，某压缩机公司以王某的行为违反公司《危险作业许可管理制度》中第 2.2.5 条的规定，对安全事故发生负有直接责任，系在工作中严重失职，且给公司造成了重大损害，根据《中华人民共和国劳动合同法》第三十九条第（二）项及第（三）项规定和《员工手册》第十五章第五条过失及处罚中 C 类过失规则，决定与王某解除劳动合同，王某于 2016 年 4 月 15 日收到《解除劳动合同通知书》。

后王某申请仲裁，要求：某压缩机公司支付 1990 年至 2016 年 4 月违法解除劳动关系赔偿金 413341.76 元。2016 年 9 月 7 日，仲裁委员会作出裁决：某压缩机公司支付王某解除劳动合同赔偿金 278213.2 元。王某与某压缩机公司均不服仲裁裁决，各持诉称理由及请求诉至法院。

📝 案例解析

关于某压缩机公司是否违法解除劳动合同的问题，根据法律规定，劳动者严重失职，给用人单位造成重大损害的，用人单位可以解除劳动合同。本案中，某压缩机公司以王某在工作中严重失职，给公司造成了重大损害为由与其解除劳动合同，王某则认为其不存在失职行为，故本案的争议焦点为王某是否在工作中存在严重失职，并给公司造成重大损害。

根据本案查明的事实，法院认为王某的行为构成严重失职，且给公司造成了重大损害：首先，王某存在严重失职的行为。某压缩机公司"2·5"较大生产安全事故发生在气浮罐清理工作过程中，该项气浮罐清理工作正是由王某布置安排。王某虽称进行气浮罐清理工作当天，其在休假并未上班，但该工作系由其部署，其属于该项工作的管理者和指挥者，按照其签署的《安全生产责任制（领班）》文件，其是该项工作安全生产的第一责任人。作为某压缩机公司动力车间的领班，王某知道自身的工作职责是负责动力能源车间运行各站的人员派工、运行过程中的管理、完成领导交办的任务，学习过《危险作业许可管理制度》的规定，知道气浮罐清理工作属于有限空间作业和危险作业，也知道在进行上述作业前应当向公司 EHS 科登记和汇报，但王某在安排气浮罐清理工作时并未对具体工作人员进行安全交底，也未告知危险因素和注意事项，更未按照《危险作业许可管理制度》的规定上报 EHS 科或者提示具体工作人员上报 EHS 科，致使现场作业人员在未经公司 EHS 科许可、未检测含氧量及有害气体、未进行强制通风、未佩戴个人防护用品的情况下，盲目进入气浮罐内开展清洁作业，显然存在违章指挥、违规操作的严重失职行为。

其次，王某的严重失职行为给公司造成了重大损害。某压缩机公司"2·5"较大生产安全事故造成三人死亡的严重后果，虽然该起事故的发生系一果多因，但该起事故缘起于王某的违章指挥、违规操作，作为班组安全生产的第一责任人，王某在该起事故中的责任难以推卸。

综上，法院认为某压缩机公司以王某在工作中严重失职，给公司造成了重大损害为由与其解除劳动合同，符合法律规定，不应向王某支付违法解除劳动合同赔偿金。对王某要求某压缩机公司向其支付违法解除劳动合同赔偿金的请求，法院不予支持。

另外，需要说明的是，检察机关撤回对王某涉嫌重大责任事故罪的起诉，不代表王某不存在严重失职的行为。安全无小事，容不得半点侥幸心理和疏忽大意，王某正是在工作中疏忽了对规章制度的严格遵守，放松了对安全生产的谨慎警惕，心存人云亦云的侥幸心理，违反规定办事，最终导致惨剧的发生。

案例出处：北京市第三中级人民法院民事判决书（2017）京 03 民终 3425 号。

◎ 员工严重失职，公司是否可以单方解除劳动合同？

范某于 2003 年 11 月 1 日到某生化公司工作，2014 年 1 月 1 日，双方签订了一份无固定期限劳动合同，范某从事仓库运行主管工作，工作职责规定："负责班组的安全生产，确保无重大安全事故发生。"

某生化公司于 2014 年 3 月 13 日、4 月 10 日向本单位员工分别下发了《员工劳动纪律管理办法》和《劳动纪律零容忍政策告知书》，明确规定并告知员工："工作出现重大纰漏，给公司造成或带来单笔经济损失大于 30 万元或导致存在经营风险或声誉损失者，属于严重违反用人单位规章制度的行为，公司将无偿与员工解除劳动关系并保留追索经济赔偿及追究刑事责任的权利。"

2014 年 5 月 2 日，某生化公司结晶糖仓库发生火灾，经某生化公司财务部统计，损毁资产包括库房、设备、产成品和包装物等，直接经济损失约 2100 万元。

2014 年 6 月 17 日，某生化公司作出《关于违纪员工的处理决定》，内容为："2014 年 5 月 2 日，公司结晶糖仓库发生火灾，对工厂造成重大经济损失。当班仓库运行主管范某事故当天未起到监管职责，导致所管辖的部门以至公司发生重大财产损失，根据劳动纪律零容忍政策的有关规定，'工作出现重大纰漏，给公司造成或带来单笔经济损失大于 30 万元或导致存在经营风险或声誉损失者'等条款，经决定，公司无偿与范某解除劳动关系，并保留追索经济赔偿的权利。"

范某辩称火灾当时其正在车间内工作，不存在任何失职行为，火灾发生后也立即组织人员进行扑救并及时报警，被告没有任何证据证明火灾的发生与范某有任何关系，某生化公司单方解除劳动合同之行为是违法的，某生化公司应当继续履行劳动合同。

2014 年 8 月 19 日，某生化公司将《解除劳动关系通知函》送达给范某妻子李某。2014 年 8 月 20 日，某生化公司经《松原日报》向范某发出公告告知范某到某生化公司办理离职手续。范某对某生化公司的处理决定不服，申请仲裁，仲裁委员会对双方的劳动争议于 2014 年 10 月 30 日作出裁决，范某在法定期限提起民事诉讼。

📑 案例解析

本案中，范某原系某生化公司员工，在与某生化公司劳动关系存续期间，范某司职运行主管的结晶糖仓库发生火灾事故，给某生化公司造成了重大经济损失，火灾虽非其故意或者过失所致，但作为管理人员没有尽职尽责地查明和避免安全隐患，仍应承担相应的监督管理责任，根据《中华人民共和国劳动合同法》第三十九条之规定"劳动者有下列情形之一的，用人单位可以解除劳动合同：（一）在试用期间被证明不符合录用条件的；（二）严重违反用人单位的规章制度的；（三）严重失职，营私舞弊，给用人单位造成重大损害的；（四）劳动者同时与其他用人单位建立劳动关系，对完成本单位的工作任务造成严重影响，或者经用人单位提出，拒不改正的；（五）因本法第二十六条第一款第一项规定的情形致使劳动合同无效的；（六）被依法追究刑事责任的"，某生化公司按照《员工劳动纪律管理办法》和《劳动纪律零容忍政策告知书》解除与范某的劳动关系符合法律规定。范某请求撤销某生化公司于 2014 年 6 月 17 日作出的《关于违纪员工的处理决定》并继续履行无固定期限劳动合同无事实和法律依据，法院不予支持。

案例出处：吉林省松原市中级人民法院民事判决书（2015）松民一终字第 387 号。

◎ 员工私自兼职，用人单位能否解除劳动合同？

吴某于 2013 年 7 月 19 日入职某物业公司，担任消防中控员，双方未签订劳动合同。

某物业公司称吴某违反公司规定在外兼职，工作状态差，其公司于 2014 年 6 月 3 日向吴某作出告知书，并电话通知吴某领取，因吴某不配合，故于 2014 年 6 月 5 日才向其送达。在以上告知书中载：吴某同志，未经单位许可，长期在外兼职，严重违反了我公司的规章制度及劳动合同法的相关规定，严重影响了本单位的工作任务（部门已多次口头提出上班时工作状态不好且经常早退），请你立即停止一切兼职工作，并于6月6日上午11点前提交停止兼职工作证明，如果不能提供相关证明，予以终止劳动关系。吴某称某物业公司经理于2014年6月5日晚8点16分向其出示该告知书，第二天早8点通知其不用上班了，并将该告知书交予吴某，此后吴某未再上班。

吴某认为某物业公司违法解除劳动合同，特提起诉讼，请求支付赔偿金。

诉讼中，经法院核实，吴某于2014年三四月期间曾在某公司兼职担任消防中控职务。吴某庭审中认可其兼职工作过几个月，但表示在某物业公司解除劳动关系的几个月前就已经停止兼职。

某物业公司提交的《奖惩管理作业规程》规定，符合以下条件之一者，公司给予辞退：……未经许可在外兼职……。吴某在2014年12月18日的原审庭审笔录中，对该证据的质证意见为"真实性认可，确实培训过，但具体条款记不清楚了"。

📑 案例解析

吴某已认可《奖惩管理作业规程》的真实性，现上诉提出，某物业公司没有对其培训过《奖惩管理作业规程》与《考勤管理作业规程》等相关内容，但吴某签字的培训记录显示其已经了解公司的规章制度，且吴某的《员工手册》知识培训答卷第9题，亦用手写字体载明"员工在工作期间有重大过失，或属于劳动法、劳动合同以及公司奖惩制度有关辞退条款，公司有权决定辞退该员工而不作任何补偿"。以上证据均表明，某物业公司已对吴某进行了相应的培训，法院对吴某关于不知晓公司奖惩制度的上诉意见不予采信。吴某认可其在职期间有在外兼职担任其他工作的情形，故某物业公司有权依据未经许可在外兼职可予以辞退的规章制度，解除与吴某之间的劳动关系，该行为符合法律规定。吴某关于其 2014 年 6 月已经停止兼职、兼职行为没有造成损失，所以公司属于违法解除劳动合同的上诉理由不能成立。

案例出处：北京市第二中级人民法院民事判决书（2015）二中民终字第 03862 号。

第 27 条

损失赔偿：保护公司不可少

📖 示范条款

1. 乙方在履行职务的过程中因故意或重大过失给第三人造成了损害，甲方向第三人承担赔偿责任后，有权向乙方追偿。

2. 乙方违反法律法规以及本合同约定解除劳动合同，或者违反甲方规章制度，对甲方造成损失的，乙方应当赔偿甲方下列损失：

（1）甲方为乙方支付的培训和招聘录用费用；

（2）对甲方生产经营工作造成的直接或间接、有形或无形的各种经济损失；

（3）诉讼费用、律师费用、调查费用、公证费用等；

（4）本合同约定或甲方规章制度载明的其他赔偿费用。

如果上诉损失无法准确计算的，则乙方向甲方支付的赔偿金最低为相当于乙方在履行本合同约定的岗位（工种）实际获得的月平均工资的2倍。

3. 若乙方违反本合同约定解除本合同或者在本合同被依法解除、终止后拒不移交或不完全移交工作的，乙方应当赔偿由此造成的损失。如果上诉损失无法准确计算的，则乙方向甲方支付的赔偿金最低为相当于乙方在履行本合同约定的岗位（工种）实际获得的月平均工资的2倍。

4.因乙方原因给甲方造成经济损失的，甲方可按照劳动合同的约定要求其赔偿经济损失。甲方有权从乙方的工资、奖金及津贴、补贴等（包括并不限于此）中做相应的扣除，每月扣除上限为乙方月收入的20%，且扣除后的月收入应不低于当地月最低工资标准。若乙方向甲方提出离职的，甲方有权要求乙方一次性赔偿。

使用指南

劳动者在履行劳动合同期间，因其故意或重大过失给用人单位造成经济损失的，用人单位按照劳动合同约定要求劳动者赔偿损失的，劳动者应当予以赔偿，具体应把握以下三点：

第一，损失赔偿的法律依据。

我们知道在《中华人民共和国劳动合同法》中，只有两种情况可以要求劳动者承担违约责任，即劳动者违反培训服务期协议以及竞业限制协议时。但是，用人单位可以要求劳动者对造成的损失进行赔偿吗？当然可以，违约和赔偿不同，前者只要违反了合同约定，违法方就要向守约方支付相应的金额，但守约方不一定有损失；而赔偿则是基于损失，只要有损失，就可以要求造成损失方赔偿。法律也支持劳动者给用人单位造成损失后，用人单位进行索赔。例如：《中华人民共和国劳动合同法》第九十条："劳动者违反本法规定解除劳动合同，或者违反劳动合同中约定的保密义务或者竞业限制，给用人单位造成损失的，应当承担赔偿责任。"第九十一条："用人单位招用与其他用人单位尚未解除或者终止劳动合同的劳动者，给其他用人单位造成损失的，应当承担连带赔偿责任。"更严重的情形，还可能上升到刑事责任的阶段，例如：《中华人民共和国刑法》第二百七十五条："故意毁坏公私财物，数额较大或者有其他严重情节的，处三年以下有期徒刑、拘役或者罚金；数额巨大或者有其他特别严重情节的，处三年以上七年以下有期徒刑。"

第二，损失赔偿的扣除标准。

劳动者在职期间因职务行为导致企业损失的情形，根据相关规定，只能要求劳动者进行限额赔偿，如原劳动部印发的《工资支付暂行规定》第十六条规定："因劳动者本人原因给用人单位造成经济损失的，用人单位可按照劳动合同的约定要求其赔偿经济损失。经济损失的赔偿，可从劳动者本人的工资中扣除。但每月扣除的部分不得超过劳动者当月工资的 20%。若扣除后的剩余工资部分低于当地月最低工资标准，则按最低工资标准支付。"《上海市企业工资支付办法》（沪人社综发〔2016〕29 号）第二十二条亦规定："劳动者因本人原因给企业造成经济损失，企业依法要其赔偿，并需从工资中扣除赔偿费的，扣除的部分不得超过劳动者当月工资收入的 20%，且扣除后的剩余工资不得低于本市规定的最低工资标准。"

第三，损失赔偿能否一次性扣除。

若用人单位按照上述规则每个月扣了劳动者一定比例工资，准备离职走人，怎么办？能不能一次性向劳动者主张赔偿？答案是肯定的。用人单位当然可以主张一次性赔偿。因此，此时用人单位客观上已无法从其工资中扣除相应数额以弥补损失，应当允许用人单位主张一次性赔偿。例如《广东省高级人民法院关于审理劳动争议案件疑难问题的解答（2017）》第五条亦认为："劳动者在劳动关系存续期间因故意或重大过失造成用人单位直接经济损失，用人单位在双方劳动合同解除后要求劳动者一次性赔偿的，予以支持。"《深圳市中级人民法院关于审理劳动争议案件的裁判指引》第九十九条就规定："劳动者在履行劳动合同过程中造成用人单位损失，用人单位在解除劳动合同时要求劳动者一次性赔偿的，应予支持。"

⚖ 以案说法

◎ 员工造成公司损失是否需要承担全部责任？

杨某系某健康生物科技公司的员工，并担任其销售终端店铺的店长。2013年10月20日，有人电话联系至杨某负责的销售店铺，有意购买该店铺销售的冬虫夏草。杨某遂与其约定于2013年10月21日在南京市某酒店大厅交易，但在交易过程中，该人借机将价值59776元的两盒冬虫夏草拎走，但并未支付货款。杨某遂向公安机关报案，但至今该案件并未侦破。某健康生物科技公司为挽回损失，遂向南京市秦淮区劳动人事争议仲裁委员会申请仲裁，被认定不予受理后，向法院提起诉讼，要求：1.杨某向某健康生物科技公司承担赔偿损失59776元；2.沈某对第一项诉请承担连带赔偿责任。

另查明，某健康生物科技公司的终端店铺的销售模式中既包括在店铺内进行销售，也允许店员通过电话或熟人介绍的方式将货物带出店铺销售。

又查明，杨某在进入某健康生物科技公司工作时，沈某向某健康生物科技公司出具《担保书》一份，承诺：自愿为杨某在原告特殊岗位工作期间提供经济担保，如杨某给公司造成经济损失应由被告杨某个人承担赔偿责任时，沈某承担连带赔偿责任。

📖 案例解析

本案中，杨某在履行职务过程中是否存在过错，是否应当承担相应的赔偿责任？《中华人民共和国侵权责任法》第六条规定："行为人因过错侵害他人民事权益，应当承担侵权责任。"

在价值59776元货物损失过程中，某健康生物科技公司作为用工单位未能制定合理的销售制度，对员工疏于管理和培训，对员工的销售行为缺乏规范，对自己的损失应承担主要责任，法院酌定其承担货物损失的 70%；杨某作为销售员工，携带贵重货物离开店面交易，未能严格谨慎注意，导致货物损失，应承担货物损失的 30%。关于沈某是否应当承担连带担保责任，法院认为，沈某虽曾出具担保书为杨某在某健康生物科技公司特殊岗位工作期间提供经济担保，但该担保明显系建立于杨某与某健康生物科技公司形成劳动合同关系，依法应属无效，某健康生物科技公司也无其他证据证明沈某为本案中公司与杨某所形成的债权债务关系提供担保，故某健康生物科技公司诉请沈某承担连带担保责任，缺乏事实和法律依据，法院不予支持。

综上，法院裁决杨某赔偿某健康生物科技公司货物损失 17932.8 元；驳回某健康生物科技公司要求沈某承担连带赔偿责任的诉讼请求。

案例出处：江苏省南京市中级人民法院民事判决书（2015）宁民终字第 2628 号。

◎ 员工离职未归还公司财物，用人单位追偿是否合理？

高某于 2013 年 4 月 15 日入职某机电公司，任施工管理员一职，双方签订并续订劳动合同期限至 2018 年 12 月 31 日。2017 年 4 月 27 日，高某提交《辞职报告》，提出因个人原因，申请于 5 月 28 日正式离职。

某机电公司称高某遗失"加密狗"（软件对应密钥）一个，要求高某赔偿直接经济损失 18800 元。某机电公司称，高某在职期间领用"加密狗"一个，离职未交接，因 2007 版软件"加密狗"已经停产，无法补办，故公司只能再行购入软件及对应"加密狗"，厂家报价 18800 元（含软件及"加密狗"），高某应予赔偿。就此某机电公司提供了驱动锁交接、领用登记表发票及报价单加以佐证。

高某主张，并未遗失"加密狗"，虽其提交了相关录音为证，但无法进一步举证证明返还了"加密狗"。

2017 年 6 月高某提起劳动仲裁，要求某机电公司支付 2017 年 4 月 1 日至 4 月 28 日期间工资 3000 元。该案仲裁中，某机电公司主张高某离职未办理完工作交接，未返还在职期间持有的"加密狗"，给公司造成损失。2017 年 7 月 20 日，海淀仲裁委员会作出裁决，认定某机电公司以高某未完成工作交接为由拒绝支付工资，缺乏法律依据，裁决某机电公司向高某支付 2017 年 4 月 1 日至 4 月 28 日期间工资 3000 元。

2017 年 7 月 27 日，某机电公司提起仲裁申请，要求高某赔偿因丢失"加密狗"造成的直接经济损失 18800 元。海淀仲裁委员会审理后作出裁决，以无法核算"加密狗"的实际价值等为由，驳回某机电公司的全部仲裁请求。某机电公司不服该裁决结果，诉至法院。

📄 案例解析

案例中的"加密狗"问题，劳动法律法规虽然保护劳动者权益，但因劳动者原因给用人单位造成损失时，劳动者亦应承担相应赔偿责任。本案中，据双方均无异议的驱动锁交接、领用登记表可知，高某在职期间确领用有"加密狗"，故在某机电公司主张其未完成工作交接、遗失"加密狗"的情况下，高某须举证证明其已经完成工作交接、交还"加密狗"或其离职时已将"加密狗"置于某机电公司管理的办公环境内以使某机电公司可据其陈述找到"加密狗"。就此，高某虽提举录音为证，但其与张某对话录音中，张某一再表示不清楚"加密狗"交接事宜；其与王某对话录音中，虽高某表示"加密狗"在办公室电脑上，但王某并未明确表示按照高某指示方位找到"加密狗"，即使联合上下文内容，本院亦无法据王某"哦，你还有那个，那再让姜某汇总一下，还有哪些？就这些，哦，对不起啊，那姜某你就查一下那'加密狗'……"等不详尽陈述充分、有效认定其业已按照高某指示的方位找到"加密狗"。故在高某未能补充举证的情况下，考虑高某对于返还"加密狗"所承担的诉讼中的举证责任，亦考虑到高某作为劳动者在离职时应完成工作交接、妥善交换领用的办公用品的职场常识，法院对高某作出不利推定。

鉴此，法院采信某机电公司所持主张，认定高某未能完成工作交接，故高某应承担相应赔偿责任。至于具体金额，因该遗失的"加密狗"软件为某机电公司于 2007 年购入且已使用至 2017 年，故虽"加密狗"遗失导致该软件难以继续使用，但某机电公司主张以新版软件 2017 年购入价格为赔偿标准，缺乏合理性，法院难以支持。在此情况下，法院对损失赔偿金额，依法予以酌定。综上，法院裁决，高某向某机电公司赔偿经济损失 3000 元。

案例出处：北京市第一中级人民法院民事判决书（2018）京 01 民终 1051 号。

第 28 条

反性骚扰：保护员工应知晓

示范条款

1. 乙方知晓并承诺员工之间、上下级之间应互相尊重，不得开可能引起对方反感的玩笑，注意语言礼貌；不要在封闭的场所单独与异性员工相处，确因工作需要时，两人之间要保持 1 米以上距离，注意着装整齐，违反者将受到警告、通报批评等处罚，1 个自然年度内超过 2 次及以上的，视为严重违反公司规章制度，甲方有权解除与乙方的劳动关系。

2. 乙方知晓上级与女员工谈话不应在封闭的办公室，且女员工有权拒绝。女员工受到不礼貌对待时，可以保留证据，向公司人力资源部门、纪律部门或者更高级管理人员投诉。

使用指南

性骚扰的问题在职场中屡见不鲜，目前，中国企业在劳动合同中较少会对性骚扰问题进行约定，如何有效防止性骚扰在用人单位中发生，需要把握以下三点：

第一，用人单位反性骚扰的法律依据。我国现阶段关于性骚扰的法律规定主要分布在《中华人民共和国妇女权益保障法》《女职工劳动保护特别规定》及各地关于妇女权益保障法的实施办法。2018 年修正后的《中华人民共和国妇女权益保障法》第四十条规定："禁止对妇女实施性骚扰。受害妇女有权向单位和有关机关投诉。"该法第五十七条第一款规定："违反本法规定，对侵害妇女权益的申诉、控告、检举，推诿、拖延、压制不予查处，或者对提出申诉、控告、检举的人进行打击报复的，由其所在单位、主管部门或者上级机关责令改正，并依法对直接负责的主管人员和其他直接责任人员给予行政处分。"2012 年出台的《女职工劳动保护特别规定》第十一条规定："在劳动场所，用人单位应当预防和制止对女职工的性骚扰。"该法第十五条规定："用人单位违反本规定，侵害女职工合法权益，造成女职工损害的，依法给予赔偿；用人单位及其直接负责的主管人员和其他直接责任人员构成犯罪的，依法追究刑事责任。"由前述规定可知，用人单位有法定义务预防和制止对女职工实施性骚扰，且用人单位对于女职工提出的性骚扰举报有义务进行处理，排除妨碍，否则要承担相关法律责任。

第二，用人单位反性骚扰的主要措施。2018 年出台的《江苏省女职工劳动保护特别规定》第十九条明确指出："用人单位应当采取下列措施预防和制止对女职工的性骚扰：（一）制定禁止劳动场所性骚扰的规章制度；（二）开展预防和制止性骚扰的教育培训活动；（三）提供免受性骚扰的工作环境；（四）畅通投诉渠道，及时处理并保护当事人隐私；（五）预防和制止对女职工性骚扰的其他措施。"用人单位可以在此基础上进行细化落实，形成科学全面的反性骚扰的管理机制。

第三，用人单位反性骚扰的证据收集。从司法裁判实践来看，用人单位因性骚扰问题解雇劳动者的时候，败诉的情况居多，败诉的原因主要集中在三个方面：1.被骚扰人未能出庭作证；2.不能证明骚扰行为违反了女职工的意愿；3.公安机关未认定为性骚扰等。因此，用人单位应该加强对性骚扰的证据收集工作，例如：办公区域安装监控设备并做好备份工作；鼓励被骚扰人员出庭作证；对用人单位劳动者培训被骚扰时做好录音录像工作等。

⚖ 以案说法

◎ 如何界定职场性骚扰？

王某于 1997 年 6 月 28 日入职某高尔夫球场行政部任行政助理，并签订劳动合同，王某月工资收入 4800 元。

王某在工作期间因对其下属员工郑某骚扰，影响员工工作，致使郑某两次向公司提出辞职申请。某高尔夫球场因要挽留郑某，在郑某第一次提出离职申请时，不同意其离职。之后郑某因王某的骚扰行为再次申请离职，某高尔夫球场追问郑某是何原因离职，郑某才以书信形式将被王某骚扰之事向总经理反映，某高尔夫球场以王某的行为严重违反公司的规章制度，于 2009 年 7 月 8 日辞退王某，王某于同年 7 月 8 日离开某高尔夫球场。

王某不服，申请仲裁。庭审上，某高尔夫球场提供了郑某《离职申请表》两份、郑某出具的《致总经理一封信》、郑某与王某之间的短信聊天记录、郑某证人证言。其中，郑某在《离职申请表》中注明离职理由为"受王某纠缠及性骚扰，不得不离职"，而关于性骚扰的事发经过，郑某在《致总经理一封信》中的描述为：其与王某及另外两个朋友在 2009 年 3 月的某一天相约一起打麻将，因另外两个朋友有事，郑某遂与王某下车到服务台开了两间房。郑某到房间后发现是卧房就对是否打麻将提出质疑，王某表示等另外两个朋友谈好事情后再打。其后，郑某与王某聊天至晚上 11 点，王某表示要与郑某发生关系，但郑某以上洗手间为由摆脱了王某并将洗手间的门反锁。此后，因王某表示不再勉强郑某，郑某遂走出洗手间。但王某继而以言语相威胁，并最终与郑某发生关系。事发后，郑某与王某曾通过手机短信进行协商，内容约为郑某表示王某夺走其第一次，对其造成永远抹不去的阴影；王某表示要弥补郑某，并答应付出自身资产的三分之一；后郑某要求王某弥补十万元，王某回复表示同意。同时，某高尔夫球场主张王某利用公司监控设备对郑某进行观察骚扰，但王某对此的解释是其作为公司安保负责人员，因对郑某有好感，故在管理监控设备过程中，发现郑某在公司图书馆，就多看了一会，但并非骚扰行为。

王某主张其与郑某是正常男女恋爱关系，所谓的骚扰行为只是王某欲与郑某和好而作出的行为，上诉法院请求某高尔夫球场支付违法解除劳动关系的经济补偿金和赔偿金。

📑 案例解析

本案中，关于某高尔夫球场是否违法解除与王某之间的劳动关系，是否需要支付经济补偿金或赔偿金的问题，某高尔夫球场主张王某在知悉公司《奖惩管理办法》的情况下多次利用职务之便骚扰同事，严重扰乱公司工作及生活秩序，致使同事无法正常工作而申请离职，故某高尔夫球场依据法律法规及公司规章制度解除与王某劳动关系，其无须支付经济补偿金或赔偿金。某高尔夫球场为证实其主张，提供了郑某《离职申请表》两份、郑某《致总经理一封信》、郑某与王某之间的短信聊天记录、郑某证人证言等证据。

从上述证据所反映的内容来看，王某与郑某之间确实存在较亲密的关系，但王某对郑某的行为是否构成性骚扰，法院认为，第一，从郑某关于二人发生关系的过程描述来看，郑某存在自救的可能性，但其并未实施；第二，郑某事后并未及时报警，且双方短信记录中也涉及郑某事后要求王某物质补偿的内容，与单纯的性骚扰行为及事后表现确有不同；第三，王某作为某高尔夫球场的安保人员，其有权管理公司监控设备，在此期间因王某对郑某有好感，故在监控过程中有观察郑某行动的行为不属严重违纪；第四，王某与郑某均属未婚，二人之间或一方对另一方产生感情并继而发生关系亦符合常理，并不能就此简单认定为性骚扰行为；第五，某高尔夫球场并未举证证实其事后对郑某所主张的王某骚扰郑某的事实进行调查，并获得充足的证据。因此，某高尔夫球场上述证据并不足以证实其合法解除王某劳动关系的主张。

虽然郑某原审期间出庭作证，但其证人证言并未完整描述关于王某对其进行威胁及性骚扰的全部过程，而且与其出具的《致总经理一封信》和短信聊天记录所证明的内容并不完全相符，故法院据此认定王某严重违反某高尔夫球场规章制度，证据不足，不予确认。鉴于某高尔夫球场提供的证据并不足以证实王某存在严重违反公司规章制度的事实，故其应当向王某支付违法解除劳动关系的经济补偿金和赔偿金。根据《中华人民共和国劳动合同法》相关规定，王某离职前月工资为 4800元，故其 1997 年 6 月入职至 2009 年 7 月离职，某高尔夫球场应当向其支付的经济补偿金和赔偿金共计 72000 元（4800 元／月 ×11 月 +4800元／月 ×2 月 ×2 倍）。

案例出处：广东省广州市中级人民法院民事判决书（2010）穗中法民一终字第 4861 号。

◎ 员工在办公室性骚扰他人，用人单位能开除吗？

肖某系上海市外来从业人员，于 2009 年 9 月 18 日进入某新材料公司从事警卫工作，双方之间签订的最近一份劳动合同的期限为 2014 年7 月 1 日至 2016 年 6 月 30 日。2014 年 10 月 29 日，某新材料公司出具人事公告，内容如下："警卫肖某于 10 月 26 日晚夜班时对公司女同事进行骚扰，经查他对其他女同事有不雅举动，造成不好的影响，导致女同事不敢上夜班的恶果，现公司决定予以开除。"

2014 年 11 月 7 日，肖某申请仲裁，要求某新材料公司支付违法解除劳动合同赔偿金。肖某在仲裁申请书上提及："2014 年 10 月 27 日上夜班，20 时 10 分上白班的员工还有没下班人员，我拿手电到车间、厂区巡逻，在厕所外遇到一女同事在玻璃门上照镜子，我说你干啥照镜子，她说我眼里眯东西，我说我给你吹吹，我就和她开玩笑，我一手拿着手电一手抱了她一下，以前相互之间也有开玩笑……公司人事让我向当事人和她爱人道歉、私下解决算了，我向当事人道了歉，请求原谅，没和当事人爱人碰面，之后当事人爱人找公司闹……"

2014 年 12 月 25 日仲裁庭审中，涉事当事人张某、张某的丈夫王某、警卫班长陈某到庭作证，张某陈述："10 月 27 日晚上 8 点刚上班一会，去厂区内厕所，在厕所门口照了一下，拉了一下衣服，肖某在厕所对面的门口巡逻，问我里面是不是有镜子，我说没有，眼睛不舒服，肖某就让我过去让他吹一下，我说不用了就走开了，他就拉我，一开始拉我手臂，我甩开后，肖某就从后面搂我，然后我要求肖某放开，但是肖某不放，我又叫了几下，肖某才放开，我责怪肖某，肖某和我说是在开玩笑，就笑着走开了，之后这一天没接触过肖某，当时没有其他人在场。"

王某陈述："有一天，我老婆张某打电话给我说，上厕所的时候门卫肖某骚扰她，之前也有多次骚扰，第二天向经理反映情况，并提出不做夜班，经理承诺会处理。"

陈某陈述："我的领导告诉我肖某与公司的女员工发生不雅行为，也找肖某谈过，问了具体情况，问他有没有这个事情，肖某说有这个事，但没有采纳我要求去赔礼道歉的意见，在被开除后，肖某和门卫的人说不要把这件事乱说，如果有人问就说肖某是在公司睡觉被开除。"

肖某对上述三位证人的身份无异议，但认为张某陈述的内容与事实不符，有点过，其当时只是与同事之间的玩笑、打闹。12 月 29 日，仲裁委员会作出裁决，驳回肖某要求某新材料公司支付违法解除劳动合同赔偿金的裁决。肖某不服裁决，遂诉至法院。

📄 **案例解析**

本案中，法院认为用人单位与劳动者解除劳动合同的，应就其解除所依据的事实理由以及解除程序的合法性等承担相应的举证责任。

2014 年 10 月 29 日，某新材料公司发布人事公告，以警卫肖某在 10 月 27 日晚夜班时对公司女同事进行骚扰，经查他对其他女同事有不雅的举动，造成不好的影响，导致女同事不敢上夜班的恶果为由，决定予以开除。肖某上诉称，10 月 27 日晚只是拉了女同事张某一下，不是存心伺机对其性骚扰，就是平常的玩笑、嬉闹，但其在仲裁申请书中明确表示是开玩笑地伸手抱了张某一下，说明其在 10 月 27 日晚确有抱张某的不雅行为，对其上诉所称只是拉了张某一下，法院不予采信。男女同事之间的交往应当遵循公序良俗，肖某的上述行为已经超出男女同事间正常交往的尺度，且肖某在事发后不以为然，认为只是同事间的玩笑、嬉闹，并未有深刻的认识和反省，拒绝在其主管的陪同下向张某道歉。同时，某公司人事主管陈某的证词证明了之前肖某对公司其他女员工亦有过抱、摸、拍的不雅行为，女员工因此不愿意上夜班。故某新材料公司在人事公告中所述开除肖某的事实理由成立。

事发后，某新材料公司为警示其他员工在 10 月 28 日修改了《员工手册》，将开除条件中原"犯有其他过失，如厂内打架、偷窃等情节特别严重者"的规定，修改为"犯有其他过失，如厂内打架、偷窃、性骚扰等刑事犯罪情节特别严重者"，原审判决认为上述修改系某公司对"其他过失"的具体情节的补充描述，本质上仍然是员工犯有"情节特别严重的其他过失"时可以开除，并无不当，且该修改内容已经某新材料公司公示，法院予以确认。肖某应当遵守上述规定，一旦其存在违反规定的行为，某新材料公司有权作出开除处理。肖某对张某及其他女同事的不雅行为，严重影响了某新材料公司的正常生产经营秩序，其行为属于《员工手册》规定的"情节特别严重的其他过失"的情形，故某新材料公司在征求工会意见后 10 月 29 日将肖某开除，程序上亦无不当之处。

综上，某新材料公司开除肖某符合法律规定，对肖某要求某新材料公司支付违法解除劳动合同赔偿金的主张，法院不予支持。

案例出处：上海市第二中级人民法院民事判决书（2015）沪二中民三（民）终字第681号。

第七部分

PART Ⅶ

知识产权与保密

第 29 条

知识产权：授权保护要谈好

📖 示范条款

1. 乙方在甲方单位工作期间，为完成工作任务、职责或者利用甲方的物质技术条件（资金、设备或者资料等）所创作的智力成果（包括但不限于设计图纸、软件编程、视频音频、文章、书籍、商标、专利、发明等）的所有权、知识产权及其申请权皆属于甲方所有，乙方仅享有署名权。由甲方组织、主持、策划，乙方代表甲方意志创作，并由甲方承担责任的作品属于甲方的法人作品，其所有权、知识产权及其申请权皆归甲方所有，乙方仅享有署名权。乙方应按照甲方的要求提供一切必要信息，协助甲方在申请、注册、登记过程中取得和行使有关的知识产权。乙方同意均由甲方以甲方独立名义对前述智力成果的相关权益予以维护、管理、许可或禁止他人使用以及对侵害该智力成果权益（包括署名权在内）的行为提出交涉、诉讼、仲裁等合法手段以追偿，乙方负有积极配合的义务。本条款的效力从劳动合同签订之日起至前述相关知识产权的最长保护期届满之日止。

2. 乙方承诺在履行职务时，不得擅自使用已属于他人的技术秘密或实施可能侵害他人知识产权的行为。若乙方违反本项承诺而导致甲方须承担对第三方的侵权责任，乙方应当承担由此带来的全部法律与经济责任，甲方因此承担侵权责任的，有权向乙方追偿，上诉费用以及赔偿甲方可以从乙方工资报酬中扣除。

3. 乙方同意甲方因工作需要，在文章、专题或广告等中免费使用乙方肖像；若乙方离职后，不同意甲方使用其肖像，应向甲方书面提出，甲方在收到其书面通知 5 个工作日内删除，并不视为侵犯乙方肖像权。

使用指南

随着知识产权在市场竞争中的地位日益提高，用人单位越发重视内部知识产权保护问题，纷纷在劳动合同中约定相关的条款。要做好知识产权管理工作，用人单位需要把握好以下两点：

第一，劳动合同约定知识产权保护的法律依据。国家法律赋予用人单位在知识产权保护中的权利。《中华人民共和国劳动合同法》第二十三条规定："用人单位与劳动者可以在劳动合同中约定保守用人单位的商业秘密和与知识产权相关的保密事项。对负有保密义务的劳动者，用人单位可以在劳动合同或者保密协议中与劳动者约定竞业限制条款，并约定在解除或者终止劳动合同后，在竞业限制期限内按月给予劳动者经济补偿。劳动者违反竞业限制约定的，应当按照约定向用人单位支付违约金。"

第二，用人单位知识产权被劳动者侵犯，怎么办？当发现知识产权被劳动者侵犯时首先应当收集证据，主要包括证明知识产权权属的证据、证明对方已经实施或者将要实施侵犯公司知识产权的证据、赔偿金额证据。为了有效维护公司的知识产权价值，公司还应及时采取措施，解决方法包括与侵权方协商解决，如果协商不成，可以采取以下方式：

1. 寻求知识产权部门帮助：用人单位可以向工商局、专利局、版权局等行政部门举报，要求侵权人停止侵权，同时对其进行行政处罚。以北京地区为例，北京保护知识产权举报投诉接收平台通过 12330 热线、网络、微信、面访等多种方式，接收北京地区专利权、商标权、著作权、商业秘密等七类知识产权违法行为的举报投诉，继而转交到有关行政执法部门进行行政处理。

2. 寻求公安局或海关部门帮助：情节严重的，用人单位可以请求对侵权责任方予以刑事处罚，从而在根本上制止侵权行为的再次发生。涉及海关备案、海关知识产权保护的，可向海关部门提出查处。

3. 寻求司法机构的帮助：用人单位可以向侵权行为地、被告所在地等相关人民法院提起民事诉讼，请求法院判令侵权方停止侵权，赔偿损失。用人单位有权申请对侵权方的侵权证据进行诉讼保全，申请法院强制令，禁止侵权方继续侵权行为。为保证日后经济赔偿的执行，用人单位还可以申请对侵权方的财产进行诉讼保全。

⚖ 以案说法

◎ 专利侵权如何认定？

某电子科技公司于 2008 年 12 月 3 日成立，经营范围包括：电子信息技术开发；电子产品、电子设备、集成电路产品的研发、生产、销售及技术服务；销售汽摩配件、化工产品及原料（不含化学危险品）、五金交电、电子元器件、仪器仪表、普通机械（以上经营范围国家法律法规规定限制的除外，需许可证的凭许可证在有效期内经营）。何某系公司股东。

2010 年 3 月 22 日，何某与某电子科技公司签订《保密协议》，约定何某因现正在为某电子科技公司提供服务和履行职务，已经（或将要）知悉某电子科技公司的商业秘密。为了明确何某的保密义务，有效保护某电子科技公司的商业秘密，防止该商业秘密被公开披露或以任何方式泄露，何某对其因身份、职务、职业或技术关系而知悉的公司商业秘密应严格保守，保证不被披露或使用；协议中的所称商业秘密包括技术信息、专有技术、经营信息和某电子科技公司《文件管理办法》中列为秘密、绝密、机密的各项文件，但协议中没有指明具体技术信息、专有技术包含何种技术。

同年 4 月 6 日，何某与某电子科技公司签订《劳动合同》，约定：合同为无固定期限，自 2010 年 4 月 6 日起至法定的终止条件出现时终止；何某同意根据某电子科技公司工作需要，接受某电子科技公司安排总工程师岗位工作。合同中没有明确何某作为总工程师的具体工作职责。

某微波技术公司于 2008 年 6 月 12 日成立，经营范围包括：研发、销售电子产品、通信产品（不含无线电发射设备）；科技交流服务；高科技产品的研究、开发及成果转让。

2012 年 3 月 27 日，某微波技术公司以名称为"宽带电调衰减器"实用新型向国家知识产权局申请专利，于 2012 年 11 月 21 日获得授权，专利号为 201220119566.2，专利权人为某微波技术公司，发明人为何某。由于某微波技术公司未按规定缴纳第 3 年度年费和滞纳金，国家知识产权局于 2014 年 12 月 3 日发出专利权终止通知书，当事人没有请求恢复权利，该专利权于 2014 年 3 月 27 日终止，国家知识产权局于 2015 年 5 月 13 日在实用新型专利公报上公告该专利终止。

某电子科技公司主张何某系其公司的总工程师，更是公司的总经理，负责公司的日常经营工作、技术研发、日常生产工作。何某以某微波技术公司名义申请的专利就是某电子科技公司的其他技术人员与何某在工作中共同作出的发明，并向法院提交《劳动合同》《保密协议》《产品购销合同》《产品手册》《设计开发计划书》等证据材料。

而何某则主张该专利是其在某电子科技公司成立之前就已发明，且其在某电子科技公司上班期间签过字的设计开发计划书或生产计划书与该专利的设计或生产无关，某电子科技公司主张该专利系其他技术人员与何某在工作中共同作出，专利权应归属其所有，无事实和证据佐证。

📄 **案例解析**

本案的争议焦点主要是涉案专利是否属于何某为完成某电子科技公司工作任务而作出的发明创造，是否利用某电子科技公司物质技术条件，即是否属于何某在本职工作中的发明创造。

某电子科技公司认为何某任职某电子科技公司总工程师，还与其签订了《劳动合同》《保密协议》，并且何某在设计开发计划书及生产计划书上签字，故何某的发明理所当然属于职务发明。对此主张因无事实和法律依据，法院认为不能成立。

首先，从事实上看，某电子科技公司向法院提交的证据无法证明涉案专利属于何某为完成其工作任务且利用某电子科技公司物质技术条件的发明创造。某电子科技公司向法院提交了《劳动合同》《保密协议》《产品购销合同》《产品手册》《设计开发计划书》等证据材料，但其中《劳动合同》《保密协议》并未规定何某的具体工作职责和工作任务，某电子科技公司也无其他证据证明何某发明涉案专利是为完成某电子科技公司的工作任务。《产品购销合同》仅能证明某电子科技公司与其他公司存在产品购销关系，但不能充分证明合同所涉产品即为涉案专利产品，同时亦无法证明合同所涉产品的知识产权属于某电子科技公司。《产品手册》《设计开发计划书》均为某电子科技公司内部材料，不能与其他证据形成完整的证据链。同时，某电子科技公司无证据证明其上记载的相关产品（技术）与涉案专利在技术上属于同一产品（技术）。

其次，从法律上看，《中华人民共和国专利法》第六条规定："执行本单位的任务或者主要是利用本单位的物质技术条件所完成的发明创造为职务发明创造。职务发明创造申请专利的权利属于该单位；申请被批准后，该单位为专利权人。"《中华人民共和国专利法实施细则》第十二条规定："专利法第六条所称执行本单位的任务所完成的职务发明创造，是指：（一）在本职工作中作出的发明创造；（二）履行本单位交付的本职工作之外的任务所作出的发明创造；（三）退休、调离原单位后或者劳动、人事关系终止后 1 年内作出的，与其在原单位承担的本职工作或者原单位分配的任务有关的发明创造。"本案诉讼中，某电子科技公司所举示的证据既不能证明涉案专利属于何某为完成某电子科技公司工作任务，也无法证明涉案专利是何某利用某电子科技公司物质技术条件而创造。

综上，根据谁主张谁举证的民事诉讼原则，某电子科技公司提供的证据不能证明何某是在完成某电子科技公司工作任务或主要是利用某电子科技公司物质技术条件完成的涉案专利的发明，故对其主张，法院不予支持。

案例出处：四川省高级人民法院民事判决书（2018）川民终 1244 号。

◎ 公司将员工头像印在宣传册上是否侵权？

冷某于 2015 年 12 月 3 日入职上海某实业公司，担任调理师，2016 年 3 月 9 日离职。冷某主张其在职期间被上海某实业公司偷拍，照片被印刷制作成宣传册散发。该宣传册中使用了冷某的照片，并配有养生专家或老中医的文字说明；同时印有"开业特惠""买一送一""买三送一"字样及价目表。冷某起诉要求上海某实业公司登报澄清事实，公开道歉，停止侵权行为、赔礼道歉，并赔偿精神损失费人民币 10 万元及经济损失 10 万元。

上海某实业公司辩称：员工照片录入宣传册是为了给上海某实业公司作企业文化内容，当时冷某口头同意让公司使用其照片，并没有侵犯冷某的肖像权。

📄 **案例解析**

法院认为，公民享有肖像权，未经本人同意，不得以营利为目的擅自使用公民的肖像。

本案中，上海某实业公司制作的宣传册明显带有广告性质，应视为以营利为目的，而非上海某实业公司所称的塑造企业文化。

上海某实业公司称使用冷某照片征得了冷某的同意，但并未提供任何证据佐证，法院不予采信。故上海某实业公司以营利为目的擅自使用他人照片，应当承担相应的侵权责任。至于冷某主张的精神损害赔偿，法院认为根据本案情节尚不足以构成，故依法不予支持。

综上，据此，根据《中华人民共和国民法通则》第一百条"公民享有肖像权，未经本人同意，不得以营利为目的使用公民的肖像"，第一百二十条第一款"公民的姓名权、肖像权、名誉权、荣誉权受到侵害的，有权要求停止侵害，恢复名誉，消除影响，赔礼道歉，并可以要求赔偿损失"之规定，判决：一、上海某实业公司向冷某书面赔礼道歉，并立即停止侵害。二、上海某实业公司赔偿冷某人民币 2000 元。对冷某的其他诉讼请求不予支持。

案例出处：上海市黄浦区人民法院民事判决书（2016）沪 0101 民初 10003 号。

第30条

保密义务：商业秘密得看好

📖 示范条款

1. 乙方必须遵守甲方规定的任何成文或不成文保密规章制度，履行与其职务相应的保密职责。除履行职务的需要外，乙方承诺，未经甲方同意，不得以泄漏、告知、公布、发表、出版、传授、转让或者其他任何形式使任何第三方（包括按照保密制度的规定不得知悉该项秘密的甲方其他职员）知悉属于甲方或者属于他人但甲方承诺有保密义务的商业秘密信息，亦不得在履行职务之外使用这些秘密信息。

2. 本合同所提及的商业秘密，包括但不限于：技术方案、美术设计、软件设计、数据库、研究开发记录、技术报告、图稿、样品、操作手册、技术文件及业务相关的函电、行业秘密，各种业务流程，各种公式、数据、程序，客户名单，各项设计、图画、源代码、目标代码，各项核心技术、技术改良，各项发明，各种许可证，所有市场计划和战略、定价策略、业务计划、财务报表、现有客户和潜在客户/供应商/合作伙伴的信息、人事管理信息、薪酬福利信息等。

3. 乙方若违反本合同约定的保密义务，属于严重违反企业规章制度，甲方有权单方解除合同，并不予支付任何经济补偿，同时乙方承担因此而造成的甲方经济损失。

4.出于对商业秘密保护的需要，劳动合同终止前 3 个月内或乙方提出解除劳动合同的，甲方可以变更乙方的工作岗位，乙方完全理解并同意甲方所有安排。

5.上述保密义务不仅应在乙方在职期间，而且在乙方离职（无论任何原因）后仍应履行。

✅≡ 使用指南

劳动者在日常的工作中，难免要接触一些用人单位的商业秘密。而商业秘密是用人单位进行商业竞争的重要资源之一，对用人单位具有十分重要的意义。当事人可以在劳动合同中约定保密条款或者单独签订保密协议，具体应注意以下几点：

第一，用人单位商业保护的法律依据。国家法律赋予用人单位在商业秘密保护中的权利。《中华人民共和国劳动合同法》第二十三条："用人单位与劳动者可以在劳动合同中约定保守用人单位的商业秘密和与知识产权相关的保密事项。对负有保密义务的劳动者，用人单位可以在劳动合同或者保密协议中与劳动者约定竞业限制条款，并约定在解除或者终止劳动合同后，在竞业限制期限内按月给予劳动者经济补偿。劳动者违反竞业限制约定的，应当按照约定向用人单位支付违约金。"需要注意的是：

1.劳动者负有保密义务的前提是存在商业秘密，因此在制定保密条款时需要明确哪些信息属于商业秘密，即让劳动者知悉其需要对哪些信息负有保密义务；

2.保密义务属于劳动合同的附随义务，劳动者有义务遵守，无须额外支付保密费用；

3.劳动者的保密义务并不以劳动合同期限为结点，而是直至商业秘密信息被公开为止。

第二，出于商业秘密的保护，可以约定对劳动者岗位调整的权利。原劳动部《关于企业职工流动若干问题的通知》规定第二条："用人单位与掌握商业秘密的职工在劳动合同中约定保守商业秘密的有关事项时，可以约定在劳动合同终止前或该职工提出解除合同后的一段时间内（不超过6个月），调整其工作岗位，变更劳动合同中相关内容。"也就是我们常说的：用人单位可以采取相应的脱密措施。

第三，劳动者离职后商业秘密的保护主要通过竞业限制实现。详见本书竞业限制条款，此处不再赘述。

⚖ 以案说法

◎ 在职员工违反保密协议是否需要向公司返还工资？

沈阳某置业公司与何某于2012年7月6日签订劳动合同，约定合同期限为2012年7月6日至2013年8月5日，何某任案场经理，月工资7000元。《劳动合同书》第三十条规定："乙方负有保密义务的，双方可以订立专项协议，约定竞业限制条款。乙方违反竞业限制约定的，应当按照约定支付违约金。给用人单位造成损失的，应当承担赔偿责任。"2013年8月5日，劳动合同到期，何某从沈阳某置业公司离职。

2013年1月11日，沈阳某置业公司与何某签订《保密协议》，协议第二条第7项约定："乙方（何某）同意，自己在受甲方（沈阳某置业公司）聘用期间，决不直接或间接地从事同甲方业务具有竞争性的业务，即决不到与甲方生产或者经营同类产品、从事同类业务的有竞争关系的其他用人单位工作或者自己开业生产或者经营同类产品、从事同类业务，决不向甲方竞争对手提供咨询性、顾问性服务，决不聘用甲方的任何其他职工为自己工作，也不唆使甲方的任何其他职工接受外办聘用。"第四条规定："如果乙方违反上述义务，应依照中华人民共和国《劳动法》《合同法》《民法通则》及其他相关法律法规的规定承担违约责任，构成犯罪的，甲方将向有关司法机关检举。给甲方造成损失的，乙方应当赔偿所有损失，包括直接损失、间接损失、甲方因追究乙方的违约行为而支付的合理费用、诉讼费、律师费以及期得利益等。"

2013 年 5 月 13 日，何某与魏某、张某等设立沈阳某地产经纪公司，注册资本 50 万元，其中何某出资 10%，魏某出资 55%，张某出资 5%，法定代表人为魏某。此前，魏某、张某分别与沈阳某置业公司签订劳动合同，在沈阳某置业公司处从事房产销售业务。

沈阳某置业公司经营范围为：房地产开发，商品房销售，自有房产租赁。

沈阳某地产经纪公司经营范围为：房地产经纪与代理；商品房策划及销售代理；广告设计、代理、发布；礼仪庆典服务，会议服务，展览展示服务；企业营销策划；企业管理咨询。

沈阳某地产经纪公司于 2013 年 5 月 20 日与营口某置业公司签订项目策划代理合同，约定由沈阳某地产经纪公司为营口某置业公司位于营口西市区的德润峰汇项目进行策划代理。营口某置业公司分别于 2013 年 6 月 13 日向沈阳某地产经纪公司支付 10 万元，2013 年 7 月 17 日向沈阳某地产经纪公司支付 5 万元。

2014 年 7 月 11 日，沈阳某置业公司向沈阳市大东区劳动人事争议仲裁委员会提出仲裁申请，该仲裁委员会于当日作出不予受理通知书。沈阳某置业公司不服，诉至法院，请求：一、判令何某退还工资与绩效 17431.91 元、律师费 8000 元、交通费 500 元、查档费 20 元、招聘费 920 元；二、赔偿广告经营损失 320890 元，业绩下滑经济损失 2 万元。

📑 案例解析

本案的争议焦点是：一、何某与沈阳某置业公司关于在劳动合同期间，何某不得直接或者间接从事同沈阳某置业公司有竞争性的业务约定是否属于《中华人民共和国劳动合同法》关于竞业限制的约定。二、何某成立沈阳某地产经纪公司的行为是否违反法律规定和双方之间的约定；何某是否承担责任，承担什么责任。三、沈阳某地产经纪公司是否应对何某的行为承担连带责任。根据双方的陈述和答辩，法院结合案件事实，论证如下：

第一，关于何某与沈阳某置业公司的劳动合同履行期间，何某不得直接或者间接从事同沈阳某置业公司有竞争性业务的约定是否属于《中华人民共和国劳动合同法》关于竞业限制的约定问题。《中华人民共和国劳动合同法》第二十三条规定："对负有保密义务的劳动者，用人单位可以在劳动合同或者保密协议中与劳动者约定竞业限制条款，并约定在解除或者终止劳动合同后，在竞业限制期限内按月给予劳动者经济补偿。"第二十四条规定："竞业限制的人员限于用人单位的高级管理人员、高级技术人员和其他负有保密义务的人员。竞业限制的范围、地域、期限由用人单位与劳动者约定，竞业限制的约定不得违反法律、法规的规定。在解除或者终止劳动合同后，前款规定的人员到与本单位生产或者经营同类产品、从事同类业务的有竞争关系的其他用人单位，或者自己开业生产或者经营同类产品、从事同类业务的竞业限制期限，不得超过二年。"可见，法律未统一规定劳动者在职期间的竞业限制问题，但是不排斥双方约定在职期间的竞业限制，用人单位和劳动者可以协商确定在职期间的竞业限制。何某与沈阳某置业公司签订了劳动合同及保密协议，约定何某在职期间绝不直接或间接从事与沈阳某置业公司具有竞争性的业务，绝不到与沈阳某置业公司生产或经营同类产品、从事同类业务的有竞争关系的其他用人单位工作或者直接开业生产或经营同类产品，从事同类业务等。因此，何某应当按照约定履行合同义务，同时何某也负有在职期间的竞业限制义务。

第二，关于何某成立沈阳某地产经纪公司的行为是否违反法律规定和双方之间的约定；何某是否承担责任，承担什么责任的问题。何某在沈阳某置业公司工作期间，与他人设立沈阳某地产经纪公司，该公司注册资本 50 万元，何某个人出资占 10%。沈阳某置业公司和沈阳某地产经纪公司的经营范围均有商品房销售业务，两公司的经营地点均在沈阳。何某既任沈阳某置业公司的管理人员，又出资与他人成立沈阳某地产经纪公司，两公司之间有竞争关系。根据何某与沈阳某置业公司签订的保密协议和法律规定，以及何某在沈阳某置业公司的重要职位，何某在职期间，掌握沈阳某置业公司商品房销售渠道和技术秘密，未经沈阳某置业公司允许，成立与沈阳某置业公司有竞争业务的沈阳某地产经纪公司，并且与其他公司签署与沈阳某置业公司同类业务的策划协议，其行为违反了保密协议约定义务，更违反了劳动者在职期间竞业限制义务，是一种不诚信行为，侵害了沈阳某置业公司的合法权益。《中华人民共和国劳动合同法》第九十条规定，劳动者"违反劳动合同中约定的保密义务或者竞业限制，给用人单位造成损失的，应当承担赔偿责任"。关于损失的计算问题。何某与沈阳某置业公司签订的保密协议约定了违约责任，即按照相关法律规定承担违约责任，造成损失应赔偿直接或间接损失等。沈阳某置业公司主张何某应赔偿直接损失即何某在沈阳某置业公司工作期间的工资收入，间接损失 2 万元（沈阳某地产经纪公司获利 20 万元 ×10% 何某的股份额）。劳动者造成用人单位损害，包括有形损失和无形损失，何某违反保密协议约定成立沈阳某地产经纪公司，利用担任沈阳某置业公司职务的便利所获得的经营信息和技术秘密，经营与沈阳某置业公司同样的业务销售商品房业务，必然会给沈阳某置业公司带来损失，其直接经济损失即在为沈阳某地产经纪公司工作同时获得了沈阳某置业公司的工资收入，因此法院裁判何某赔偿沈阳某置业公司 17431.91 元。沈阳某置业公司主张间接损失 2 万元，但是没有提供证据证明，故对该主张不予支持。

第三，关于沈阳某地产经纪公司是否应对何某的行为承担连带责任问题。《中华人民共和国劳动合同法》第九十一条规定："用人单位招用与其他用人单位尚未解除或者终止劳动合同的劳动者，给其他用人单位造成损失的，应当承担连带赔偿责任。"本案中，何某于在职期间即与他人一同出资，注册成立沈阳某地产经纪公司，且其股份占注册资本的 10%，且与另外两名股东张某、魏某同为沈阳某置业公司的员工，三人的股份占沈阳某地产经纪公司注册资本的 70%，应认定沈阳某地产经纪公司对招用沈阳某置业公司尚未解除劳动合同员工为明知。根据上述法律规定，沈阳某地产经纪公司应承担连带赔偿责任。

综上，法院判决如下：一、何某赔偿沈阳某置业公司工资损失 17431.91 元。二、何某赔偿沈阳某置业公司律师费 8000 元。三、何某赔偿沈阳某置业公司交通费 88 元。四、沈阳某地产经纪公司对本判决主文第一项、第二项、第三项承担连带赔偿责任。五、驳回原被告其他诉讼请求。

案例出处：辽宁省沈阳市中级人民法院民事判决书（2015）沈中民五终字第 00541 号。

◎ 劳动者保密义务生效时间如何认定？

田某于 2013 年 11 月 26 日入职广州某化妆品公司担任运营部技术经理，并于 2015 年 11 月 6 日担任运营推广部经理。

2014 年 9 月 15 日，广州某化妆品公司与田某签订《关于约定员工不从事兼职的协议》，约定乙方（田某）承诺在甲方（广州某化妆品公司）工作期间，不经甲方同意，不以任何方式为其他人或单位（公司）从事任何工作，如果乙方违背此规定，甲方一经发现，无论是否对公司造成损失，甲方均有权对乙方进行工资的 5 倍处罚，并视情况给予解除劳动关系。

2015 年 4 月 14 日，田某申请设立广州某药妆生物科技研发中心，经营范围有化妆品及卫生用品批发、商品批发贸易、生物技术咨询、交流服务及转让、开发服务。

2016 年 10 月 21 日，广州某化妆品公司对田某停职处理，并于 2016 年 10 月 22 日，以田某在入职期间，私自设立和经营同业公司，窃取商业秘密、盗用公司资源，严重违反了法律规定和合同约定为由，作出解除劳动合同关系的决定，并通知田某。

广州某化妆品公司主张其公司负责在百度上以"某某生物"名字进行广告推广工作，而田某于 2016 年 7 月 23 日接手百度推广工作后却在百度推广的信息中嵌入"某某药妆"的信息，广州某化妆品公司以双方签署的《关于约定员工不从事兼职的协议》要求田某支付竞业限制违约金，而田某则认为前述约定并非竞业限制条款。

📑 案例解析

关于违反竞业限制协议的违约金问题。据《中华人民共和国劳动合同法》第二十三条规定："用人单位与劳动者可以在劳动合同中约定保守用人单位的商业秘密和与知识产权相关的保密事项。对负有保密义务的劳动者，用人单位可以在劳动合同或者保密协议中与劳动者约定竞业限制条款，并约定在解除或者终止劳动合同后，在竞业限制期限内按月给予劳动者经济补偿。劳动者违反竞业限制约定的，应当按照约定向用人单位支付违约金。"第二十四条第一款规定："竞业限制的人员限于用人单位的高级管理人员、高级技术人员和其他负有保密义务的人员。竞业限制的范围、地域、期限由用人单位与劳动者约定，竞业限制的约定不得违反法律、法规的规定。"

本案中，田某是广州某化妆品公司运营推广部的负责人，了解公司客户信息，知悉公司商业秘密，是对公司负有保密义务的员工，属于竞业限制的对象，因此，广州某化妆品公司可以与田某约定竞业限制条款；广州某化妆品公司与田某签订《关于约定员工不从事兼职的协议》是双方的真实意思表示，内容不违反法律、法规规定，协议合法有效，对双方具有法律约束力；双方在《关于约定员工不从事兼职的协议》中明确约定"乙方承诺在甲方工作期间，不经甲方同意，不以任何方式为其他人或单位（公司）从事任何工作"，该不从事任何工作的范围涵盖了田某不得私自设立与广州某化妆品公司经营同类业务的公司的范围，即涵盖了竞业限制的范围，因此《关于约定员工不从事兼职的协议》具有竞业限制条款性质，双方均应遵守。

劳动者的竞业限制义务涵盖了劳动合同期间内和劳动合同解除或终止后两个阶段。劳动合同期间，劳动者负有保密义务和竞业限制义务。田某在职期间成立了与广州某化妆品公司经营同类业务的公司，且在广州某化妆品公司的百度推广中嵌入了田某自己经营公司的产品信息，田某的行为违反了双方签订的《关于约定员工不从事兼职的协议》，广州某化妆品公司要求田某支付违反竞业限制义务的违约金，理由成立，法院予以采纳。关于违约金的数额，广州某化妆品公司主张田某按《关于约定员工不从事兼职的协议》的约定向其支付 5 倍工资的违约金，因该违约金过高，田某主张予以调整，理由成立，法院予以采纳。结合田某违反竞业限制义务的时间、田某设立经营与广州某化妆品公司同类业务公司起至双方当事人解除劳动关系时止的工资收入情况，法院酌定田某应向广州某化妆品公司支付竞业限制违约金 40164.9 元。

案例出处：广东省广州市中级人民法院民事判决书（2017）粤 01 民终 15577 号。

第 31 条

竞业限制：人才流失损失小

📖 示范条款

1. 甲方对担任总监级（包括但不限于分公司总经理、总监、副总监、总监助理、部门负责人等）及以上工作职务与其他工作内容负有保密义务的人员实施为期 1 年的竞业限制，考虑到乙方在甲方工作期间，工作内容以及工作职务可能出现变化，甲方以乙方离职前最近 1 年的实际工作内容和工作职务作为认定乙方是否属于竞业限制范畴，乙方完全同意接受甲方认定结果并严格遵守公司关于竞业限制的规定。即经甲方认定属于竞业限制范畴的乙方，无论何种原因，乙方从甲方离职后 1 年内，不得到与甲方生产或者经营同类产品、从事同类业务的有竞争关系的其他用人单位，或者自己开业生产或者经营同类产品、从事同类业务。

2. 前述与甲方有竞争关系的主体包括但不限于 _____ 各类组织等。甲方在解除或者终止劳动合同后，在竞业限制期限内按月向乙方工资银行卡支付正常工作时间工资的 30% 作为竞业限制补偿费，若甲方未按约定履行支付经济补偿义务，从拒绝支付乙方的竞业限制补偿费之日起，本竞业限制条款失效。

3. 乙方违反竞业限制约定的，除退还甲方支付的全部竞业限制补偿金、赔偿甲方实际损失外，还应向甲方支付违约金 ＿＿ 万元或按照乙方离职前 1 年的全部收入的 5 倍较高者，向甲方支付违约金，同时仍应继续履行竞业限制义务。乙方因违约行为所获得的收益应当归甲方。

4. 乙方须每月 5 日前通过本合同约定乙方的公司外部电子邮箱发送乙方工作状况报告，内容包括但不限于乙方从事的工作内容、工作职位以及所在的工作单位等内容，甲方收到乙方工作状态报告以后，将于每月 8 日前将本月竞业限制补偿费发放至乙方工资账户。若乙方未履行报告义务的，视为乙方违反竞业限制义务，将承担相应的违约责任，甲方有权不予支付补偿费，并不视为甲方违反竞业限制义务；乙方亦不能以此为由免除竞业限制的义务。

✅ 使用指南

竞业限制是用人单位不可多得的保护自我权益的重要工具之一，但很多用人单位在实际操作中会遇到一些法律法规未能明确回答的问题，使得竞业限制的作用受限，甚至有可能导致竞业限制的条款无效。需要注意的是：

第一，竞业限制的主体变化。

《中华人民共和国劳动合同法》第二十四条规定"竞业限制的人员限于用人单位的高级管理人员、高级技术人员和其他负有保密义务的人员"。因此，法律规定并不要求所有劳动者都须与用人单位签订竞业限制协议。但从用人单位的人员管理来看，人力资源管理一直处于动态变化中，曾经的普通劳动者经过多年的锻炼与成长，很有可能成长为用人单位的高级管理人员，或从原来不负有保密责任的岗位转到现在负有保密责任的岗位上，而用人单位与这类劳动者签订的劳动合同中往往没有竞业限制条款的约定，而事后与劳动者协商增加竞业限制条款将极大地增加用人单位人力资源管理的难度，处理不当还会引发劳资双方的矛盾。

面对劳动者职务或岗位变化的情况，用人单位可以在劳动者离职前建立竞业限制的认定程序，将成长的劳动者动态纳入竞业限制管理范畴，化解由于类似变化带来的竞业限制主体的不确定性。

第二，竞业限制的对象单一。

《中华人民共和国劳动合同法》第二十三条规定"对负有保密义务的劳动者，用人单位可以在劳动合同或者保密协议中与劳动者约定竞业限制条款"。依据此规定，用人单位往往对劳动关系不复存在后的劳动者竞业限制都有所规定，而对劳动者在职期间的竞业行为却视而不见。竞业限制是劳动者对用人单位应负有的义务与责任，实质上应贯穿于用人单位人力资源管理全过程。因此，全体劳动者即便是在职期间也应当遵循竞业限制的约束，只不过囿于法律名词的定义，我们不能将对劳动者在职期间的竞业约束称为竞业限制而已。

对于这类情况，用人单位可将劳动者在职期间的竞业约束要求转化为公司规章制度规定或者劳动合同约定，从而将竞业限制对用人单位的保护从劳动者离职后扩展到在职期间，尽可能地提升竞业限制条款对用人单位权益保护之效用。

第三，竞业限制的内容模糊。

《中华人民共和国劳动合同法》第二十四条规定"竞业限制的范围、地域、期限由用人单位与劳动者约定，竞业限制的约定不得违反法律、法规的规定"。竞业限制的主要目的是保护公平竞争状态下，用人单位拥有合法商业利益。因此，竞业限制的范围应当控制在对原用人单位有重大影响的范围内。具体而言，竞业限制的范围不能太大，若扩大到整个行业或者产业范围，这会对中小企业的发展构成潜在威胁，尤其是特定行业的用人单位会无法吸引优秀人才加盟，限制了劳动力市场上人才的合理流动；同样，竞业限制的范围也不能太小，否则会对原用人单位的商业利益造成损害，失去了竞业限制条款制定的本意，难以达到保护用人单位合法权益的目的。

在实际操作中，用人单位可以将其重要的竞争对手罗列出来，纳入劳动者竞业限制的范围，从而有效保护用人单位的合法权益。比如，某公司有这样的条款约定：经甲方认定属于竞业限制范畴的乙方，无论何种原因，乙方从甲方离职后 1 年内，不得到与甲方生产或者经营同类产品、从事同类业务的有竞争关系的其他用人单位，或者自己开业生产或者经营同类产品、从事同类业务。前述与甲方有竞争关系的主体包括但不限于独立的汽车类网站、综合门户网站的汽车频道，以及其他从事互联网或移动互联网范围内的汽车有关的各类组织等。

第四，竞业限制的执行脱节。

竞业限制的目的在于通过对劳动者就业权利的限制，限制劳动者帮助竞争对手提升核心竞争力，从而达到保护用人单位的合法权益免受侵害之目的。在实践中，虽然用人单位与劳动者签订了竞业限制协议或者条款，往往将其束之高阁却未能有效执行到位，也缺乏对劳动者竞业限制情况的跟进与了解，还常常出现劳动者已经违反竞业限制的规定，明显或者潜在地为竞争对手服务，用人单位仍在按月支付经济补偿，却没有保护好自身的合法权益，这就与竞业限制的目的背道而驰。

面对这样的情况：一方面，用人单位可以要求劳动者按月书面报告其工作动态，作为竞业限制条款中劳动者义务的一部分，既起到有效震慑劳动者的作用，又能便于用人单位收集劳动者工作信息，作为劳动者竞业限制履行情况的有效参考。另一方面，用人单位应当主动按月收集竞业限制范围的劳动者离职后的工作信息，加强对竞争对手公司人事调整情况的关注，若发现并保存劳动者违反竞业限制的证明材料，必须及时对违反竞业限制的劳动者违规行为进行处理。在实际操作中，还可以约定类似条款：乙方须每月 5 日前通过本合同约定乙方的公司外部电子邮箱发送乙方工作状况报告，内容包括但不限于乙方从事的工作内容、工作职位以及所在的工作单位等内容，甲方收到乙方工作状态报告以后，将于每月8日前将本月竞业限制补偿费发放至乙方工资账户。若乙方未履行报告义务的，视为乙方违反竞业限制义务将承担相应的违约责任，甲方有权不予支付补偿费，并不视为甲方违反竞业限制义务。

第五，竞业限制的补偿误区。

《中华人民共和国劳动合同法》第二十三条规定"在解除或者终止劳动合同后，在竞业限制期限内按月给予劳动者经济补偿。劳动者违反竞业限制约定的，应当按照约定向用人单位支付违约金"。因此，竞业限制的补偿既包括了用人单位对劳动者按月核发的经济补偿，也包含了劳动者违反竞业限制约定后的违约金。用人单位在确定经济补偿时往往会感到困惑，不知道应当遵循何种标准来制定经济补偿，下表是各地对此细化的规定。

竞业限制细化规定对比	
国家	《最高人民法院关于审理劳动争议案件适用法律若干问题的解释（四）》（法释〔2013〕4号） 第六条 当事人在劳动合同或者保密协议中约定了竞业限制，但未约定解除或者终止劳动合同后给予劳动者经济补偿，劳动者履行了竞业限制义务，要求用人单位按照劳动者在劳动合同解除或者终止前十二个月平均工资的30%按月支付经济补偿的，人民法院应予支持。前款规定的月平均工资的30%低于劳动合同履行地最低工资标准的，按照劳动合同履行地最低工资标准支付。
深圳	《深圳经济特区企业技术秘密保护条例》（2009年修订） 第二十四条 竞业限制协议约定的补偿费，按月计算不得少于该员工离开企业前最后十二个月月平均工资的二分之一。约定补偿费少于上述标准或者没有约定补偿费的，补偿费按照该员工离开企业前最后十二个月月平均工资的二分之一计算。
北京	北京市高级人民法院、北京市劳动争议仲裁委员会《关于劳动争议案件法律适用问题研讨会会议纪要》（2009年施行） 第三十八条 用人单位与劳动者在劳动合同或保密协议中约定了竞业限制条款，但未就补偿费的给付或具体给付标准进行约定，不应据此认定竞业限制条款无效，双方在劳动关系存续期间或在解除、终止劳动合同时，可以通过协商予以补救，经协商不能达成一致的，可按照双方劳动关系终止前最后一个年度劳动者工资的20%-60%确定补偿费数额。用人单位明确表示不支付补偿费的，竞业限制条款对劳动者不具有约束力。

续表

	竞业限制细化规定对比
北京	劳动者与用人单位未约定竞业限制期限的，应由双方协商确定，经协商不能达成一致的，限制期最长不得超过两年。
上海	上海市高级人民法院关于印发《关于适用〈劳动合同法〉若干问题的意见》的通知（2009 年施行） 第十三条 劳动合同当事人仅约定劳动者应当履行竞业限制义务，但未约定是否向劳动者支付补偿金，或者虽约定向劳动者支付补偿金但未明确约定具体支付标准的，基于当事人就竞业限制有一致的意思表示，可以认为竞业限制条款对双方仍有约束力。补偿金数额不明的，双方可以继续就补偿金的标准进行协商；协商不能达成一致的，用人单位应当按照劳动者此前正常工资的 20%–50% 支付。协商不能达成一致的，限制期限最长不得超过两年。
江苏	《江苏省劳动合同条例》（2013 年修订） 第二十八条 用人单位对处于竞业限制期限内的离职劳动者应当按月给予经济补偿，月经济补偿额不得低于该劳动者离开用人单位前十二个月的月平均工资的三分之一。
浙江	《浙江省技术秘密保护办法》（2008 年修订） 第十五条 竞业限制补偿费的标准由权利人与相关人员协商确定。没有确定的，年度补偿费按合同终止前最后一个年度该相关人员从权利人处所获得报酬总额的三分之二计算。
佛山	《佛山市中级人民法院关于审理劳动争议案件的若干意见》（2005 年施行） 第十五条 对于竞业限制的经济补偿标准，如果合同中有约定的，从约定。如果没有约定，补偿标准如何确定属法官的自由裁量权。但一般按年计算不得少于该劳动者离开企业前最后一个年度从该企业获得的报酬总额的三分之一。竞业限制协议中没有约定补偿费的，补偿费按照该地最低标准计算。
中山	《中山市中级人民法院关于审理劳动争议案件若干问题的参考意见》（2011 年施行） 第六条 用人单位与劳动者约定竞业限制但未同时约定经济补偿，或者约定经济补偿的数额明显过低、不足以维持劳动者在当地的最低生活标准的，属于《劳动合同法》第二十六条第（二）项规定的'用人单位免除自己的法定责任、排除劳动者权利的'情形，该竞业限制条款无效。
苏州	《苏州市中级人民法院、苏州市劳动争议仲裁委员会劳动争议研讨会纪要（一）》（2010 年施行） 第五条 用人单位应当在劳动者履行完必要手续前，与劳动者协商经济补偿的标准；协商不成的，用人单位应当按不低于劳动者前十二个月平均工资三分之一的标准按月给予经济补偿。

一般认为，竞业限制会直接导致劳动者在一定范围内的选择权利受到限制，劳动者由于这种限制，日常生活会受到严重的影响，但并不意味着劳动者任何工作都不能从事。因此，竞业限制补偿标准下限应当从着眼于不影响劳动者基本生活水平出发，用人单位可以将下限定于当地职工的月平均收入水平；法律也不鼓励劳动者不劳而获，故竞业限制补偿的标准上限不应当高于劳动者在职期间的月收入，在此之间的范围则属于用人单位和劳动者相互协商的领域。与此相对应，虽然用人单位可以约定具有惩罚性质的违约金，但也不能毫无限制，不能通过违约金而获取利益。在实践中，用人单位往往容易规定过高的违约金，但不要忽视这将会受到《中华人民共和国合同法》第一百一十四条第二款规定制约，即"约定的违约金过分高于造成的损失的，当事人可以请求人民法院或者仲裁机构予以适当减少"。

综上所述，竞业限制不仅需要严格按照法律规定履行，而且还需要结合人力资源管理的实践情况，通过管理措施及时调整与细化处理，才能最大限度地发挥竞业限制条款的作用，进而带给用人单位更为有效的保护。

⚖ 以案说法

◎ 公司高管离职后违反竞业限制，到有竞争关系公司工作有何后果？

2008 年 6 月 19 日，谷某与某软件公司续签劳动合同，合同期限到 2011 年 6 月 30 日，谷某在某软件公司第二事业部门担任副总经理职务。合同第十六条约定，在合同期内及合同终止后约定时间内，谷某不得违反公司有关竞业限制的规定，直接或间接从事与某软件公司具有竞争性质的活动。2007 年 2 月 1 日，谷某与某软件公司曾签订《保密协议》，

第二十六条约定，谷某离开某软件公司两年内不得在生产同类产品或者经营同类业务具有竞争关系或其他利害关系的其他单位内任职，或自己生产、经营与公司有竞争关系的同类产品或业务，并约定任何一方违约，应向对方支付违约金，并赔偿因违约给对方造成的经济损失。如果谷某违约情节严重，给公司带来巨大损失、情节构成犯罪的，公司将移交司法机关追究谷某的刑事责任。

2010 年 1 月 25 日，谷某提出解除劳动合同的申请，离职原因：个人家庭原因，自愿辞职。2010 年 2 月 28 日，谷某正式离职，某软件公司为其出具离职证明。

2010 年 3 月中旬，谷某到上海某贸易公司工作。得知谷某到上海某贸易公司工作后，2010 年 3 月 23 日，某软件公司向谷某在天津市河东区晨阳道恋日风景温泉花园的地址发送《关于协商竞业限制补偿金的通知函》，提示谷某根据保密协议的约定，在离职后一年内须严格履行竞业限制义务，公司将根据相关法律规定按月支付竞业限制补偿金。由于双方在签署保密协议书时尚未详细约定竞业限制补偿金的支付标准和方式，请在收到通知函之日起五日内前往公司协商补偿金事宜。如在收到通知函之日起五日内未予回复，公司将按照惯常的工资发放时间，于每月 15 号向招商银行的工资卡发放上月的竞业限制补偿金 2700 元，并视为谷某同意按上述标准及方式接受竞业限制补偿金。投递记录显示该邮件 2010 年 3 月 24 日妥投。

某软件公司任某的邮箱中有 2010 年 5 月发给谷某的电子邮件，内容为：公司 2010 年 4 月 26 日收到谷某的快递，也查到其退回公司账户内的现金，该笔款项是竞业限制补偿金，公司根据告知函内容视为其同意公司支付相关的竞业限制补偿金的标准及方式，请遵守保密协议中的相关规定。正式通知谷某在每月的 15 号前来公司领取每笔竞业补偿金，并请遵守竞业限制约定。2010 年 4 月开始，某软件公司按月向谷某的账号中打入 2700 元，但均被谷某退回或打款失败。某软件公司采取下月发上个月的工资，某软件公司称4月发放的是3月的竞业限制补偿金，按照每月税后工资8000余元的30%发放。2010年5月17日，谷某回电子邮件，认为2010年4月中旬意外发现本人工资卡账户多出2700元，出于诚信考虑退回公司，并予以说明。刚刚得知公司汇入账户的款项属于每月竞业限制补偿金，对此无法接受。在其与公司办理工作交接时，公司从未言及所谓"每月的竞业限制补偿金"问题。故其无须受到离职后竞业之限制，无须收取"每月的竞业限制补偿金"。其已与公司无任何劳动关系，希望公司尊重本人的择业自由。

某软件公司于2010年5月28日，向上海某贸易公司发出了有关谷某违反竞业限制条款并要求上海某贸易公司尽快与谷某解除劳动关系的律师函。

某软件公司主张在谷某离职时，曾与其进行过竞业限制补偿金方面的协商，但数额未达成一致。某软件公司认为，谷某是明知存在竞业限制条款，假托"个人家庭原因"辞职，目的就是到存在竞业关系的上海某贸易公司工作，之后拒不收取竞业限制补偿金，存在恶意。谷某主张某软件公司在为其办理离职过程中未与自己就竞业限制补偿金进行过协商，使自己产生竞业限制条款对自己不发生效力的看法，所以到上海某贸易公司工作，某软件公司是听说自己到上海某贸易公司工作后，才支付竞业限制补偿金，其要求解除劳动关系是强加给自己的义务，且补偿金达不到相关要求。

📖 案例解析

《中华人民共和国劳动合同法》第二十三条规定："用人单位与劳动者可以在劳动合同中约定保守用人单位的商业秘密和与知识产权相关的保密事项。"对负有保密义务的劳动者，用人单位可以在劳动合同或者保密协议中与劳动者约定竞业限制条款，并约定在解除或者终止劳动合同后，在竞业限制期限内按月给予劳动者经济补偿。劳动者违反竞业限制约定的，应当按照约定向用人单位支付违约金。

本案中，谷某与某软件公司在劳动合同、保密协议中约定了竞业限制条款，谷某对上述义务是明知的。虽然某软件公司在劳动合同、保密协议中未明确约定竞业限制补偿金，在谷某离职时未明示竞业限制补偿金，该行为有不当之处，但是谷某以个人家庭原因离职后立即与同某软件公司有同业竞争关系的上海某贸易公司签订劳动合同，前后两份工作衔接紧密，相隔才十几天，其行为表现确实是恶意跳槽和同业竞争，违反了其与某软件公司关于竞业限制的约定，法院予以支持。

用人单位与劳动者在劳动合同中约定了竞业限制条款，如果劳动者违反竞业限制约定，用人单位可以要求劳动者按约定支付违约金，或给用人单位造成损失的，用人单位可以要求劳动者承担赔偿责任。本案中，某软件公司因谷某违反竞业限制条款，要求解除谷某与上海某贸易公司之间的劳动关系，没有法律依据，法院不予支持。

案例出处：北京市第一中级人民法院民事判决书（2010）一中民终字第 20448 号。

◎ 员工在职期间违反竞业限制约定，用人单位有权要求其支付违约金吗？

2016 年 8 月，河北某科技公司聘请刘某为公司员工，担任销售总监职务，双方没有签订书面劳动合同。2016 年 9 月 15 日，河北某科技公司（甲方）与刘某（乙方）签订了《竞业禁止及保密协议》，该协议第一条约定"未经甲方同意，乙方在任职期间不得从事以下行为：1. 自己或与他人一起开业生产或经营与甲方生产或经营产品同类或相似的产品；2. 自营或与他人一起经营与甲方同类或相似的业务；3. 为他人经营与甲方生产或经营的产品同类或相似的产品；4. 为他人经营与甲方同类或相似的业务"。第五条约定"甲方对乙方承担的竞业禁止义务及保密义务的补偿：因乙方履行竞业禁止义务及保密义务会给乙方带来经济上的损失，因此甲方在本协议签订后，按月向乙方支付补偿金。本协议签订后，甲方应每月 15 日向乙方支付 1000 元的补偿金，与乙方的工资同时发放"。第六条约定"乙方不履行规定义务，应当承担违约责任，违约金须一次性向甲方支付，违约金额为乙方在职期间收取甲方补偿金的10 倍。同时，乙方应赔偿甲方技术培训费以及指导费用共计 18 万元。并且乙方所获得的收益应当全部归还甲方"。协议签订后，河北某科技公司每月向刘某发放竞业限制补偿金 1000 元。

2017 年 11 月，河北某科技公司发现刘某与张某某、张某、王某、孟某共同筹备注册公司，名称为某环保科技公司。后于 2017 年 11 月21 日在微信群中对刘某进行了除名通报。

某环保科技公司公示信息显示成立日期为 2017 年 12 月 1 日，自然人股东为刘某、孟某、王某、王某某、张某某，其经营范围包括了河北某科技公司的经营范围。

河北某科技公司申请仲裁，要求刘某支付竞业限制违约金 12 万元，而刘某认为其仅仅是从事销售工作，并非竞业禁止及保密义务的约束对象，该竞业限制应为无效，不应支付违约金。

仲裁委员会于 2018 年 5 月 15 日作出裁决书："一、刘某支付河北某科技公司竞业限制违约金 12 万元；二、驳回河北某科技公司其他仲裁请求。"刘某与河北某科技公司均对上述裁决不服，分别向法院提起诉讼。

📖 **案例解析**

本案主要争议焦点是双方当事人签订的《竞业禁止及保密协议》的效力问题。保密义务和竞业限制义务是劳动者基于诚实信用原则对用人单位应承担的义务。

本案中，双方当事人签订了《竞业禁止及保密协议》，刘某是河北某科技公司的销售总监，其知悉公司的相关信息，负有保密的义务。《中华人民共和国劳动合同法》第二十三条并未禁止双方约定在职期间的竞业限制义务相应的违约金。按照举轻以明重的原则，劳动者在离职后违反竞业限制约定需要支付违约金，在职期间违反该约定，也应支付违约金。《最高人民法院关于审理劳动争议案件适用法律若干问题的解释（四）》第六条规定："当事人在劳动合同或者保密协议中约定了竞业限制，但未约定解除或者终止劳动合同后给予劳动者经济补偿，劳动者履行了竞业限制义务，要求用人单位按照劳动者在劳动合同解除或者终止前十二个月平均工资的 30% 按月支付经济补偿的，人民法院应予支持。前款规定的月平均工资的 30% 低于劳动合同履行地最低工资标准的，按照劳动合同履行地最低工资标准支付。"即使用人单位未支付竞业限制经济补偿或补偿标准低，并不必须导致竞业限制协议无效，仅仅是协议条款存在瑕疵，不影响竞业限制和保密协议的效力，事后双方可通过协商等方式补救。本案中，上诉人提供的证据不足以证明双方签订的《竞业禁止及保密协议》存在《中华人民共和国劳动合同法》第二十六条规定的协议无效的情形，且刘某违反竞业限制的约定开始于在职期间，而非解除劳动关系之后才发生。因此，刘某主张《竞业禁止及保密协议》无效，法院难以支持。

关于刘某是否应向河北某科技公司支付竞业限制违约金。刘某违反了双方当事人约定的竞业限制约定，应当承担约定责任。双方对是否支付竞业限制补偿金说法不一。虽然刘某主张河北某科技公司未实际支付其竞业限制补偿金，但是上诉人在工资明细上签字，不能排除竞业限制补偿金已发放。综上，法院裁决刘某应支付河北某科技公司竞业限制违约金 12 万元。

案例出处：河北省邢台市中级人民法院民事判决书（2018）冀 05 民终 4331 号。

第八部分

PART Ⅷ

附则

第 32 条

主体资格：身份合法是前提

📖 示范条款

双方在此声明并保证，乙方可以合法地签署本合同并认可本合同的各项条款。乙方签订合同和履行本合同中规定的职责，没有而且将不会违反对乙方有约束力的任何其他合同或协议，也不会违反对其有约束力的任何其他组织机构的规定。

〱 使用指南

劳动合同是一个双方签订的协议，一方为用人单位，一方为劳动者，两方都应该符合法律规定的主体资格，否则，即使签订劳动合同，也会因为主体资格无效而导致劳动合同无效。对此，我们需要把握以下三点：

第一，用人单位的主体资格。《中华人民共和国劳动合同法》第二条："中华人民共和国境内的企业、个体经济组织、民办非企业单位等组织（以下称用人单位）与劳动者建立劳动关系，订立、履行、变更、解除或者终止劳动合同，适用本法。国家机关、事业单位、社会团体和与其建立劳动关系的劳动者，订立、履行、变更、解除或者终止劳动合同，依照本法执行。"从上述规定来看，直接排除了个人或未登记的企业作为用人单位的可能。此外，劳动和社会保障部的《关于确立劳动关系有关事项的通知》（劳社部发〔2005〕12号）中明确，劳动关系成立的一个条件就是用人单位符合法律、法规规定的主体资格。

第二，劳动者的主体资格。劳动者主体资格主要包括以下几个方面：

1. 年龄标准。须年满十六周岁，文艺、体育等特殊行业单位要招用未满十六周岁的运动员、文艺工作者等必须报县级以上劳动行政部门批准。《中华人民共和国劳动法》第十五条也明确规定："禁止用人单位招用未满十六周岁的未成年人。"

2. 体力标准。建立劳动关系前身体健康，包括三个方面的限制：（1）疾病的限制。各种岗位的职工都不得患有本岗位所禁忌或不宜的特定疾病。（2）残疾人只能从事与其残疾状况相适应的职业。（3）女职工、未成年工禁忌劳动范围的规定。

3. 智力标准。包括两个方面：（1）文化条件。例如用人单位招用工人要求"具备初中以上文化程度"。（2）职业资格。职业资格证书是国家对申请人专业（工种）学识、技术能力的认可，是求职、任职、独立开业和单位录用的重要依据。例如用人单位招聘财务人员时要求注册会计师资格。

4. 自由标准。所谓自由是指员工是否具有人身自由，不存在被限制人身自由的情形。

第三，主体资格无效的处理。《中华人民共和国劳动合同法》有关劳动合同无效的后果在第二十八条中规定："劳动合同被确认无效，劳动者已付出劳动的，用人单位应当向劳动者支付劳动报酬。劳动报酬的数额，参照本单位相同或相近岗位劳动者的劳动报酬确定。"依照此条规定，劳动合同被确认无效，产生了自始无效的溯及力，不能够作为确定劳动报酬的依据，但已经支付的劳动力具有不可回收性，劳动者提供的劳动无法返回，因此用人单位仍须向劳动者付出的劳动支付劳动报酬。另外，依据《中华人民共和国劳动合同法》第八十六条，劳动合同被依法确认无效，"给对方造成损害的，有过错的一方应当承担赔偿责任"。

⚖ 以案说法

◎ 教师资格是否是教师与学校签订劳动合同的前提？

李某与北京某中学签订了《兼职教职员工聘用书》，该聘用书约定李某工作岗位为英语教师，劳动合同期限为 2008 学年至 2010 学年。聘用合同到期后，双方未再签订书面协议。李某继续工作至 2011 年 7 月 13 日。李某工作期间，从事过班主任工作。2009 年，北京某中学进行了体制改革，转制为公办美术特色高中。2011 年 7 月，北京某中学因改制及李某未取得教师资格，停止了李某的工作，但未作出解除劳动关系的书面决定。李某诉至法院，要求北京某中学与其签订无固定期限的劳动合同，并给付 2010 年 9 月至 2011 年 7 月的双倍工资 36191.6 元。

📄 案例解析

本案中，法院经审理认为，依据法律规定国家实行教师资格制度，由于李某未取得教师资格，其不具备与北京某中学继续签订劳动合同的条件，故李某要求与北京某中学签订无固定期限劳动合同的诉讼请求，依据不足，法院不予支持。但劳动合同是一种继续性合同，用人单位应当支付未签订劳动合同的双倍工资。综上，法院判决：北京某中学给付李某 2010 年 9 月至 2011 年 7 月的双倍工资 36191.6 元，驳回李某其他诉讼请求。

案例出处：北京市第一中级人民法院民事判决书（2012）一中民终字第 6176 号。

◎ 外国人在中国缴纳社保个税是否一定认定劳动关系？

1990 年 6 月 16 日，某会社在韩国注册登记，法定代表人姜某。

2007 年 9 月 4 日，某建材公司在即墨市工商行政管理局注册登记。企业类型：外资企业。投资方名称：某会社。某建材公司章程记载："第十五条：公司设董事会，董事会是公司的最高权力机构。董事会成员三人，其中董事长一名，董事二名，都由投资方委派。董事长、董事的任期为三年，任期届满可以连任也可由投资方重新委派。董事长为公司的法定代表人。第二十二条：公司设总经理一人，由投资方委派。"

某建材公司提交起草日期为 2007 年 10 月 1 日的某会社品议书记载："题目：职工聘用事宜。公司欲聘用下列人员，请予裁决：（1）姓名：金某（1959.3.13）；（2）聘用部门：石材项目总部 / 常务理事；（3）聘用日期：2007 年 10 月 8 日。"

某建材公司提交起草日期为 2007 年 10 月 11 日的某会社品议书记载："题目：人事调令（工作派遣）事宜。就下列人员请示人事调令（工作派遣），研究后请予裁决。1. 姓名：金某（1959.3.13）；2. 派遣现场：某建材公司；3. 聘用日期：2007 年 10 月 16 日；4. 特别事项：（1）提供某建材公司租借的住房；（2）支付派遣补助——由某建材公司直接支付。"

2008 年 2 月 1 日，某会社与金某签订了《劳动合同书》，该合同书记载："……劳动条件：（1）适用时间：2008 年 2 月 1 日—2009 年 2 月 1 日；（2）工资：年薪 1800 万韩元（年薪制）；（3）劳动时间：参照公司的就业规则；（4）就业地点：本社及现场；（5）退职金（1384615 韩元），包括工作时间外加班费，资格津贴，技术津贴，驾驶证津贴，年度、月度奖金，休息日加班费等所有津贴；3. 其他劳动条件参照公司就业规则及惯例；4. 期限届满后，如无变动事项，则自动顺延。"

2008 年 9 月 18 日，山东省人社厅向金某发放了《外国人就业证》，该证有效期至 2009 年 9 月 17 日，后延期至 2011 年 9 月 15 日。该就业证上载明工作单位：某建材公司。

2008年11月26日，某建材公司召开董事会形成决议，同意委派金某任某建材公司总经理一职。2011年4月19日，韩国某会社向金某下发了人事任免令，免除金某在某建材公司总经理职务。2011年5月24日，某建材公司召开董事会形成决议，同意解除金某在某建材公司总经理职务。

金某提交的存款交易实绩证明书记载，金某2007年11月12日至2011年5月11日期间的工资是由某会社通过韩国友利银行宜陵支行发放，金某的劳动所得税也由某会社代缴。金某的社会保险费由某会社自2007年10月8日缴纳至2011年4月。某建材公司每月支付金某人民币8000元。

2011年8月5日，金某申请仲裁，请求裁决：1.某建材公司支付未签订书面劳动合同的双倍工资人民币40万元；2.某建材公司支付2011年4月份工资（含加班费）人民币44736元；3.某建材公司支付未休带薪年休假工资人民币57931元；4.某建材公司支付2007年10月8日至2011年3月31日期间的加班费人民币1481495元；5.某建材公司违法解除劳动关系的赔偿金人民币57096元。

仲裁委员会经开庭审理裁决：驳回本案原告金某要求某建材公司支付2008年2月至2009年9月未签订书面劳动合同的双倍工资40万元、2011年4月工资44736元、未休带薪年休假工资57931元、2007年10月8日至2011年3月31日期间的加班费1481495元、违法解除劳动关系的赔偿金57096元的申请。

在审理中，金某称某建材公司每月支付8000元是工资，某建材公司称其每月支付金某8000元是津贴。

📑 案例解析

本案争议焦点是金某与某建材公司之间是否存在劳动关系。

金某依据其办理的《外国人就业证》、在中国缴纳个人所得税、每月自被告处领取人民币 8000 元等事实，主张其与某建材公司存在劳动合同关系。某建材公司则提交了韩国某会社出具的证明材料，用以证明金某与韩国某会社存在劳动关系，金某系由该企业委派至被告处工作并代发部分生活补贴等。对双方上述争议，法院认为，韩国某会社出具的证明材料已经明确表明，金某于 2007 年 10 月 8 日起至 2011 年 4 月 30 日期间与该公司存在劳动合同关系，为该公司职工，金某系由其派驻至某建材公司处工作及发放生活补贴等事宜，结合韩国某会社在韩国给金某发放工资并缴纳各项保险等事实，足以证明金某实际上系韩国某会社派驻至某建材公司处担任总经理，并非与某建材公司存在劳动合同关系。金某虽办理了《外国人就业证》，但该证系外国人在中国就业需要办理的行政审批证件之一，并非与企业存在劳动关系的充分证明。至于金某主张由某建材公司发放的工资实际上系韩国某会社委托被告代发的生活补贴。金某对韩国某会社出具的证明材料虽不予认可，但无相反证据推翻证明材料的真实性。综合以上事实，本案金某主张与某建材公司存在劳动关系的理由不成立，其以存在劳动关系为基础所提出的其他请求亦不成立，法院判决驳回金某的诉讼。

案例出处：山东省青岛市中级人民法院民事判决书（2012）青民一终字第 1385 号。

◎ 寺庙用工是否属于劳动关系？

某寺位于梅县雁洋镇阴那山，寺内有和尚及其他人员 20 多人，部分人员同时在广东省佛教协会和梅州市佛教协会兼有职务。1995 年 11 月，梅县人民政府宗教事务局为某寺核发了《宗教活动场所法人登记证》，登记名称为"梅县佛教某寺"。2008 年 6 月，梅县质量技术监督局为该寺颁发了中华人民共和国组织机构代码证，登记名称为"梅县佛教某寺"。

钟某原是梅州市自来水总公司职工，1993 年 2 月停薪留职，开始

为住持释某（钟某与释某女儿曾为夫妻关系，后离婚）开车。1995 年
7 月，钟某向自来水总公司申请辞职。2010 年 1 月，钟某从司机改为某
寺佛堂写表。根据《某寺工资表》，钟某 2010 年 9 月基本工资 300 元，
医疗费 8 元，合计 308 元。2010 年 10 月 7 日，钟某被释某辞退。辞退时，
某寺补偿了钟某 6468 元。

2010 年 10 月 18 日，钟某向梅县劳动争议仲裁委员会申请仲裁，
要求梅县佛教某寺：（1）因未与其签订劳动合同，从 2008 年 1 月 1 日
起至 2010 年 10 月每月支付 2 倍工资，合计 232500 元；（2）支付违法
解除劳动合同赔偿金 105724 元；（3）为其补交 1993 年至 2010 年的养
老保险等社会保险金。

某寺称自身是不具有营利能力的宗教活动场所，费用开支全靠热心
人士布施。该寺从未聘用过工人，日常运作主要靠寺内的几个师父（僧
人）和几个热心宗教事务的义工来维持，他们都是本着入庵自愿、出庵
自由的原则到寺庙做义工，平时寺里只给师父和义工象征性发一点点
"补贴"。钟某是住持释某的女婿，其工作是给岳父释某开车，并不是
寺庙内的雇佣者。钟某与某寺没有任何关系，更不存在劳动关系。钟某
在 2010 年 10 月期间，因其与释某的女儿已经办理离婚手续，并已再婚，
就主动提出不再为释某开车，因此，其离开也与某寺无任何关系，某寺
根本不可能对其作任何补偿。

案例解析

法院认为，梅县佛教某寺是信教公民进行宗教活动、实行民主管
理的宗教活动场所，其经费主要靠信教公民捐赠，工作人员主要是和尚
和信教的义工，其人员进出、工作性质、工作时间和报酬等与一般基于
"企业化管理"实质的用人单位不同，属于一种特殊的社会组织形式。
钟某的工作前期主要是为释某开车，后期为佛堂写表，根据《某寺工资
表》，其的确领取过少量的报酬，但从报酬的数额看，远远不是维持生

活必需的费用，结合梅县佛教某寺的用工形式，钟某不属于《广东省宗教事务条例》第三十一条第二款规定的"与之建立劳动合同关系的劳动者"，而应该认定为梅县佛教某寺所聘请的义工。义工不等于完全没有报酬，用工者也可以给予一定的生活津贴，特别是对于长年为宗教活动场所工作的人员。梅县佛教某寺每月发给和尚及钟某等人员 300 元左右，名为"工资"，实质是生活津贴。

综上，梅县佛教某寺与钟某是特殊的用工关系，不属于劳动法律调整的劳动关系，故法院裁决驳回钟某的诉求。

案例出处：广东省梅州市中级人民法院民事判决书（2011）梅中法民一终字第 177 号。

第 33 条

争议处理：迈过公开审理的坎

📖 示范条款

双方因履行本合同发生争议，应当先协商解决；协商不成的，可自争议发生之日起 30 日内向甲方工会或劳动争议调解委员会申请调解，或者 60 日内向劳动争议仲裁委员会申请仲裁。对仲裁裁决无异议的，双方必须履行；对仲裁裁决不服的，可以向人民法院起诉。

若甲乙双方发生劳动争议，双方同意仲裁或诉讼均为不公开审理。

✓ 使用指南

第一，能否约定不公开审理的问题？人民法院审理民事案件，除涉及国家秘密、个人隐私或者法律另有规定的以外，应当公开进行。因此，按照一般理解，劳动争议案件也应该要公开审理，但是劳动争议案件会涉及用人单位内部管理或经营事宜，若实行公开审理的话，并不知道来旁听人员的背景，不利于保护用人单位的名誉，甚至会泄露商业秘密。用人单位有必要与劳动者在劳动合同中约定不公开审理的条款，我国法律对此约定予以支持。例如《中华人民共和国劳动争议调解仲裁法》第二十六条："劳动争议仲裁公开进行，但当事人协议不公开进行或者涉及国家秘密、商业秘密和个人隐私的除外。"

第二，能否约定劳动争议管辖问题？在劳动者工作过程中，很有可能和用人单位发生纠纷。对于这种情况我们需要通过合法的途径进行解决。协商不成的情况下可以选择劳动仲裁或者起诉，那么可以进行约定管辖吗？根据我国法律规定，劳动争议是不适用约定管辖的，《中华人民共和国劳动争议调解仲裁法》第二十一条规定："劳动争议由劳动合同履行地或者用人单位所在地的劳动争议仲裁委员会管辖。"在诉讼阶段，司法解释也对劳动争议的管辖法院作了特别规定。《最高人民法院关于审理劳动争议案件适用法律若干问题的解释（一）》第八条规定："劳动争议案件由用人单位所在地或者劳动合同履行地的基层人民法院管辖。"劳动合同履行地不明确的，由用人单位所在地的基层人民法院管辖。在"特殊法优于一般法"的适用原则指引下，在劳动争议案件管辖权确定时，应遵循相关法律及司法解释的专门规定。

⚖ 以案说法

◎ 是否只有合同约定的法院可以审理劳动纠纷？

陈某某于 2011 年 5 月 1 日入职武汉某科技公司，担任司机，工作地点位于北京市朝阳区酒仙桥路 10 号，双方签订有期限为 2011 年 5 月 1 日至 2014 年 4 月 30 日的劳动合同，合同第十二条约定："劳动争议的程序为……，不服仲裁裁决的一方，可在收到仲裁裁决书即日起十五天内，向甲方所在地人民法院起诉。"武汉某科技公司的住所地为湖北省武汉市蔡甸区蔡甸经济开发区特 8 号，上述劳动合同第十二条系格式条款。

合同履行中，双方发生纠纷。2012 年 9 月 19 日，陈某某申请仲裁，要求武汉某科技公司支付其违法解除劳动关系的赔偿金 103950 元。

北京市朝阳区人民法院向武汉某科技公司送达起诉状后，武汉某科技公司在法定答辩期内向法院提出了管辖权异议，其事实与理由为：武汉某科技公司与陈某某签订的《劳动合同书》约定，双方之间的劳动争议纠纷应由武汉某科技公司所在地的劳动争议仲裁委员会管辖，不服仲裁裁决的，进而由武汉某科技公司所在地的人民法院管辖。故北京市朝阳区人民法院对本案没有管辖权。据此，武汉某科技公司请求将本案移送有管辖权的人民法院，或报请上级人民法院指定管辖，或报请国家有关部门指示处理方式。

【案例解析】

本案中，法院经审查认为，陈某某系以武汉某科技公司违法解除与其的劳动合同为由提起的诉讼，并请求判令武汉某科技公司支付陈某某违法解除劳动合同赔偿金等。虽然陈某某与武汉某科技公司签订的《劳动合同书》对于劳动争议的管辖进行了约定，但陈某某称《劳动合同书》系武汉某科技公司的格式合同，故本案不适用协议管辖的约定。本案应当依据《最高人民法院关于审理劳动争议案件适用法律若干问题的解释（一）》第八条"劳动争议案件由用人单位所在地或者劳动合同履行地的基层人民法院管辖"之规定确定管辖法院。综合本案现有证据，可以认定北京市朝阳区是劳动合同履行地，故北京市朝阳区人民法院依法对本案有管辖权。综上，法院驳回武汉某科技公司对本案管辖权提出的异议。

案例出处：北京市第三中级人民法院民事裁决书（2014）三中民终字第 10006 号。

◎ 劳动诉讼期限从什么时候开始算起？

2017 年 3 月 1 日，李某到某汽车销售公司工作，任车间主管，每天工作 8 小时；2018 年 3 月 1 日，某汽车销售公司和李某签订劳动合同，并开始为李某缴纳各项社会保险费；2018 年 3 月 28 日，因某汽车销售公司没有及时发放工资，李某和车间员工未正常工作。2018 年 3 月 30 日，某汽车销售公司通知李某"明天接着上班"，李某未到单位上班，未办理离职的相关手续；某汽车销售公司没有支付李某 2018 年 3 月份工资和扣发的培训费押金 5394 元；李某离职前 12 个月的平均工资为 3834.75 元。

李某于 2018 年 4 月 8 日申请仲裁，要求某汽车销售公司支付李某未签劳动合同补偿金、辞退员工补偿金、未支付的周末加班工资共计 66061.38 元，依法发放失业金，补缴未交社会保险费用等费用。

某汽车销售公司主张根据《中华人民共和国劳动合同法实施条例》第七条："用人单位自用工之日起满一年未与劳动者订立书面劳动合同的，自用工之日起满一个月的次日至满一年的前一日应当依照劳动合同法第八十二条的规定向劳动者每月支付两倍的工资，并视为自用工之日起满一年的当日已经与劳动者订立无固定期限劳动合同，应当立即与劳动者补订书面劳动合同。"李某于 2018 年 3 月 1 日与某汽车销售公司签订了劳动合同，李某自 2017 年 3 月 1 日到某汽车销售公司工作时，即已经知道双方未签订劳动合同的事实。《中华人民共和国劳动争议调解仲裁法》第二十七条第一款规定："劳动争议申请仲裁的时效期间为一年。仲裁时效期间从当事人知道或者应当知道其权利被侵害之日起计算。"所以，时效应自 2017 年 3 月 1 日起算，至 2018 年 2 月 28 日届满，李某于 2018 年 4 月 8 日申请仲裁之日已过诉讼时效。

案例解析

本案中，李某于 2017 年 3 月 1 日到某汽车销售公司工作的事实清楚，某汽车销售公司和李某之间已经形成事实劳动关系。某汽车销售公司依法应当为李某缴纳社会保险费，但某汽车销售公司没有为李某办理缴纳 2017 年 3 月至 2018 年 2 月的各项社会保险。某汽车销售公司依法应当为李某补缴社会保险费。某汽车销售公司没有为李某办理缴纳社会失业保险费，致使李某无法享受失业保险待遇，某汽车销售公司应当赔偿由此给李某造成的损失。李某请求某汽车销售公司支付辞退职工赔偿金，因系李某自动离职，法院不予支持。李某请求某汽车销售公司支付超时工资，因李某没有提交加班证据予以印证，法院不予支持。

《中华人民共和国劳动合同法实施条例》第六条第一款规定，"用人单位自用工之日起超过一个月不满一年未与劳动者订立书面劳动合同的，应当依照劳动合同法第八十二条的规定向劳动者每月支付两倍的工资"；《中华人民共和国劳动合同法实施条例》第六条第二款"规定的用人单位向劳动者每月支付两倍工资的起算时间为用工之日起满一个月的次日，截止时间为补订书面劳动合同的前一日"；《中华人民共和国劳动合同法实施条例》第七条规定，"用人单位自用工之日起满一年未与劳动者订立书面劳动合同的，自用工之日起满一个月的次日至满一年的前一日应当依照劳动合同法第八十二条的规定向劳动者每月支付两倍的工资，并视为自用工之日起满一年的当日已经与劳动者订立无固定期限劳动合同，应当立即与劳动者补订书面劳动合同"。从《中华人民共和国劳动合同法实施条例》第六条、第七条的规定可以看出，用人单位向劳动者每月支付两倍工资的起算时间为用工之日起满一个月的次日，截止时间为自用工之日起满一年的前一日。

本案李某自 2017 年 3 月 1 日入职某汽车销售公司。李某请求某汽车销售公司支付双倍工资的期间为 2017 年 4 月至 2018 年 2 月，李某请求仲裁的时效期间为 2019 年 2 月前，李某在 2018 年 4 月提出该主张，法院依法予以支持。某汽车销售公司辩称"李某主张双倍工资的请求已经超过诉讼时效"依法不能成立，法院不予采信。

综上，法院判决如下：一、某汽车销售公司为李某补交 2017 年 3 月至 2018 年 2 月的社会保险金。二、某汽车销售公司赔偿李某未能享受失业待遇的损失。三、某汽车销售公司向李某支付 2017 年 3 月至 2018 年 2 月的双倍工资共计 42182.25 元；四、驳回李某的其他诉讼请求。

案例出处：河南省开封市中级人民法院民事判决书（2018）豫 02 民终 3002 号。

第 34 条

联系方式：与时俱进效率高

📖 示范条款

甲方（用人单位）：   乙方（职工）：

名称：＿＿＿＿＿＿＿＿＿＿＿   姓名：＿＿＿＿＿＿＿＿＿＿＿

地址：＿＿＿＿＿＿＿＿＿＿＿   性别：＿＿＿＿＿＿＿＿＿＿＿

法定代表人（主要负责人）：＿＿＿   身份证号码：＿＿＿＿＿＿＿＿

联系人：＿＿＿＿＿＿＿＿＿＿＿   户籍地址：＿＿＿＿＿＿＿＿＿

联系电话：＿＿＿＿＿＿＿＿＿   现住址：＿＿＿＿＿＿＿＿＿＿

                            联系手机：＿＿＿＿＿＿＿＿＿

                            电子邮箱：＿＿＿＿＿＿＿＿＿

🖋 使用指南

联系方式是用人单位与劳动者正式联络的重要方式，涉及法律层面上的沟通，最好能以劳动合同中约定的联系方式进行，有利于确认劳动者的身份，联系方式分为两类：物理层面和电子层面。

第一，物理层面的联系方式。主要是其实际居住的住址或身份证上的地址，无论是哪个地址，只要双方在劳动合同约定后，用人单位可以通过快递方式与劳动者沟通，其法律效力为法律所认可，证据更加固化，是一种较为传统的联系方式。

第二，电子层面的联系方式。随着互联网通信技术的快速发展，现在，越来越多的用人单位通过互联网通信方式与劳动者沟通，我国相关的法律也认可电子数据的法律效力。从实务的角度来看，乙方的联系方式至少要包括：1. 手机号码：目前国内手机号码基本上都是实名制的手机号，能够证明劳动者与其使用的手机为同一人员。2. 电子邮箱：此处的电子邮箱最好为非公司邮箱，这样，用人单位发送电子邮件，不存在篡改数据的可能。3. 微信号：微信这类通信工具日益应用广泛，甚至很多涉及法律效力的沟通内容，往往都是在微信上发生，用人单位有必要在劳动合同中约定微信号，更好地保护用人单位的合法权益。

⚖ 以案说法

◎ 员工拒签快递后，企业向其户籍所在地再次快递《返岗通知书》，是否能视为合理的采取其他有效送达方式？

刘某于 2009 年 12 月 1 日入职广州某公司。2016 年 5 月 23 日，刘某在广州南站检修库作业时，不慎扭伤右脚，诊断为：右侧跟腱断裂，筋伤。被认定为工伤。2017 年 2 月 23 日，经广州市劳动能力鉴定委员会鉴定，未达劳动伤残等级，停工留薪期从 2016 年 5 月 23 日至 2016 年 8 月 22 日。广东省劳动能力鉴定委员会于 2017 年 7 月 10 日维持原伤残等级未达级鉴定。原告离职前 12 个月平均工资为 3716 元 / 月。

广州某公司主张刘某停工留薪期满后，经快递《关于刘某返回岗位通知书》催告后拒不返岗，后以刘某两次拒绝配合进行劳动能力鉴定，未办理请假手续，构成连续三天旷工为由向刘某快递《关于解除刘某

劳动关系通知书》解除劳动关系。经查，《关于刘某返回岗位通知书》
（第 38 号）落款时间为 2016 年 10 月 21 日，广州某公司主张该 38 号
通知书邮寄地址为广州市番禺区……北八桥柱为刘某居住地址的附近，
后因收件人拒收退回张贴到公告栏；《关于刘某返回岗位通知书》（第
48 号）落款时间为 2016 年 12 月 2 日，于落款时间当日邮寄，邮寄地
址为湖南省 × 市 × 县忠和村 8 组（即刘某身份证住址），于 2016 年
12 月 5 日未妥投退回。《关于解除刘某劳动关系通知书》落款时间为
2016 年 12 月 30 日，邮寄地址同前，落款时间当日寄出，2017 年 1 月
2 日未妥投退回。

刘某主张公司邮寄地址不合理，刘某一直在广州某公司是明知的。
广州某公司主张邮寄地址是按照《劳动合同》约定的联系地址邮寄。经
查，《劳动合同》乙方一栏列有户籍地址及通信地址，其中通信地址一
栏及联系电话一栏为空白。合同第十四条第 1 款规定，乙方的户籍地址
及现住址、联系方式、个人住处等信息如发生变更，必须在三天以内以
书面形式向公司人事部门报告，如乙方不及时到人事部门报备，由此而
产生的法律后果，由乙方本人承担。

刘某于 2017 年 11 月 16 日申请劳动仲裁，请求裁决广州某公司支
付违法解除劳动关系赔偿金 52024 元。后仲裁委员会作出裁决：广州
某公司支付刘某解除劳动合同赔偿金 52024 元。广州某公司不服，诉
至法院。

📑 案例解析

关于解除劳动关系赔偿金，广州某公司作为用人单位，对劳动者具
有管理义务。本案争议焦点为广州某公司是否向刘某有效发出返岗通知。

首先，邮寄送达是否有效。广州某公司主张根据《劳动合同》约定
的送达方式进行送达。然而，《劳动合同》联系方式及联系电话一栏均
为空白。合同落款处签订时间为 2015 年 12 月 31 日。标明广州某公司

作为用人单位，在刘某发生工伤之前长达5个多月的时间里，并未对劳动者的通信地址及联系电话进行有效的管理。而《劳动合同》十四条第1款规定，乙方的户籍地址及现住址、联系方式、个人住处等信息如发生变更，必须在三天以内以书面形式向公司人事部门报告，如乙方不及时到人事部门报备，由此而产生的法律后果，由乙方本人承担。对于上述规定，相应的法律后果也无明确约定。《劳动合同》约定不明确且无明确法律规定时，在用人单位提供格式条款的情况下，不能推定劳动者承担相应的不利后果。因此，广州某公司邮寄送达通知书，不构成有效返岗催告。

其次，广州某公司除邮寄送达是否采取其他合理催告返岗送达方法。第一，广州某公司主张刘某"天天回公司闹事"，于公告栏张贴了返岗催告通知，仅凭照片无法确认张贴的时间，也非合同约定的送达方式；第二，《关于解除刘某劳动关系通知书》中提到刘某曾于2016年12月12日到公司办公室"闹事"甚至是如上所述"天天回公司闹事"，此即意味着在用人单位首份返岗催告通知书送达被退回之后，刘某本人曾经亲自到达过公司的办公场所，此时劳动关系尚未解除，用人单位此时未提交证据证明其于当时向刘某发出返岗催告，在有机会有效送达时未及时履行催告返岗义务，不能视为合理地采取其他有效送达方式。

综上，广州某公司未采用其他合理方式进行送达，未有效履行用工管理义务，不能视为有效催告刘某返岗上班。广州某公司在劳动合同到期前解除劳动合同，构成违法解除劳动合同，应支付刘某违法解除劳动合同赔偿金，计算为3716元／月×7.5月×2，刘某申请劳动仲裁裁决违法解除劳动合同赔偿金52024元，未超过法律规定，法院予以支持。

案例出处：广东省广州市中级人民法院民事判决书（2018）粤01民终9357号。

◎ 冒用他人名义入职，发生工伤后，公司与员工该如何担责？

2014年6月9日，李某以案外人"张某"的身份证信息入职东莞某印铁公司做杂工。2015 年 3 月份，开始从事操作油印机的工作，每月工作 30 天，月薪 2550 元。东莞某印铁公司以"张某"名义为李某参加了社会保险。

2015 年 7 月 22 日，李某在工作中发生受伤事故。同日，东莞某印铁公司将李某送去东莞市常平医院进行治疗，共住院 65 天。住院期间，东莞某印铁公司向李某支付了护理费 6500 元、伙食补助费 3900 元，并垫付了李某的医疗费 31531.88 元、鉴定费 436 元。

2015 年 12 月 1 日，东莞市社会保障局认定李某于 2015 年 7 月 22 日的受伤事故为工伤。2015 年 12 月 17 日，东莞市劳动能力鉴定委员会出具鉴定书，认定李某伤残等级为八级。

2016 年 1 月 27 日，李某离职，东莞某印铁公司结清了李某的工资。李某于 2016 年 1 月 13 日申请劳动仲裁，请求东莞某印铁公司向李某支付：2014 年 6 月 9 日至 2015 年 12 月 1 日未签订劳动合同的双倍工资差额 23200 元、解除劳动合同的经济补偿金 5800 元、一次性伤残就业补助金 43500 元、一次性工伤医疗补助金 11600 元、一次性伤残补助金 31900 元、停工留薪期工资 17400 元、车费 1000 元、伙食补助 6500 元、营养费 2000 元、护理费 9000 元、鉴定费 436 元。

东莞某印铁公司称入职时李某以"张某"的名义签订了一份《招聘合同书》，但合同书中没有用人单位名称、住所和法定代表人或者主要负责人信息，没有李某签名，没有约定工作时间、休息休假及加班费，没有约定劳动保护、劳动条件和职业危害防护等内容；李某主张双方没有签订过书面劳动合同，并否认填写过《招聘合同书》。

2016 年 3 月 4 日，东莞市劳动人事争议仲裁院常平仲裁庭作出仲裁裁决书，裁决：1. 确认东莞某印铁公司与李某之间的劳动合同关系已解除；2. 限东莞某印铁公司于裁决书生效之日起五日内支付李某未签订书面劳动合同双倍工资差额 14210 元、一次性伤残就业补助金 43500 元、停工留薪期工资 5427.50 元；3. 驳回李某的其他仲裁请求。东莞某印铁公司对该裁决结果不服，在法定期限内向法院提起诉讼。李某没有在法定期限内向法院提起诉讼。

📖 **案例解析**

合法的劳动关系应当受到法律的保护。东莞某印铁公司作为包装装潢印刷品印刷的有限公司，有独立的用工、经营自主权。在公司事业的发展过程中，应不断建立和完善公司内部规章制度，保障劳动者享有劳动权利和履行劳动义务。同时，劳动者也应当完成劳动任务，提高职业技能，执行公司依法制定的规章制度，遵守劳动纪律和职业道德。

《中华人民共和国劳动合同法》第十七条规定，劳动合同应当具备以下条款：（一）用人单位的名称、住所和法定代表人或者主要负责人；（二）劳动者的姓名、住址和居民身份证或者其他有效身份证件号码；（三）劳动合同期限；（四）工作内容和工作地点；（五）工作时间和休息休假；（六）劳动报酬；（七）社会保险；（八）劳动保护、劳动条件和职业危害防护；（九）法律、法规规定应当纳入劳动合同的其他事项。

东莞某印铁公司提交的《招聘合同书》是劳动者入职时用人单位履行招聘手续所填写的材料，没有用人单位名称、住所和法定代表人或者主要负责人信息，没有被告签名，没有约定工作时间、休息休假及加班费，没有约定劳动保护、劳动条件和职业危害防护等内容，不具备劳动合同所规定的主要条款，法院视为双方没有签订书面劳动合同。根据《中华人民共和国劳动合同法》第八十二条的规定："用人单位自用工之日起超过一个月不满一年未与劳动者订立书面劳动合同的，应当向劳动者每月支付二倍的工资。"因此东莞某印铁公司应支付李某工资差额8491.67元。

《广东省工伤保险条例》（2011年）第二十六条规定："职工因工伤需要暂停工作接受工伤医疗的，在停工留薪期内，原工资福利待遇不变，由所在单位按月支付。停工留薪期根据医疗终结期确定，由劳动能力鉴定委员会确认，最长不超过二十四个月。"据此，东莞某印铁公司应向李某支付 2015 年 7 月 22 日至 2015 年 12 月 16 日（评残前一日）期间的停工留薪期工资差额 1968.65 元。

《广东省工伤保险条例》（2011 年）第三十四条规定，八级伤残职工依法与用人单位解除或终止劳动关系的，由用人单位支付一次性伤残就业补助金，标准为 15 个月的本人工资即 38250 元（2550 元／月 ×15 月）。《中华人民共和国劳动合同法》第七条规定，用人单位自用工之日起即与劳动者建立劳动关系。李某冒用案外人"张某"的身份入职并不影响双方之间建立劳动关系。东莞某印铁公司依法履行了为职工参加社会保险的义务后，发生工伤事故时，应由工伤保险基金支付工伤职工的医疗费、鉴定费、住院治疗工伤伙食补助费、一次性伤残补助金、一次性工伤医疗补助金等相关工伤保险待遇。李某借用他人的身份证，以"张某"的名义入职，导致发生工伤事故时不能享受由工伤保险基金支付的上述工伤保险待遇。对此，李某存在过错，应承担主要责任，即被告自行承担工伤保险基金应支付工伤待遇金额的 70%，东莞某印铁公司未能认真核实被告的身份信息，亦存在过错，应承担次要责任，即承担工伤保险基金应支付工伤待遇金额的 30%。东莞某印铁公司为李某垫付了住院治疗工伤伙食补助费 3900 元、医疗费 31531.88 元、鉴定费 436 元，共计 35867.88 元，李某自身需承担 25107.52 元（35867.88 元 ×70%）。东莞某印铁公司要求以该部分金额抵扣一次性伤残就业补助金，因此，东莞某印铁公司需向李某支付的一次性伤残就业补助金差额为 13142.48 元（38250 元 −25107.52 元）。

综上，法院裁决东莞某印铁公司向李某支付未签订书面劳动合同双倍工资差额 8491.67 元、停工留薪期工资差额 1968.65 元、一次性伤残就业补助金差额 13142.48 元。

案例出处：广东省东莞市中级人民法院民事判决书（2016）粤 19 民终 4473 号。

第 35 条

通知送达：双方连线不能断

📖 示范条款

在本合同履行过程中，甲方向乙方发出或者提供的所有通知、文件、文书、资料等，均以本合同所载明的通信地址履行送达义务，一经发出无论乙方是否收到视为已送达。若乙方资料（包括但不限于户籍地址、通信地址、私人邮箱等联系方式）发生变更，乙方应在 3 天内如实书面告知甲方，否则一切后果概由乙方负责。

乙方同意，在其处于联系障碍状态（包括但不限于乙方因病住院、丧失人身自由等情形）时，委托本合同约定的"紧急状态联系人"作为乙方的受委托人，该受委托人享有接受和解与调解，代领、签收相关文书，以及代为变更、解除、终止劳动合同的权限。

✅ 使用指南

用人单位在处理日常劳动关系的过程中，常会遇到通知送达的问题，通知送达工作做得不到位，劳动者常常以没有收到通知为由抗辩，导致用人单位在劳动争议中处于下风。实际上，国家对通知送达有明确的规定，1995 年，原劳动部办公厅《关于通过新闻媒介通知职工回单位并对逾期不归者按自动离职或旷工处理问题的复函》规定："企业通知请假、放长假、长期病休职工在规定时间内回单位报到或办理有关手续，应遵循对职工负责的原则，以书面形式直接送达职工本人；本人不在的，交其同住成年亲属签收。直接送达有困难的可以邮寄送达，以挂号查询回执上注明的收件日期为送达日期。只有在受送达职工下落不明，或者用上述送达方式无法送达的情况下，方可公告送达，即张贴公告或通过新闻媒介通知。自发出公告之日起，经过三十日，即视为送达。"

按照上述文件，我们可以把通知送达的主要方式总结如下：

一是直接送达。即直接将相关通知交给劳动者本人签收，本人不在的，交给劳动者的同住成年家属签收。

二是留置送达。当劳动者本人或者他的同住成年家属拒绝接收通知的，送达人可以邀请有关基层组织或者工会组织的代表到场，说明情况，在送达回证上记明拒收事由和日期，由送达人、见证人签名或者盖章，把通知留在受送达人的住所；也可以把诉讼文书留在受送达人的住所，并采用拍照、录像等方式记录送达过程，即视为送达。这里应注意的是，留置送达应当去劳动者户籍所在地家中。

三是电子送达。用人单位可以采用传真、电子邮件、手机短信、微信等能够确认是劳动者本人能够收到的方式送达各种通知。目前，民事诉讼证据已经认可电子数据作为合法证据。

四是邮寄送达。即通过快递方式将通知送到劳动合同中约定的邮寄地址，需要注意的是，最好采用中国邮政的快递方式，因为有的地址，只有中国邮政的快递才能送进去。

五是公告送达。即在报纸上、媒体上告知劳动者相关事实。

⚖ 以案说法

◎ 解除劳动合同书面通知送达的重要性

1989 年 4 月 15 日，刘某在某煤矿参加工作，于 2003 年调入某铝业公司车间工作。2008 年 12 月 20 日，某铝业公司与刘某签订无固定期限劳动合同，刘某在工作期间曾于 2006 年至 2011 年连续 5 年被评为先进工作者。2014 年 5 月，刘某在工作中受到伤害，导致其右手中指骨折。刘某手指受伤后，其及某铝业公司均未申请认定工伤，刘某亦未到单位上班。某铝业公司为刘某发工资至 2014 年 8 月 30 日。

2014 年 9 月，某铝业公司因刘某未上班，没再给刘某发放工资。2015 年 5 月 28 日，某铝业公司在《齐鲁晚报》登报声明，自公告登启之日起 1 月内刘某返岗上班，否则依法解除劳动合同。2015 年 6 月 18 日，某铝业公司以邮寄地址为"邹城市南屯村宏星街 × 号"向刘某邮寄送达了《返岗通知书》，因邮件地址错误被退回。2015 年 7 月 27 日，某铝业公司在《齐鲁晚报》登报声明，自公告登载之日起 1 月内刘某返回公司进行职业健康查体。刘某均未看到某铝业公司在报纸上刊登的上述通知书，因此未按期回公司查体、上班。

2015 年 10 月 30 日，事先经本公司工会同意，某铝业公司以刘某长期旷工为由，与其解除劳动合同，并发放通知书及证明书。2015 年 11 月 4 日，某铝业公司再次以邮寄地址"邹城市南屯村宏星街 × 号"继续向刘某邮寄送达《解除劳动合同告知书》，因邮寄地址不存在被退回。2015 年 11 月 28 日，某铝业公司在《齐鲁晚报》登报公告向刘某等六名同志送达《解除劳动合同告知书》，其内容为"你们因严重违反劳动合同和公司的规章制度，我公司决定于 2015 年 10 月 30 日与你们解除劳动合同。现通过公告方式予以送达，自发出公告之日起经过三十日视为送达"。刘某未看到某铝业公司在报纸上刊登的《解除劳动合同告知书》。

2016 年 8 月，刘某到单位办理内部退休手续时，某铝业公司告知已于 2015 年 10 月与其解除劳动合同。刘某得知后，于 2016 年 10 月 10 日申请劳动仲裁，请求撤销某铝业公司于 2015 年 10 月对刘某作出的《解除劳动合同告知书》，继续履行劳动合同，给刘某安排工作。仲裁委员会于 2016 年 11 月 16 日作出裁决，裁决对刘某的仲裁请求不予支持。仲裁裁定书送达后，刘某不服，于 2016 年 11 月 22 日诉至法院。

案例解析

本案争议焦点问题是：某铝业公司单方作出《解除劳动合同告知书》是否发生法律效力。法院认为，《最高人民法院关于审理劳动争议案件适用法律若干问题的解释（二）》第一条第二项规定："因解除或者终止劳动关系产生的争议，用人单位不能证明劳动者收到解除或者终止劳动关系书面通知时间的，劳动者主张权利之日为劳动争议发生之日。"该条明确规定：解除劳动合同书面通知的送达，是解除劳动合同产生法律效力的重要环节和必备程序；如果用人单位不能证明解除劳动关系通知依法送达劳动者，解除劳动关系的行为就不发生法律效力。

本案中，某铝业公司以刘某长期旷工为由作出解除与刘某的劳动合同通知书后，依法负有向刘某书面送达的法定义务；但其在明知刘某邮寄地址错误的情况下，继续以该地址邮寄送达解除劳动合同通知的行为无效。某铝业公司在没有提供有效证据证明刘某下落不明或者无法送达书面《解除劳动合同告知书》的情况下，即采取登报送达的方式解除与刘某的劳动合同，送达程序明显不合法。某铝业公司在没有提供有效证据证明刘某收到书面《解除劳动合同告知书》的情况下，该《解除劳动合同告知书》对刘某不产生法律效力。因此，刘某请求某铝业公司继续履行劳动合同的诉讼请求，法院予以支持。对某铝业公司提供本公司组装车间出具的寻找刘某情况说明书，因该车间系某铝业公司的组织机构，双方之间有利害关系亦未有其他证据佐证，该院不予采纳。故依照

《中华人民共和国劳动合同法》第四十八条"用人单位违反本法规定解除或者终止劳动合同，劳动者要求继续履行劳动合同的，用人单位应当继续履行；劳动者不要求继续履行劳动合同或者劳动合同已经不能继续履行的，用人单位应当依照本法第八十七条规定支付赔偿金"、《最高人民法院关于审理劳动争议案件适用法律若干问题的解释（二）》第一条第二项之规定，判决：某铝业公司继续履行与刘某的劳动合同。

案例出处：山东省济宁市中级人民法院民事判决书（2018）鲁 08 民终 144 号。

◎ 员工因个人原因致《解除劳动合同通知书》无法准时送达，用人单位需要支付经济赔偿吗？

黄某于 2010 年 1 月 1 日进入某自控工程公司，双方签订了期限至 2012 年 12 月 31 日的劳动合同。该劳动合同约定黄某工作岗位为销售，工资标准 2028 元 / 月，试用期自 2010 年 1 月 1 日起至 2010 年 6 月 30 日止。

2010 年 7 月 5 日，某自控工程公司告知黄某其已经被解除劳动合同。同月 7 日，某自控工程公司将《解除劳动合同通知书》送达黄某，该通知书载明某自控工程公司解除劳动合同理由为：黄某在试用期内未达到规定的业绩水平，且违反公司规章制度（《就业规则》第二十五条第 20 款）。

2010 年 7 月 19 日，黄某提出仲裁申请，要求如下：1. 恢复劳动关系；2. 按照每月 2028 元的标准支付 2010 年 7 月 1 日至恢复劳动关系之日的工资。2010 年 8 月 26 日，仲裁委员会裁决对黄某的申诉请求未予支持。黄某不服该裁决，于同年 9 月 26 日诉至法院，要求判如所请。

某自控工程公司提交快递单（财务副联）、快递送达情况查询网页公证书及快递送达回执复印件（加盖了快递业务章），证明某自控工程公司于 2010 年 6 月 25 日以快递的形式送达黄某试用期解除通知，黄某予以签收。

　　黄某主张上述证据不能证明其已经签收快递。黄某提供休假申请、电子机票、登机牌及乘机记录，证明 2010 年 6 月 25 日至 2010 年 7 月 2 日期间，其向某自控工程公司申请休假，举家在外地，不可能签收快递。某自控工程公司在 6 月 25 日同意黄某休假，又在该日解除其劳动合同，亦不符合常理。

📑 案例解析

　　试用期是用人单位和劳动者相互考察对方的期限，是用人单位和劳动者进行双向选择的有效途径。在试用期内，用人单位不仅要对劳动者是否具备所在岗位所需要的能力和技术进行考察，而且还要对劳动者的个人品行、行为方式、敬业精神等进行综合考虑以保证企业的整体利益和长远利益。

　　本案中，黄某系销售人员，完成一定的销售业绩应为被告之合理期待，但黄某在六个月的试用期内销售业绩为零，显然不符合岗位要求。故某自控工程公司以黄某在试用期内不符合录用条件为由，解除劳动合同，具有事实和法律依据。虽然某自控工程公司提供的证据未能证明其在试用期届满（2010 年 6 月 30 日）前将《解除劳动合同通知书》送达原告，但庭审查明，某自控工程公司早于 2010 年 6 月 25 日通过快递将《解除劳动合同通知书》寄往原告在劳动合同中预留的家庭住址。虽然由于 2010 年 6 月 25 日至 2010 年 7 月 2 日期间，黄某在外地休假，客观上导致某自控工程公司无法将《解除劳动合同通知书》送达原告，但结合某自控工程公司在黄某返回工作岗位的第一时间（2010 年 7 月 5 日）即口头告知黄某被解除劳动合同、在 2010 年 7 月 7 日又将《解除劳动合同通知书》送达黄某的事实，法院确认某自控工程公司系在黄某试用期内作出解除决定，对黄某关于某自控工程公司系在试用期后作出解除劳动合同决定的主张不予采纳。黄某要求与某自控工程公司恢复劳动关系并按照每月 2028 元标准支付其 2010 年 7 月 1 日至恢复劳动关系日止的工资的诉讼请求，法院均不予支持。

案例出处：上海市第一中级人民法院民事判决书（2011）沪一中民三（民）终字第 164 号。

第 36 条

效力声明：前后一致最重要

示范条款

本劳动合同如与法律、法规相抵触的，或者因法律、法规的变更而不一致的，以现行有效的法律、法规为准。

本劳动合同生效前，乙方收到甲方发出的入职通知或双方签订的任何《劳动合同》，自本合同签订之日起自动失效，其他之前签订的相关协议文本（包括但不限于《保密协议》《培训协议》《竞业限制协议》）的规定与本合同不一致的，以本合同为准。本合同及其附件（《岗位说明书》《员工保密协议》《培训协议》《员工手册》及甲方制定的各项规章制度等）经双方同意后，构成完整之协议，并取代双方先前之所有讨论、协商及协议。本合同之附件系本合同不可分割之部分，且与本合同具有同等法律效力。

使用指南

第一，劳动合同与入职通知冲突。入职通知不等同于劳动合同，用人单位一旦录用劳动者，仍应依法及时与其签订劳动合同。为了规避入职通知与劳动合同条款不一致可能导致的风险，用人单位可以对二者的关系作出界定，例如明确劳动合同签订后，入职通知自动失效；或明确当二者内容不一致时，以双方签订的劳动合同为准等。

第二，劳动合同与集体合同的冲突。《中华人民共和国劳动合同法》第五十五条规定："集体合同中劳动报酬和劳动条件等标准不得低于当地人民政府规定的最低标准；用人单位与劳动者订立的劳动合同中劳动报酬和劳动条件等标准不得低于集体合同规定的标准。"因此，当劳动合同标准低于集体合同时，应当按照集体合同来执行。

第三，劳动合同与规章制度的冲突。一般来说，劳动合同是个性化具有法律效力的约定，而规章制度一般是对全体劳动者适用的具有法律效力的文件，特别是经过民主程序的规章制度更是如此。《最高人民法院关于审理劳动争议案件适用法律若干问题的解释（二）》第十六条规定："用人单位制定的内部规章制度与集体合同或者劳动合同约定的内容不一致，劳动者请求优先适用合同约定的，人民法院应予支持。"劳动者劳动合同与用人单位的规章制度冲突时，劳动合同的效力通常更高。因此，从未来来看，好的劳动合同应该是越来越厚，应当将用人单位经营管理实践中的内容加入其中，或者说劳动合同应当包含用人单位主要的规章制度才对。

第四，多版本劳动合同冲突的问题。详见本书合同效力部分，此处不再赘述。

⚖ 以案说法

◎ 劳动合同附件条款的法律效力如何认定？

某机械公司与孙某建立劳动关系多年，2007 年 4 月 1 日，双方续签劳动合同，约定合同期限为 10 年，自 2007 年 4 月 1 日至 2017 年 3

月 31 日。同日，双方又签订了《劳动合同附件》，约定：1.甲方给乙方购房一套，建筑面积 101.80 平方米，总计购房款人民币 416248 元，甲方支付人民币 30 万元，余款人民币 116248 元由乙方支付（详情见购房合同）。2.购房款支付办法：甲方首付人民币 6 万元，余款人民币 24 万元采取贷款的办法支付，贷款期限为 10 年，甲方每月按时支付给贷款单位。3.因甲方给乙方购房，乙方应积极工作，给企业多创造效益，每月休息一天，每月现行工资人民币 3500 元。4.乙方工作满 10 年，住房产权全部归乙方所有，如果 6 年内离开公司，乙方将所购住房的评估价按甲方已交款比例退还给甲方，如果 6 年以后离开公司，乙方将所购住房的评估价按甲方已交款比例 80% 退还给甲方。上述合同及附件签订之后，孙某签订了《商品房买卖合同》，确定房屋建筑面积 101.80 平方米，总价款人民币 416248 元，首付款人民币 176248 元，贷款人民币 24 万元。

合同签订后，某机械公司支付首付款人民币 6 万元，孙某支付首付款人民币 116248 元，以孙某的名义贷款人民币 24 万元。2007 年 9 月至 2011 年 1 月，某机械公司每月按照前述房屋应付贷款金额向孙某银行卡中支付相应款项，累计支付人民币 178167.50 元，其中本金人民币 135445.50 元，利息人民币 42722 元。至 2011 年 1 月，涉案房屋的本金及利息总价款为人民币 458970 元，某机械公司支付价款占房屋总价款的 39%。

2011 年 2 月 7 日，孙某以某机械公司拖欠工资、加班费、保险金为由向某机械公司发出解除合同通知，并实际离职。孙某离职时，向某机械公司移交了软件、电气资料、个人技术文件、技术资料、工作图纸与程序资料等，尚持工作用戴尔笔记本电脑一台。现某机械公司起诉至法院，要求孙某将所购住房中某机械公司已付款按比例返还给某机械公司，交还资料、笔记本电脑，并赔偿损失。

📄 案例解析

本案中，法院再审认为，孙某与某机械公司签订的《劳动合同附件》系双方当事人的真实意思表示，并不违反法律法规的强制性规定，应为有效，双方当事人均应遵守。按照《劳动合同附件》第九条约定，孙某工作满 10 年，住房产权全部归孙某所有；如果不满 10 年，则孙某应按某机械公司已交款的相应比例退还给某机械公司。现孙某实际工作 4 年，未满 10 年，则应按照《劳动合同附件》第九条"如果 6 年内离开公司，孙某将所购住房的评估价按某机械公司已交款比例退还给某机械公司"的约定，将一定比例的购房款返还。原审考虑到孙某已经在某机械公司实际工作 4 年的事实，将 4 年所占 10 年期限的比例扣除，即按照某机械公司实际付款所占房屋总价款的比例，40% 归孙某所有，60% 返还给某机械公司并无不当。

关于孙某提出某机械公司违约在先，《劳动合同附件》第九条约定的违约责任违反《中华人民共和国劳动合同法》第二十五条的规定，属无效条款的问题，法院认为，孙某于 2010 年 12 月 6 日向某机械公司提出辞职，其辞职理由为身体不好等事由，而根据（2013）沈中民五终字第 530 号判决认定某机械公司拖欠孙某工资是从 2010 年 12 月至 2011 年 3 月，因此在孙某第一次提出辞职时，某机械公司并未拖欠其工资。虽然随后某机械公司拖欠孙某工资，但该行为并不必然导致孙某辞职。且本案诉争房产系某机械公司给予孙某的一种特殊福利待遇，该福利待遇能否取得以及取得的比例与孙某的服务期密切相关，故对于孙某的该项再审理由不予支持。即使孙某认为该条款显失公平，也应在法律规定的期限内行使撤销权，否则丧失此权利。

案例出处：辽宁省沈阳市中级人民法院民事判决书（2014）沈中审民终再字第 64 号。

◎ 劳动合同无效影响工资支付吗？

2015 年 9 月 15 日，罗某与某传热科技公司签订《项目运营管理合作协议》，内容包括双方同意罗某为某传热科技公司经营的微热管项目提供产品生产、订单计划安排、客户开拓、产品销售、回款及商业运营管理等一系列服务。某传热科技公司同意罗某组成专业运营、管理、销售、技术团队，成员将分别担任本项目项目主管、副主管、生产经理、品质经理、工艺经理、一线操作工等职务。罗某直接担任项目主管岗位工作。某传热科技公司按月核发罗某每月（税前）工资 35000 元。福利：某传热科技公司同意在 2015 年年底给罗某团队成员每人多发一个月的基本工资。

罗某、某传热科技公司均认可，罗某在某传热科技公司担任总经理职务，2016 年 4 月 16 日，某传热科技公司出具《限期搬离公司通知》，内容为："罗某、陈某、严某、代某、古某、陈某某：公司已于 2016 年 4 月 12 日对你们停止一切工作，所有的交接工作也已完毕。经公司决定，限你们在 2016 年 4 月 17 日 17 点前搬离公司，并将宿舍、办公室所有个人物品全部搬离走，所有办公室及宿舍钥匙、房卡等物品上交至行政办公室，逾期不搬离的，我们将对该办公室、宿舍一切物品进行清理，造成一切经济损失及严重后果自行承担。"

某传热科技公司支付罗某工作报酬的时间及数额为：2015 年 11 月 3 日支付 9870.38 元，2015 年 11 月 17 日支付 28715 元，2015 年 12 月 18 日支付 28455 元，2016 年 1 月 20 日支付 28455 元，2016 年 2 月 22 日支付 28455 元。2016 年 2 月 15 日，罗某收到某传热科技公司的转款 31605 元，罗某主张该 31605 元是收到的奖金，工资仅支付到 2016 年 1 月份，某传热科技公司主张支付的是工资。罗某主张某传热科技公司应给其报销费用共计 2444 元，但仅提交了费用报销单，没有某传热科技公司的盖章，也未提交相关票据。

罗某与某传热科技公司均提交了《劳动合同》，约定合同期限均为 2015 年 9 月 21 日起至 2018 年 9 月 20 日止。罗某提交的《劳动合同》签订日期为 2015 年 10 月 14 日，关于劳动报酬的约定为罗某在法定工作时间内提供正常劳动的月劳动报酬为 35000 元。某传热科技公司提交的劳动合同签订日期为 2015 年 9 月 21 日，关于劳动报酬的约定为罗某在法定工作时间内提供正常劳动的月劳动报酬为 2500 元。

罗某系台湾居民身份，工作期间未办理《台港澳人员就业证》。

2016 年 4 月 27 日，罗某申请仲裁，仲裁委员会于同日作出不予受理通知书，理由为仲裁请求不属于劳动人事争议受案范围。后罗某诉至法院。2016 年 5 月 31 日，某传热科技公司以罗某为被申请人，向庆云县劳动人事争议仲裁委员会申请仲裁，请求裁决确认双方所订《劳动合同》及项目运营管理合作协议中工资、待遇等有关劳动权利义务条款均属无效。

📑 案例解析

《台湾香港澳门居民在内地就业管理规定》第四条规定："台、港、澳人员在内地就业实行就业许可制度。用人单位拟雇或者接受被派遣台、港、澳人员的，应当为其申请办理《台港澳人员就业证》（以下简称就业证）；香港、澳门人员在内地从事个体工商经营的，应当由本人申请办理就业证。经许可并取得就业证的台、港、澳人员在内地就业受法律保护。"从该条可以看出，台、港、澳人员在内地就业，须办理就业许可证。根据《中华人民共和国劳动合同法》第二十六条关于"下列劳动合同无效或者部分无效：……（三）违反法律、行政法规强制性规定的"及《最高人民法院关于审理劳动争议案件适用法律若干问题的解释（四）》第十四条第一款关于"外国人、无国籍人未依法取得就业证件即与中国境内的用人单位签订劳动合同，以及香港特别行政区、澳门特别行政区和台湾地区居民未依法取得就业证件即与内地用人单位签订劳动合同，当事人请求确认与用人单位存在劳动关系的，人民法院不予支持"之规定，罗某未办理就业许可证在大陆就业，不具备法律规定的劳动者主体资格，与某传热科技公司之间签订的《劳动合同》无效，双方形成的是劳务关系而非劳动关系。

从《台湾香港澳门居民在内地就业管理规定》第四条可以看出，为台、港、澳人员办理就业证的责任方在用人单位。根据《中华人民共和国劳动合同法》第二十八条关于"劳动合同被确认无效，劳动者已付出劳动的，用人单位应当向劳动者支付劳动报酬。劳动报酬的数额，参照本单位相同或者相近岗位劳动者的劳动报酬确定"及第八十六条"劳动合同依照本法第二十六条规定被确认无效，给对方造成损害的，有过错的一方应当承担赔偿责任"之规定，罗某为某传热科技公司提供了劳务服务，某传热科技公司应向罗某支付劳务报酬。关于计算本案劳务报酬的起止时间，某传热科技公司出具《限期搬离公司通知》中表述为2016年4月12日停止工作，即支付劳务报酬的时间应截止到2016年4月11日。罗某主张自2016年2月1日之前的工资已经发放，2月份之后的未发放，2016年2月15日发放的31605元是奖金，不是工资。法院认为，因罗某未办理就业许可证，其可以获得的是付出劳动后的劳务报酬，该31605元应当作为罗某一个月的工资。即本案计算某传热科技公司给付罗某劳务报酬的起止时间为2016年3月1日起至2016年4月11日止。

某传热科技公司认可罗某在公司担任总经理职务，某传热科技公司自2015年12月至2016年1月，每月实际支付给罗某的工资均为28455元，根据该数额计算出的税前工资应为35000元左右，与罗某提交的《劳动合同》及《项目运营管理合作协议》上约定的35000元相互印证，应认定某传热科技公司认可担任总经理职务的罗某的报酬为35000元，而不是某传热科技公司提交的《劳动合同》中的2500元。因此，法院按照每月35000元计算应支付罗某的劳务报酬，即2016年3月份的劳务报酬为35000元，2016年4月1日至2016年4月12日的劳务报酬19310.34元（35000元÷21.75天×12天=19310.34元），共计54310.34元。

综上，法院判决某传热科技公司支付罗某2016年3月1日至2016年4月12日的报酬为54310.34元。

案例出处：山东省高级人民法院民事判决书（2017）鲁民终50号。

第 37 条

签收承诺：合同管理效率高

示范条款

请乙方抄写以下斜体加粗部分的文字内容：

【乙方已阅读本合同全部内容，充分了解与知晓本合同所约定的权利义务，存疑之处已向甲方咨询，乙方认可本合同文本内容，签署本合同系乙方的真实意思表示，并愿意遵守本合同之全部约定。】

乙方 ＿＿＿＿ 本合同 ＿＿＿＿＿，充分 ＿＿＿＿＿ 与 ＿＿＿＿ 本合同所约定的 ＿＿＿＿＿，存疑之处已向甲方咨询，乙方认可本合同文本内容，签署本合同系乙方的 ＿＿＿＿＿，并 ＿＿＿＿＿ 本合同之 ＿＿＿＿＿。

本合同（含附件）一式两份，双方签字后，均具有同等法律效力；以下无内容。

送达记录：本人确认收到甲方送达的本合同已经完成签订手续一式两份文本中的壹份。

乙方（签字）：

甲方（盖章）：

签约时间：　　　　　　　　　　年　　月　　日

✅ 使用指南

使用本条款应注意以下三个方面：

第一，不少劳动者在签订劳动合同时极为随意，当公司按照劳动合同约定执行的时候，劳动者又往往以公司没有让我认真阅读劳动合同为由，与公司产生各种纠纷。为了避免此类情况的发生，借鉴投资理财中的签约模式，对劳动合同中的关键内容向劳动者进行充分提示，让劳动者手抄一遍关键内容，将大大降低此类事件发生的概率，提升劳动合同管理的效率与有效性。

第二，签字时间在劳动合同管理中非常重要。尤其是涉及超过 1 个月未签订劳动合同双倍工资的问题，都是以劳动合同签订时间作为参考依据，因此，劳动合同中的签字时间越少越好，即除了甲乙双方签字盖章环节以外，我建议劳动合同的其他地方都不要涉及签字时间，避免出现多个时间，容易被司法裁判机构以最后时间作为劳动合同签订时间，从而提升了用人单位用工风险。如果用人单位已超过 1 个月与劳动者新签或续签劳动合同，签约时间也应提前至入职 1 个月内或原劳动合同到期 1 个月内，以避免双倍工资的赔偿责任。司法实践也支持用人单位这种合同倒签的做法。《深圳市中级人民法院关于审理劳动争议案件的裁判指引》（2015）第六十六条："用人单位未按照法定期限与劳动者签订书面劳动合同，即使后来双方签订了劳动合同，劳动者要求用人单位支付二倍工资至签订之日的，应予支持。但双方将劳动合同的签字日期倒签在法定期限之内或者双方约定的劳动合同期间包含了已经履行的事实劳动关系期间的，应视为双方自始签订了劳动合同，劳动者要求用人单位支付二倍工资的，不予支持。"

第三，关于劳动合同签收问题，按照《中华人民共和国劳动合同法》第八十一条："用人单位提供的劳动合同文本未载明本法规定的劳动合同必备条款或者用人单位未将劳动合同文本交付劳动者的，由劳动行政部门责令改正；给劳动者造成损害的，应当承担赔偿责任。"用人单位应当就与劳动者签订劳动合同建立起台账与签收制度，但是考虑到用人单位用工地点分散，管理上也不一定精细化，常常无法找到劳动合同台账或签收记录的情况，在劳动争议中处于不利状态。为此，我建议用人单位可以采用本模板，直接在劳动合同签字盖章环节让劳动者签收。对于用人单位而言，即使劳动合同台账或签收记录没有，用人单位保留的一份劳动合同总还是有的吧。此外，双方在签字盖章上也要注意劳动合同的装订问题，原则上双方应在每一面右下角盖章签字或作骑缝盖章签字，以避免出现不必要的劳动争议。当然如果你的劳动合同是像书一样的印刷装订好的，则只需要在最后签字盖章即可。

⚖ 以案说法

◎ 劳动合同签收单范本怎么签订有法律效力？

刘某于 2013 年 4 月 15 日入职某涂料公司任品保部检验员，双方有签订劳动合同。

2015 年 8 月 19 日，刘某申请劳动仲裁，请求裁决某涂料公司支付其 2014 年 4 月 15 日至 2015 年 8 月 17 日未签订劳动合同的二倍工资差额 39217 元。2015 年 11 月 3 日，仲裁委员会作出裁决，要求某涂料公司支付刘某 2014 年 8 月 19 日至 2015 年 4 月 13 日期间未签订劳动合同的二倍工资差额 19870 元。

刘某不服并上诉至法院，请求判令：某涂料公司支付刘某 2014 年 5 月 14 日至 2015 年 4 月 14 日未签订劳动合同的二倍工资差额合计 29444.66 元。某涂料公司亦不服上诉至法院，请求判某涂料公司无须支付刘某 2014 年 8 月 19 日至 2015 年 4 月 13 日期间未签订劳动合同的二倍工资 19870 元。

刘某主张双方签订的劳动合同期限为 2013 年 4 月 15 日至 2014 年 4 月 14 日，上述劳动合同期满后双方未续签劳动合同，要求某涂料公司支付其 2014 年 5 月 14 日至 2015 年 4 月 14 日未签订劳动合同的二倍工资差额。某涂料公司确认双方签订的劳动合同期限原为 2013 年 4 月 15 日至 2014 年 4 月 14 日，但经双方协商后将劳动合同期限变更为 2013 年 4 月 15 日至 2016 年 4 月 14 日，且刘某已同意并签字确认。刘某不确认双方曾协商变更劳动合同的期限。

法院审判期间，某涂料公司、刘某各提交一份劳动合同，双方均有签字盖章，劳动合同期限均为手写，"2016"处均有相似的修改。修改后劳动合同期限均为 2013 年 4 月 15 日至 2016 年 4 月 14 日。刘某确认某涂料公司提交劳动合同签收备案表上的签名与两份劳动合同上的签名是其入职时签的，但认为其提交的劳动合同是 2015 年 3 月份才收到的。劳动合同签收备案表上，有合同期限一栏，同样"2016"处有改动。

📖 案例解析

本案争议焦点是某涂料公司是否应支付刘某未签订劳动合同相应的二倍工资差额问题。本案中，虽然某涂料公司提交劳动合同有关合同期限"2016"处以及劳动合同签收备案表上的合同期限处均有改动，但是刘某提交的劳动合同的合同期限处也有相似的改动，刘某确认其在劳动合同签收备案表上的签名为其入职时所签，即劳动合同签订时间与劳动合同签收备案表签名时间相一致，可以认定刘某签收其提交的劳动合同的时间为劳动合同的签订时间。又，刘某主张其 2015 年 3 月才收到劳动合同，但没有提供证据证明，法院对此不予采信。在双方提交的劳动合同中有关劳动合同期限的约定均存同样改动、劳动合同签订时间与签收劳动合同的时间一致的情形下，刘某自其签收劳动合同时，就应当知道该份劳动合同约定的劳动期限已存在变更，而刘某没有提供证据证明其收到劳动合同后对此提出过异议，显然，刘某对劳动合同期限的修改并无异议，是认可的，故法院认定双方对劳动合同期限的改动已经达成一致意见，合法有效。因此，某涂料公司主张双方签订书面劳动合同约定的劳动合同期限为2013年4月15日至2016年4月14日，法院予以采信并予以确认。因此，法院判决某涂料公司无须支付刘某未签订劳动合同的二倍工资差额。

案例出处：广东省中山市中级人民法院民事判决书（2016）粤20民终1359号。

◎ 劳动者主张劳动合同属于时间倒签，能要求二倍工资吗？

某投资公司与白某于2014年8月25日签订一份《劳动合同书》，约定合同期限为12个月，自2014年8月25日起至2015年8月24日止；某投资公司安排白某从事综合管理工作，担任会计主管职务，执行标准工作制度，实行月工资制，白某月工资为7500元，工资包括但不限于基本工资、岗位补贴和绩效工资等。

2016年7月1日，白某向某投资公司发出《解除劳动合同通知书》，主要内容为：白某与某投资公司于2014年8月25日订立为期一年的劳动合同，该合同到期后，某投资公司未再与白某续签劳动合同，但双方仍按原劳动合同履行权利义务；由于某投资公司未按照合同约定足额支付劳动报酬，违反了原劳动合同的约定，现通知某投资公司，白某与某投资公司的劳动合同和劳动关系于2016年7月1日解除。

2016年7月5日，某投资公司向白某发出《关于解除劳动合同事宜的回函》，主要内容为：白某与某投资公司签订的《劳动合同书》于2015年8月25日到期后，公司于2015年8月28日主动提出续签合同，因当天白某提出需要对合同条款确认后再签字，所以当时并未及时签字返还，合同续签事宜为此拖延至今，但双方在此后仍按原劳动合同一直履行各自的权利与义务，白某也未向公司提出任何异议。2016年6月中旬，白某提出未收到续签的劳动合同通知后，公司当即要求为白某办理补签手续，但白某予以拒绝；经核实，自白某入职以来，公司每月均按照合同约定及相关制度向白某足额支付了劳动报酬，若还存在异议，请将具体所指进行详细说明，以便公司进一步核实；公司认可白某在公司的表现，希望双方劳动合同能够继续履行，若白某执意要求解除合同，公司也予以理解，并希望双方予以配合，妥善、全面地处理合同解除的全部事项。

一审庭审中，某投资公司提交一份某投资公司与白某于 2015 年 8 月 25 日签订的《劳动合同书》，约定合同期限为 36 个月，自 2015 年 8 月 25 日起至 2018 年 8 月 24 日止，白某从事综合管理工作，担任会计主管职务；白某月工资为 7500 元，工资包括但不限于基本工资、岗位补贴和绩效工资等。白某陈述其当时签了字，但是公司没有盖章，双方的该份劳动合同尚未订立。

再审期间，白某主张当时双方因对合同条款未达成一致未能续签劳动合同，某投资公司在一审提供的劳动合同的签订时间不是 2015 年 8 月 25 日，其最早补签时间应当是 2016 年 7 月 1 日，属于倒签时间，某投资公司应当支付未依法签订劳动合同期间的双倍工资。

📄 案例解析

本案主要争议焦点问题是，某投资公司是否应当支付白某因未签订书面劳动合同二倍工资差额 76361.67 元。

《中华人民共和国劳动合同法》第十条第一款、第二款规定，用人单位与劳动者建立劳动关系，应当自用工之日起一个月内签订书面劳动合同。否则，用人单位应当支付劳动者未签订书面劳动合同二倍工资差额。本案中，白某与某投资公司于 2014 年 8 月 25 日签订的劳动合同于 2015 年 8 月 24 日到期，双方劳动合同到期后，白某仍在某投资公司工作，则双方至迟应于 2015 年 9 月 24 日续签劳动合同。从白某提交的 QQ 聊天记录、《四川某投资置业集团印章使用审批表》可以确认，某投资公司在双方劳动合同到期后的法定期间内向白某提供了书面劳动合同要求白某签字，白某也在劳动合同上签了字，某投资公司随后进行了白某劳动合同印章的审批手续。白某主张双方因对合同条款未达成一致未能续签劳动合同，则双方劳动合同尚未订立。但某投资公司在双方劳动合同到期后已经要求白某续签劳动合同并向白某提供了书面劳动合同，白某已在劳动合同上签名，则某投资公司并无不与白某续签劳动合同的故意与行为。因未签订劳动合同的双倍工资系对用人单位违反劳动法律规定损害劳动者利益的行为的惩罚措施，故白某要求某投资公司支付未签订劳动合同的二倍工资既无事实依据，亦于法无据。

白某申请再审提出，落款时间为 2015 年 8 月 25 日且由其签字的《劳动合同书》系其于 2016 年 6 月补签，据此某投资公司应当支付其未签订书面劳动合同的二倍工资，但白某并未提交充分证据证明其主张，且与一、二审查明的其他案件事实不符，其主张不能成立。

法院据此对某投资公司要求不支付白某未签订劳动合同二倍工资的主张予以支持，对白某要求支付二倍工资的主张不予支持。

案例出处：四川省高级人民法院民事判决书（2019）川民申 309 号。

完美的劳动合同模板（示范版）

工号：   姓名：

劳 动 合 同

用人单位（甲方）：_____

职工（乙方）：_____

甲方（用人单位）：   乙方（职工）：

名称：_____   姓名：_____

地址：_____   性别：_____

法定代表人（主要负责人）：____   身份证号码：_____

联系人：_____   户籍地址：_____

联系电话：_____   现住址：_____

联系手机：_____

电子邮箱：_____

　　甲乙双方根据《中华人民共和国劳动合同法》和国家、省市的有关规定，遵循合法、公平、平等自愿、协商一致、诚实信用原则，订立本合同。

一、合同期限

（一）合同类型

　　本合同按以下第 ____ 种方式确定本合同期限：

　　1.甲乙双方协商一致或乙方提出订立固定期限：从 ____ 年 ____ 月 ____ 日起至 ____ 年 ____ 月 ____ 日止。若乙方符合签订无固定期限劳动合同条件的，乙方按照本方式签订劳动合同的，视为乙方书面向甲方申请签订有固定期限劳动合同。

　　2.甲乙双方协商一致或依法律规定订立无固定期限：从 ____ 年 ____ 月 ____ 日起至法定的终止条件出现时止。

3. 以完成一定的工作为期限：从 ＿＿＿＿ 年 ＿＿＿＿ 月 ＿＿＿＿ 日起至 ＿＿＿＿＿＿＿＿＿＿＿＿＿＿＿ 工作任务完成时止，并以甲方正式通知乙方工作任务终止为标志。乙方理解并同意，甲方有权根据工作任务完成及收尾工作的需要安排合同终止的具体时间。

若本合同起始时间与乙方实际到岗时间不一致的，本合同期限从乙方实际到岗时间起算。

（二）试用期限

1. 试用期从 ＿＿＿＿ 年 ＿＿＿＿ 月 ＿＿＿＿ 日起至 ＿＿＿＿ 年 ＿＿＿＿ 月 ＿＿＿＿ 日止，其中续签劳动合同、完成一定工作任务的劳动合同、合同期限少于 3 个月的不得约定试用期。

2. 若乙方实际到岗时间与约定到岗时间不一致的，则本合同试用期的开始时间从乙方实际到岗时间起算，试用期的终止时间按照原有约定标准相应顺延。

3. 乙方二次入职公司的，不设试用期，从 ＿＿＿＿ 年 ＿＿＿＿ 月 ＿＿＿＿ 日起至 ＿＿＿＿ 年 ＿＿＿＿ 月 ＿＿＿＿ 日止，薪酬待遇标准为 ＿＿＿＿＿＿＿＿＿＿＿，经甲方考核评估后，甲方有权从 ＿＿＿＿ 年 ＿＿＿＿ 月 ＿＿＿＿ 日开始，将乙方的薪酬待遇标准调整为 ＿＿＿＿＿＿＿＿＿＿，否则双方确认仍按照调整之前的标准执行。

（三）岗聘分离

1. 乙方所在岗位，实行劳动合同期限与岗位聘用期限分离，岗位聘用实行 ＿＿＿＿ 年一聘。首次聘期为：＿＿＿＿ 年 ＿＿＿＿ 月 ＿＿＿＿ 日至 ＿＿＿＿

年 _____ 月 _____ 日。聘任期结束后，根据甲方组织架构和干部综合评价结果进行重新聘任。任期结束时，乙方未能竞聘上原岗位的，乙方有权向甲方提供的其他岗位申请竞聘。

2. 乙方未能竞聘上原岗位，亦未能竞聘上甲方提供的其他岗位的，则乙方暂时按待岗处理。待岗期间，甲方应尽可能为乙方提供其他可供竞聘的岗位，乙方有权竞聘相应岗位。

3. 如乙方竞聘其他岗位并被任命，则乙方的薪酬标准自动调整为新岗位对应的薪酬标准，劳动合同自动变更，双方无须另外签订劳动合同或变更劳动合同。乙方待岗期间按照正常工作时间工资标准核发，直至乙方重新上岗后按新岗位的相应薪酬标准发放。

4. 岗位聘用的具体操作，依据甲方内部的规章制度执行。

二、工作内容和工作地点

（一）工作内容

乙方的工作内容为：_____，甲方因工作需要，依据乙方的专业、特长、工作能力和表现，需要合理调整乙方工作内容及报酬的，乙方理解并愿意服从甲方的安排。

（二）工作地点

1. 乙方工作地点：_____，除临时性工作或者短期学习培训外，如甲方需要乙方到本合同约定以外的地点或单位工作和学习培训，甲方可依据业务发展需要调整乙方工作地点，乙方如有异议，应于调整之日起 5 个工作日内，向甲方书面提出异议，乙方未在规定时间提出异议的，视为乙方同意调整。

2. 甲方有权将乙方派往上述工作地点中的不同分支机构，乙方表示完全接受与服从甲方的安排。若乙方无故不到岗就职的，视为旷工；乙方一年内连续旷工 _____ 天及以上的，或者不服从工作安排，或者调动超过规定时间 3 天及以上的，视为严重违反甲方的规章制度，甲方可以解除与乙方的劳动合同，并不承担任何经济补偿。

（三）录用条件

乙方符合下列情形之一的，属于不符合甲方的录用条件，甲方有权终止乙方的试用：

录用条件 1：入职

因乙方未能在 30 天内提供甲方入职要求的相关资料，或因乙方原因使得甲方无法办理录用或社会保险缴纳手续的。

乙方未与原用人单位解除或终止劳动关系的，或与原用人单位存在竞业限制的。

录用条件 2：培训

在试用期内，甲方将在乙方入职后安排新员工培训，乙方未履行请假手续缺席新员工培训的。

录用条件 3：请假

在试用期内，乙方请事假超过 5 天的，或迟到超过 5 次，或出现旷工行为的。

录用条件 4：考核

在试用期内，甲方会根据乙方入职岗位需要安排各种考核，包括但不仅限于新员工培训考核、转正答辩、笔试、撰写方案、拟定文件、工作满意度评估等方式，若试用期某项考核不合格或考核作弊或考核分数低于 60 分的。

销售人员入职 3 个月内须达到以下业绩要求：签约 / 回款至少 ＿＿＿ 万元。未达前述业绩标准的，属于乙方不符合录用条件的情形，甲方可以单方解除合同。

录用条件 5：健康

患有精神病或国家法规禁止工作的传染病，身体健康状态无法保证正常工作的。

（四）岗位调整

1. 乙方同意在 ＿＿＿＿ 岗位（工种）工作，按时、按质、按量完成该岗位（工种）所承担的各项内容，同时应完成甲方或上级交代的其他任务。乙方同意接受甲方按照制度进行绩效考核，认可考核结果将作为调整乙方岗位、薪酬及判定乙方是否胜任工作的依据。

2. 乙方同意，有下列情况之一时，甲方可将乙方的工作岗位进行调整：

（1）连续 ＿＿＿ 个月无法完成月工作任务或绩效指标的；

（2）因公司项目撤销或完成、机构调整、部门撤销、岗位合并、设备更新等发生变化，导致不能安排原岗位工作的；

（3）乙方不论何种原因连续 ＿＿＿ 天以上未到岗上班，甲方已安排其他员工替换乙方原岗位，乙方重新到岗上班的；

（4）乙方的父母、配偶、子女、兄弟 / 姐妹在甲方工作，甲方认为不利于工作岗位条件需要调岗的；

（5）订立劳动合同时所依据的法律、行政法规、行政规章发生变化，导致岗位必须进行调整的；

（6）根据乙方的工作表现、身体状况以及甲方生产经营的需要等情况，需要调岗的；

（7）乙方绩效考核结果为不合格或不胜任工作的；

（8）单位规章制度所规定的应调整乙方岗位的情况。

3. 乙方同意，薪酬标准参照调整后的岗位薪酬标准进行相应调整。

三、工作时间和休息休假

（一）工作时间

乙方所在岗位按照以下第 _____ 种方式确定工作时间。

1. 标准工作制

（1）甲方确定按照方式 _____ 确定工作时间。

方式 1：标准工作制，每周工作 5 天，轮休 2 天，每天工作 8 小时，每周正常工作不超过 40 小时。工作时间如下：

时间段 1： _____ 时 _____ 分至 _____ 时 _____ 分

时间段 2： _____ 时 _____ 分至 _____ 时 _____ 分

时间段 3： _____ 时 _____ 分至 _____ 时 _____ 分

……

其余时间为用餐、休息等非工作时间。公司有权根据工作需要适当调整工作时间。

方式 2：标准工作制，每周工作 6 天，轮休 1 天，每周正常工作不超过 40 小时。工作时间如下：

时间段 1：_____ 时 _____ 分至 _____ 时 _____ 分

时间段 2：_____ 时 _____ 分至 _____ 时 _____ 分

时间段 3：_____ 时 _____ 分至 _____ 时 _____ 分

……

其余时间为用餐、休息等非工作时间。公司有权根据工作需要适当调整工作时间。

（2）乙方岗位值班时间为：

早班：_____

晚班：_____

每周班：_____

乙方确认上述值班期间可以适当休息，不享受加班费。

2. 综合工作制

乙方工作岗位经劳动行政部门批准实行综合计算工时工作制之日起，乙方同意其工作岗位实行以 _____（周 / 月 / 季 / 年）为周期的综合计算工时工作制，特别需要说明的是，若乙方在一个综合计算工时周期内辞职的或因《中华人民共和国劳动合同法》第三十九条被甲方解除劳动关系的，视为甲方已在该周期时间范围内安排完乙方的休息休假。

3. 不定时工作制

乙方工作岗位经劳动行政部门批准实行不定时工作制之日起，乙方同意其工作岗位实行不定时工作制，每周至少休息一天。

（二）休息休假

1. 乙方承诺入职前无待休假期，包括但不限于婚假、产假、哺乳假、工伤假、丧假等。乙方入职后依照甲方规定休假。

2. 甲方执行法定的及企业依法自行补充的有关工作、休息、休假制度，按规定给予乙方享受节日假、年休假、婚假、丧假、产假、看护假等带薪假期，并按本合同约定的正常工作时间及有关政策法规规定的计算方法支付工资。

3. 甲方鼓励乙方根据工作以及自身安排，积极休假；乙方知晓并确认享有的带薪年假、调休假等各类假期，应在甲方规定的期限内并于在职期间休完，因乙方原因导致乙方在离职时，尚有部分假期未休完的，乙方确认放弃相关休假权利，并不得就前述假期向甲方申请补偿。

（三）加班管理

1. 甲方因生产（工作）需要，除《中华人民共和国劳动法》第四十二条规定的情形外，一般每日加班不得超过一小时，因特殊原因最长每日不得超过三小时，每月不得超过三十六小时，在此范围内，乙方不得拒绝。

2. 因工作量过大，确需加班的，乙方应按照公司规定履行加班申请流程，填写加班申请单，经甲方书面同意的，方可视为加班，按照甲方规定享受加班待遇。加班时间以实际发生的时间，应在加班结束后的3天内，经甲方书面确认后的为准，不以考勤打卡的时间为准。未经甲方同意或因乙方个人原因（如时间安排或效率等问题）引起的超时工作不视为加班。

3. 甲方安排乙方延长工作时间或者在休息日、法定休假日工作的，应依法安排乙方补休或支付相应工资报酬。其中：（1）加班采用补休方式处理的，无特殊情况须在当月调休完，跨月调休须经甲方书面批准，逾期未休的，视为乙方自动放弃补休权利；（2）加班采用加班费方式处理的，双方确认计算加班工资的基数按照本合同约定的正常工作时间工资标准计算。甲方在正常工作时间工作标准之外另外发放的津贴、补贴、奖金等项目不计算在加班工资的计算基数之内。

（四）病假管理

1. 乙方因病或非因公负伤须就诊、住院或休养所引起的缺勤，必须本人亲自填写《假期申请表》并向部门主管递交相关证明材料，报人力资源部批准备案，方可视为病假。未能及时以书面形式递交申请表和相关证明材料的，应以口头先行通知部门，并于返回部门工作时补缴申请表和相关证明材料。

2. 乙方于工作当日须告病假时，应在不迟于早晨9：30通知部门主管，并于返回部门工作时补缴申请表和相关证明材料。如乙方未有任何通知或情况说明，将视为旷工处理；无故旷工累计3天以上（含3天），将视为员工严重违反甲方的规章制度，甲方有权解除其劳动合同。

3. 任何病假均应及时向甲方递交相关证明材料，包括①医院开具的病假证明原件，②病历卡复印件，③诊疗费或医药费收据复印件，以上证明材料缺一不可。如员工无法提供齐全的三份证明材料，一律视为事假处理；同时，甲方有权要求乙方提供其他病假证明材料，以证明其病假的真实性和有效性；若甲方发现乙方的证明材料作假，视为严重违反甲方规章制度，甲方有权解除其劳动关系。

4. 甲乙双方确认：乙方病假期间的待遇按照工作地的最低工资标准的80%执行，即乙方病假小时工资＝[（最低工资标准×80%）÷（21.75×8）]×病假小时，其中请假不满1个小时，按照1个小时计算。

四、劳动报酬

（一）工资报酬

1. 甲方实行先工作后付报酬的薪酬原则，乙方正常工作时间的工资标准，按下列第 ____ 种形式执行，在法定工作时间内，乙方完成规定的工作任务，不得低于当地最低工资标准。本合同中所指的工资若非特别说明，均为税前应发工资，甲方将按月从中代扣代缴社会保险和住房公积金等个人缴纳部分，以及乙方依法应缴纳的个人所得税。涉及销售提成，一律由业务回款后，按照公司规定予以核发。

（1）计时工资：

乙方试用期工资总额为¥____ 元／月，其中正常工作时间工资：¥____ 元／月，固定加班工资：¥____ 元／月，岗位津贴：¥____ 元／月，月度绩效工资标准：¥____ 元；

乙方转正后工资为¥_____ 元／月，其中正常工作时间工资：¥____ 元／月，固定加班工资：¥_____ 元／月，职级工资：¥____ 元／月，岗位津贴：¥____ 元／月，月度绩效工资标准：¥____ 元；

（2）计件工资：具体详见甲方计件工资制度。

（3）其他形式：_____。

2. 甲乙双方对工资管理和工资结构确认无误，双方均认可以下内容：

（1）乙方认可甲方员工薪酬管理政策，同意甲方按照前述政策对乙方的工资结构进行拆分。

（2）乙方认可甲方发放不属于本合同约定之奖金、福利等报酬时，甲方有权要求乙方签订专项奖金协议，并同意按照奖金协议之约定执行。甲方对任何激励性奖金的支付年份以及支付的金额有完全自主决定权，乙方不应因为公司支付了一笔激励性奖金，而对之后雇佣年度中任何激励性奖金的支付或金额产生预期。除甲方书面承诺外，甲方所属任何员工或管理人员无权做出任何关于激励性奖金的口头承诺。

（3）加班工资无论是固定加班还是临时加班，均以本合同约定的正常工作时间工资作为加班工资计算标准。

（4）绩效工资经甲方考核后予以发放，具体按照甲方员工绩效考核管理政策执行。

（5）涉及销售提成，一律在业务回款后，按照公司规定予以核发，具体按照甲方销售人员考核激励管理政策执行。

（二）报酬支付

1. 基于公司经营的特殊情况，乙方同意甲方每月 ____ 日以法定货币向乙方支付工资。如遇节假日或休息日，乙方同意甲方提前或顺延至最近的一个工作日支付。甲方将通过纸质或邮件或 OA 系统等方式将工资发放信息告知乙方。乙方应在发放工资后的 3 日内向甲方人力资源部门书面提出工资核算异议，乙方未在规定时间提出异议的，视为乙方当月工资发放准确无误，甲乙双方不存在任何劳动报酬争议。

2. 乙方同意，如遇客观情形变化、生产经营困难等，甲方可告知乙方适当推迟工资发放时间，但延迟发放不得超过 1 个月。

3. 若乙方未提供或者未能正确提供银行卡号（用于甲方向乙方支付工资），造成的后果由乙方承担。若乙方银行卡号发生变更的，乙方应在 3 天内书面告知甲方，否则造成的后果概由乙方承担。

4. 乙方同意甲方从乙方的工资或其他应付费用中扣减或扣除下列费用或款项：（1）乙方从甲方取得的个人收入之个人所得税；（2）甲方根据国家规定为乙方缴纳社会保险、福利之个人应付部分；（3）所有要求甲方代扣的法院判决和仲裁裁决乙方应付的赔偿或罚款；（4）所有根据本合同条款和甲方规章制度中规定要求由乙方支付给甲方的罚款或赔偿。

五、社保公积金

1. 甲乙双方确认按照方式 _____ 处理社保公积金：

方式1：依法购买社保公积金

（1）甲、乙双方按照国家和省、市有关规定，参加社会保险和公积金，缴纳社会保险费和公积金费用，乙方依法享受相应的社会保险待遇和公积金待遇。乙方个人缴纳部分由乙方自行承担，并由甲方在工资发放时代扣代缴。

（2）乙方患病或非因工负伤，甲方应按国家和地方的规定给予乙方医疗期和享受医疗待遇，并在规定的医疗期内支付病假工资或疾病救济费。

（3）乙方患职业病、因工负伤或者因工死亡的，甲方应按国家和省市的工伤保险法律法规的规定办理。

方式2：双方约定不购买

因乙方要求甲方无须为其缴纳社会保险及住房公积金，甲方按月支付社会保险与住房公积金费用补偿 _____ 元（该金额等于公司在缴纳社会保险和住房公积金中的单位缴纳部分，并已在每月员工工资中核发），由此带来的法律责任由乙方自行承担，如发生补缴事宜，则乙方应将甲方支付前述补偿费用返还甲方。如已经开始缴纳社会保险、住房公积金，则甲方可以停发相应补偿。

2. 乙方应当于办理入职手续时提交参加社会保险所必需的真实、合法、完整的资料，如因乙方拒绝、延迟提交资料或提交资料不真实、不完整所导致的一切后果和责任（包括但不限于不能补缴社会保险及乙方无法享受社会保险利益等一切后果和／或责任、补缴费用和／或滞纳金等）应由乙方承担。

3. 乙方因个人原因主动申请要求甲方不予购买社保公积金，乙方确认：甲方向乙方每月核发的工资中已包含甲方应承担社保公积金的用人单位部分，并承诺放弃与此有关的一切投诉、仲裁或诉讼的权利。

4. 若甲方为乙方出资购买了商业保险（包括但不限于意外伤害保险、医疗保险等），则一旦发生应由甲方承担责任的事宜，保险赔付金额应计算在甲方的应赔偿金额之中。若乙方因为自身行为违反了商业保险合同约定而导致无法获得保险赔偿，相应的责任由乙方承担，乙方同意视为甲方履行了相应的雇主责任，不再向甲方要求任何赔偿事宜。

六、保密义务及竞业限制

（一）保密义务

1. 乙方必须遵守甲方规定的任何成文或不成文保密规章制度，履行与其职务相应的保密职责。除履行职务的需要外，乙方承诺，未经甲方同意，不得以泄漏、告知、公布、发表、出版、传授、转让或者其他任何形式使任何第三方（包括按照保密制度的规定不得知悉该项秘密的甲方其他职员）知悉属于甲方或者属于他人但甲方承诺有保密义务的商业秘密信息，亦不得在履行职务之外使用这些秘密信息。

2. 本合同所提及的商业秘密，包括但不限于：技术方案、美术设计、软件设计、数据库、研究开发记录、技术报告、图稿、样品、操作手册、技术文件及业务相关的函电、行业秘密，各种业务流程，各种公式、数据、程序，客户名单，各项设计、图画、源代码、目标代码，各项核心技术、技术改良，各项发明，各种许可证，所有市场计划和战略、定价策略、业务计划、财务报表、现有客户和潜在客户／供应商／合作伙伴的信息、人事管理信息、薪酬福利信息等。

3. 乙方若违反本合同约定的保密义务，属于严重违反企业规章制度，甲方有权单方解除合同，并不予支付任何经济补偿，同时乙方承担因此而造成的甲方经济损失。

4. 出于对商业秘密保护的需要，劳动合同终止前 3 个月内或乙方提出解除劳动合同的，甲方可以变更乙方的工作岗位，乙方完全理解并同意甲方所有安排。

5. 上述保密义务不仅应在乙方在职期间，而且在乙方离职（无论任何原因）后仍应履行。

（二）竞业限制

1. 甲方对担任总监级（包括但不限于分公司总经理、总监、副总监、总监助理、部门负责人等）及以上工作职务与其他工作内容负有保密义务的人员实施为期 1 年的竞业限制，考虑到乙方在甲方工作期间，工作内容以及工作职务可能出现变化，甲方以乙方离职前最近 1 年的实际工作内容和工作职务作为认定乙方是否属于竞业限制范畴，乙方完全同意接受甲方认定结果并严格遵守公司关于竞业限制的规定。即经甲方认定属于竞业限制范畴的乙方，无论何种原因，乙方从甲方离职后 1 年内，不得到与甲方生产或者经营同类产品、从事同类业务的有竞争关系的其他用人单位，或者自己开业生产或者经营同类产品、从事同类业务。

2. 前述与甲方有竞争关系的主体包括但不限于_____ 各类组

织等。甲方在解除或者终止劳动合同后，在竞业限制期限内按月向乙方工资银行卡支付正常工作时间工资的 30% 作为竞业限制补偿费，若甲方未按月履行支付经济补偿义务，从拒绝支付乙方的竞业限制补偿费之日起，本竞业限制条款失效。

3.乙方违反竞业限制约定的，除退还甲方支付的全部竞业限制补偿金、赔偿甲方实际损失外，还应向甲方支付违约金 ____ 万元或按照乙方离职前 1 年的全部收入 5 倍较高者，向甲方支付违约金，同时仍应继续履行竞业限制义务。乙方因违约行为所获得的收益应当归甲方。

4.乙方须每月 5 日前通过本合同约定乙方的公司外部电子邮箱发送乙方工作状况报告，内容包括但不限于乙方从事的工作内容、工作职位以及所在的工作单位等内容，甲方收到乙方工作状态报告以后，将于每月 8 日前将本月竞业限制补偿费发放至乙方工资账户。若乙方未履行报告义务的，视为乙方违反竞业限制义务，将承担相应的违约责任，甲方有权不予支付补偿费，并不视为甲方违反竞业限制义务；乙方亦不能以此为由免除竞业限制的义务。

七、劳动合同的中止、变更与续签

（一）中止

甲乙双方一致同意：当乙方暂时无法履行合同的义务，但仍有继续履行条件和可能时，双方的劳动合同中止履行，待阻碍因素消除后再继续履行。前述阻碍因素包括但不限于以下情形：

1.包括但不限于乙方涉嫌违法犯罪，被公安、国家安全或者司法机关限制人身自由的；

2. 应征入伍或者履行国家规定的其他法定义务等原因而不能正常履行本合同的；

3. 其他不可抗力的情形。

甲乙双方同意劳动合同处于中止状态，试用期时间暂停计算，待乙方可以正常履行劳动合同后恢复；特别需要说明的是，试用期期间乙方因故缺勤超过 3 天的，则乙方的试用期时长按照缺勤时长予以顺延。

（二）变更

1. 除本合同另有约定外，经甲、乙双方协商一致，可以变更劳动合同的相关内容或者解除固定期限合同、无固定期限合同和以完成一定工作为期限合同。变更劳动合同的，双方应当签订《变更劳动合同协议书》。

2. 变更劳动合同未采用书面形式，但已经实际履行了口头变更的劳动合同超过一个月，且变更后的劳动合同不违反法律、行政法规、国家政策以及公序良俗，视为双方签订了书面的《变更劳动合同协议书》。

（三）续签

1. 本合同到期后，如乙方继续在甲方工作而甲方无异议的，或劳动合同期限届满前甲乙双方均未书面提出续签意向，则视为甲乙双方同意按本合同约定条件续签 2 年期的固定期限劳动合同，以此类推并可多次自动延期。如乙方满足《中华人民共和国劳动合同法》规定的应签署无固定期限劳动合同条件的，则双方续签的为无固定期限劳动合同。

但甲方已向乙方发出终止（解除）劳动合同通知或终止（解除）劳动合同证明书，或者乙方不再上班时除外。

2. 甲乙双方应在劳动合同期限届满前协商劳动合同续签事宜，乙方应于甲方指定时间前书面反馈续签意向，甲方未在指定时间前收到乙方书面同意续签意见的，视为乙方不同意续签劳动合同。

3. 本合同期限届满前 30 日乙方未向甲方提出续订劳动合同的书面要求，视为乙方不同意以原条件续订劳动合同。

4. 当甲乙双方符合签订无固定期限劳动合同的条件时，若乙方要求签订无固定期限的劳动合同，则乙方应在原劳动合同到期前 1 个月内，书面向甲方提出申请，未书面提出申请的，视为乙方放弃签订无固定期限劳动合同的要求。

八、离职管理

1. 乙方解除或终止劳动关系的，应提前 30 日向甲方（应向直接上级提出，并报甲方人力资源部门备案）提出书面申请（试用期内提前 3 天），该申请为乙方单方不可撤销之申请。为不影响甲方的正常工作，乙方理解并同意，具体离职时间可以按照甲方的要求提前或延后。

2. 本合同解除或终止时，乙方应履行下列义务：（1）向甲方指定的人交接工作；（2）完好归还其占有的甲方的办公用品、文件、设备等有形或无形资产；（3）向甲方完整移交载有甲方重要信息的任何载体；（4）协助甲方清理双方之间的债权、债务；（5）完成甲方规定的离职流转程序，办理有关离职手续；（6）其他：处理其他应了而未了的事务。

3. 本合同解除或终止时，甲方应履行下列义务：（1）为乙方办理终止劳动关系手续；（2）自劳动关系终止之日起15日内为乙方办理社会保险和住房公积金账户转移或者封存手续；（3）应乙方要求，及时、如实出具乙方的工作履历或绩效证明。

4.乙方不辞而别，或者下落不明，或者未履行本合同约定之义务，致使甲方无法办理或迟延办理与乙方离职相关的手续的，或给甲方造成经济损失的，乙方在此不可撤销地承认其负有过错，乙方同意依照甲方相关规定承担赔偿责任。

5.乙方离职后，不得以甲方的名义对外行事，否则乙方因无权代理给甲方或第三方造成的一切损失应由乙方承担。乙方同意其离职薪酬结算时间在最近的一次甲方薪酬发放日。

九、经济补偿金的发放

模式1：适用于普通用人单位

甲方按本合同向乙方支付经济补偿金时，将根据下列情形，对支付乙方经济补偿的工作年限做相应的扣减或调整，乙方对以下约定完全同意无异议，具体如下：

1.因乙方在甲方及甲方关联公司之间调动，甲方已将乙方在甲方及甲方关联公司工作年限合并计算，但乙方已获得之前甲方关联公司的经济补偿，乙方同意对已取得经济补偿的工作年限（两次以上时将累计计算）扣减；

2.因乙方多次入职甲方，无论乙方在甲方的工作年限是否合并计算，乙方同意以最近的一次入职后工作年限为经济补偿依据。

模式2：适用于劳务派遣机构

甲方按本合同向乙方支付经济补偿金时，将根据下列情形，对支付乙方经济补偿的工作年限做相应的扣减，乙方对以下扣减方式完全同意无异议，具体如下：

1. 乙方过去因被其所在的用工单位退回时，已获取了经济补偿的工作年限（两次以上时将累计计算）；

2. 乙方向其所在的用工单位辞职，在该用工单位的工作年限（两次以上时将累计计算）。

十、因履行本合同发生纠纷的解决办法

双方因履行本合同发生争议，应当先协商解决；协商不成的，可自争议发生之日起 30 日内向甲方工会或劳动争议调解委员会申请调解，或者 60 日内向劳动争议仲裁委员会申请仲裁。对仲裁裁决无异议的，双方必须履行；对仲裁裁决不服的，可以向人民法院起诉。

若甲乙双方发生劳动争议，双方同意仲裁或诉讼均为不公开审理。

十一、双方需要约定的其他事项

（一）合同效力

若甲乙双方订立多份仍处于生效状态的劳动合同，双方按照以下规

则确定优先使用其中一份劳动合同，作为履行双方权利义务的依据：

1. 签订时间在后的劳动合同优先于签订时间在前的劳动合同。

2. 签订时间相同的劳动合同，有固定期限的劳动合同优先于无固定期限的劳动合同。若乙方已符合签订无固定期限劳动合同的条件，则签订固定期限的合同视为乙方向甲方提出书面申请要求签订有固定期限劳动合同。

3. 签订时间相同的劳动合同，固定期限短的劳动合同优先于期限长的劳动合同。

4. 同时签订中文文本劳动合同和外文文本劳动合同，若出现两者不一致的情况，以中文文本为准。

劳动合同的签订时间以甲乙双方签字落款的时间为依据，若双方时间不一致的，以较晚的时间为签订时间。

（二）背景调查

1. 乙方对所提交的信息或资料确认真实、合法、有效。乙方同意授权甲方入职前后对其进行背景调查，包括其提交的任何信息或资料。若乙方在职期间提供虚假资料或隐瞒真实情况，属于非诚实信用行为，且属于严重违反公司规章制度的行为，甲方有权单方解除劳动合同。

2. 乙方知晓并同意其离职后，甲方有权向专业背景调查机构、政府机构以及可能录用乙方的机构，提供乙方在职期间的客观工作评价。

3. 乙方同意按照公司离职流程办理完成离职手续后，甲方按照国家法律规定向乙方开具离职证明。

（三）公平就业

乙方确认在应聘、面试及入职过程中，甲方已如实告知乙方工作内容、工作条件、工作地点、职业危害、安全生产状况、劳动报酬，并已将工作过程中可能产生的职业病危害及其后果、职业病防护措施和待遇，以及乙方要求了解的其他情况，存疑之处已经向甲方招录人员咨询并获得清晰明确的答案，并未受到就业歧视（包括但不限于性别、地域、民族、身高与乙肝歧视）及其他不公正待遇。

（四）诚实守信

1. 诚实信用是甲方招用乙方的绝对标准之一，甲方绝对不招用非诚实信用者；甲方在完全信赖乙方提供的任何信息或资料是合法真实的情况下，与乙方签订此劳动合同；在签订合同前/时，若乙方做出的健康状况承诺、知识技能承诺、工作经历承诺等不真实、不客观或者虚假，或乙方提供虚假资料或隐瞒真实情况的，误导甲方做出与其签订劳动合同的错误决定，双方签订的劳动合同无效。乙方行为属于严重违反公司规章制度，甲方有权单方解除劳动合同，乙方应当赔偿因此给甲方带来的经济损失。

2. 前述违反诚实信用的行为包括但不限于：

（1）离职证明、身份证明、户籍证明、学历证明、收入证明、体检证明等是虚假或伪造的；

（2）应聘前患有精神病、传染性疾病及其他严重影响工作的疾病而在应聘时未声明的；

（3）应聘前曾受到其他单位记过、留用察看、开除或除名等严重处分，或者有吸毒等劣迹而在应聘时未声明的；

（4）应聘前曾被劳动教养、拘役或者依法追究刑事责任而在应聘时未声明的；

（5）与其他公司存在劳动关系或对前雇主负有任何竞业限制义务而在应聘时未声明的等。

本条所指声明均为书面形式，包括但不限于入职登记表、个人简历、人事档案以及其他书面形式。

3.乙方承诺并保证：与其他任何单位不存在劳动关系，乙方受聘甲方不会违反乙方对前雇主的任何竞业限制义务，甲方不会因雇佣乙方而引发任何诉讼。若因甲方雇佣乙方而引发任何法律责任，全部由乙方承担。

（五）员工培训

甲方积极开展各类员工培训，不断提升员工整体素质与工作技能，由甲方为乙方出资培训（包括但不限于专项岗位培训、专业技术培训、职业技能培训、学历继续教育、出国培训、委托培训等）的，乙方须为甲方增加服务期的工作时间（年）＝培训费用÷5万，服务期起算时间从甲乙双方正在履行的劳动合同终止时间起算。

甲方为乙方支付多次培训费用的，培训费用为多次培训费用的累加。因乙方原因（含乙方违约违法行为）而提前解除劳动合同，乙方应支付违约金，违约金标准为＝［未履行服务期（月）÷应履行服务期（月）］×累计培训费用，前述培训费用包括但不限于培训期间的交通费、住宿费、餐费、脱产培训所支付工资等。

违约金应于离职后的7日内支付完毕，超过1天按照千分之三向甲方支付滞纳金。

（六）员工体检

甲方按国家有关规定每年免费安排乙方进行体检，其中当年入职已进行入职体检的员工不再纳入甲方年度免费体检的范畴。若乙方未在甲方统一安排时间内进行体检的，视为乙方放弃体检的相关权利，甲方不再另行安排免费体检。

甲方按照国家有关职业病防治法律有关规定，对符合离职体检人员实施离职体检，对于甲方通知要求离职体检人员，未按照甲方要求参加离职体检的，视为乙方放弃离职体检相关权利，由此产生的一切责任由乙方承担。

（七）规章制度

1. 甲方有权根据其经营管理的需要，随时合理地修订其规章制度。对于规章制度的修订，甲方可用其认为适当的任何方式（包括但不限于通知、通告、电子邮件、备忘录和《员工手册》等）告知乙方，乙方确认随时查阅。甲方有权根据乙方的表现或行为，依据国家的法律、法规和甲方依法制定的规章制度，给予乙方适当的奖惩和处理。

2. 甲方制定的各项规章制度和《员工手册》，主要通过 OA 系统、电子邮件以及张贴公告等方式在内部公布，为合同附件。入职时乙方确认已全面知晓且严格遵守公司的各项规章制度和《员工手册》相关规定，且清楚甲方可以根据实际情况修改各项规章制度与《员工手册》，修订后的规章制度与《员工手册》仍为本合同附件。若有违反，愿按照公司各项规章制度和《员工手册》上面的要求承担相应的责任。乙方有权随时向甲方咨询与工作有关的情况或规章制度。

3. 乙方认可甲方各项制度与管理的公正与公平，乙方接受甲方的工作评价、业绩考核结果以及甲方对工作内容、工资核算与调整、职务任免等相关决定。

（八）工作纪律

1. 严重违规

乙方若有以下情形之一的，属于严重违反企业规章制度，甲方有权单方解除合同，并不予支付任何经济补偿：

严重违规1：日常行为

（1）连续旷工天数3天及以上或在1个年度内旷工5次及以上的；1个月迟到、早退或擅离职守累计6次及以上或代他人打卡累次2次以上。旷工是指员工未履行请假手续或请假手续未获批准而缺勤的情形。员工迟到、早退或擅离职守超过30分钟的，按旷工处理。当天内旷工累计未满4小时的按旷工半天计算，累计超过4小时（含4小时）的按旷工1天计算。

（2）甲方实行工资保密制度，若乙方有任何泄露自己工资或他人工资，或以非正当渠道获知他人工资等行为，经查实甲方有权按公司规定给予无条件解聘的处罚。乙方关于劳动报酬方面的任何不明之处应及时与人事行政部门联系。

（3）乙方参与任何形式的赌博、吸食毒品、嫖娼、卖淫等活动，或因违法行为被国家机关采取强制措施、拘留的。

（4）上班时间玩与工作无关的游戏、炒股票；或下班时间在公司玩游戏影响同事被投诉的。

（5）乙方在公司内外无理取闹、聚众闹事、打架斗殴、贪污盗窃等，影响生产秩序或工作秩序或社会秩序的。

（6）乙方通过网络、短信、媒体等各种方式散布针对公司的不利言论行为，经公司认定情节严重的。

（7）其他违反社会公德、企业文化核心价值观以及公司管理层确认为严重违反公司规章制度的行为。

严重违规2：懈怠工作

（1）乙方不胜任工作，且在公司做出调整岗位决定之日起3个工作日后，仍不服从公司岗位或者工作内容调整；或者工作中不服从管理，不按照上级的要求行事，经再次要求仍不服从的，或辱骂、殴打管理人员，或对管理人员进行打击报复的。

（2）乙方是驾驶员的，因其自身原因，其营运服务的证、照被吊扣或失效15天（含）以上的或因乙方发生同等以上（含同等）行车（客伤）死亡事故或次责以上（含次责）特大行车（客伤）事故或物损三万元以上的，甲方可以随时解除合同。

（3）乙方因其自身原因违章作业或造成甲方损失5000元以上事故的，除给予经济处罚或处分外，甲方还可以随时解除合同。

（4）与客户发生肢体冲突或剧烈言辞冲突的，无论何种原因。

严重违规3：利益冲突

（1）乙方未经甲方书面同意，同时与其他用人单位建立劳动关系（包括事实劳动关系）或直接、间接、实际控制、参与自营或者为他人经营与甲方有竞争的业务。

（2）与跟甲方有竞争关系或商业往来关系的个人或组织存在业务关联关系，有可能导致利益冲突的。

（3）挪用或侵占公司及客户财物，或者私自接受客户、供应商及利害关系方任何好处及报酬的，无论何种方式及金额。

（4）乙方利用甲方客户、业务渠道、表达谋取私利的交易意向、发生谋取私利的交易行为或结果等。

（5）提供虚假的票据进行报销，或报销用途与实际用途不相符的，无论金额多少。

2. 严重失职

乙方出现下列情形之一的，属于"严重失职，营私舞弊，给用人单位造成重大损害"，因乙方过失或故意给甲方造成损害的，乙方须承担完全的赔偿责任，甲方有权单方解除合同，并不予支付任何经济补偿。

（1）遗失公司各类证照、印鉴、会计账册、财务或者研发资料等；

（2）玩忽职守，不负责任，导致项目失败，或者导致发生事故；

（3）伪造工作业绩、各种材料或者数据（如假生产记录、假签名等）；

（4）未能按时按质完成工作任务，经客户多次投诉或者主管多次警告仍无效；

（5）泄露公司机密信息，使甲方利益受到损害；

（6）其他属于严重失职、营私舞弊的行为。

前述行为符合以下条件之一的，属于给甲方造成重大损害：

（1）甲方损失超过 5000 元人民币；

（2）甲方被新闻媒体刊登批判性报道或被政府有关部门通报批评或处罚的，无论金额大小；

（3）甲方各类纸质或电子资料无法恢复。

3. 赔偿损失

（1）乙方在履行职务的过程中因故意或重大过失给第三人造成了损害，甲方向第三人承担赔偿责任后，有权向乙方追偿。

（2）乙方违反法律法规以及本合同约定解除劳动合同，或者违反甲方规章制度，对甲方造成损失的，乙方应当赔偿甲方下列损失：

① 甲方为乙方支付的培训和招聘录用费用；

② 对甲方生产经营工作造成的直接或间接、有形或无形的各种经济损失；

③ 诉讼费用、律师费用、调查费用、公证费用等；

④ 本合同约定或甲方规章制度载明的其他赔偿费用。

如果上诉损失无法准确计算的，则乙方向甲方支付的赔偿金最低为相当于乙方在履行本合同约定的岗位（工种）实际获得的月平均工资的2倍。

（3）若乙方违反本合同约定解除本合同或者在本合同被依法解除、终止后拒不移交或不完全移交工作的，乙方应当赔偿由此造成的损失。如果上诉损失无法准确计算的，则乙方向甲方支付的赔偿金最低为相当于乙方在履行本合同约定的岗位（工种）实际获得的月平均工资的2倍。

（4）因乙方原因给甲方造成经济损失的，甲方可按照劳动合同的约定要求其赔偿经济损失。甲方有权从乙方的工资、奖金及津贴、补贴等（包括并不限于此）中做相应的扣除，每月扣除上限为乙方月收入20%，且扣除后的月收入不低于当地月最低工资标准。若乙方向甲方提出离职的，甲方有权要求乙方一次性赔偿。

（九）反性骚扰

1.乙方知晓并承诺员工之间、上下级之间应互相尊重，不得开可能引起对方反感的玩笑，注意语言礼貌；不要在封闭的场所单独与异性员工相处，确因工作需要时，两人之间要保持1米以上距离，注意着装整齐，违反者将受到警告、通报批评等处罚，1个自然年度内超过2次及以上的，视为严重违反公司规章制度，甲方有权解除与乙方的劳动关系。

2.乙方知晓上级与女员工谈话不应在封闭的办公室，且女员工有权拒绝。女员工受到不礼貌对待时，可以保留证据，向公司人力资源部门、纪律部门或者更高级管理人员投诉。

（十）知识产权

1. 乙方在甲方单位工作期间，为完成工作任务、职责或者利用甲方的物质技术条件（资金、设备或者资料等）所创作的智力成果（包括但不限于设计图纸、软件编程、视频音频、文章、书籍、商标、专利、发明等）的所有权、知识产权及其申请权皆属于甲方所有，乙方仅享有署名权。由甲方组织、主持、策划，乙方代表甲方意志创作，并由甲方承担责任的作品属于甲方的法人作品，其所有权、知识产权及其申请权皆归甲方所有，乙方仅享有署名权。乙方应按照甲方的要求提供一切必要信息，协助甲方在申请、注册、登记过程中取得和行使有关的知识产权。乙方同意均由甲方以甲方独立名义对前述智力成果的相关权益予以维护、管理、许可或禁止他人使用以及对侵害该智力成果权益（包括署名权在内）的行为提出交涉、诉讼、仲裁等合法手段以追偿，乙方负有积极配合的义务。本条款的效力从劳动合同签订之日起至前述相关知识产权的最长保护期届满之日止。

2. 乙方承诺在履行职务时，不得擅自使用已属于他人的技术秘密或实施可能侵害他人知识产权的行为。若乙方违反本项承诺而导致甲方须承担对第三方的侵权责任，乙方应当承担由此带来的全部法律与经济责任，甲方因此承担侵权责任的，有权向乙方追偿，上诉费用以及赔偿甲方可以从乙方工资报酬中扣除。

3. 乙方同意甲方因工作需要，在文章、专题或广告等中免费使用乙方肖像；若乙方离职后，不同意甲方使用其肖像，应向甲方书面提出，甲方在收到其书面通知 5 个工作日内删除，并不视为侵犯乙方肖像权。

十二、附则

1. 双方在此声明并保证，乙方可以合法地签署本合同并认可本合同的各项条款。乙方签订合同和履行本合同中规定的职责，没有而且将不会违反对乙方有约束力的任何其他合同或协议，也不会违反对其有约束力的任何其他组织机构的规定。

2. 在本合同履行过程中，甲方向乙方发出或者提供的所有通知、文件、文书、资料等，均以本合同所载明的通信地址履行送达义务，一经发出无论乙方是否收到视为已送达。若乙方资料（包括但不限于户籍地址、通信地址、私人邮箱等联系方式）发生变更，乙方应在 3 天内如实书面告知甲方，否则一切后果概由乙方负责。

乙方同意，在其处于联系障碍状态（包括但不限于乙方因病住院、丧失人身自由等情形）时，委托本合同约定的"紧急状态联系人"作为乙方的受委托人，该受委托人享有接受和解与调解，代领、签收相关文书，以及代为变更、解除、终止劳动合同的权限。

3. 本劳动合同如与法律、法规相抵触的，或者因法律、法规的变更而不一致的，以现行有效的法律、法规为准。

本劳动合同生效前，乙方收到甲方发出的入职通知或双方签订的任何《劳动合同》，自本合同签订之日起自动失效，其他之前签订的相关协议文本（包括但不限于《保密协议》《培训协议》《竞业限制协议》）的规定与本合同不一致的，以本合同为准。本合同及其附件（《岗位说明书》《员工保密协议》《培训协议》《员工手册》及甲方制定的各项规章制度等）经双方同意后，构成完整之协议，并取代双方先前之所有讨论、协商及协议。本合同之附件系本合同不可分割之部分，且与本合同具有同等法律效力。

4. 请乙方抄写以下斜体加粗部分的文字内容：

【*乙方已阅读本合同全部内容，充分了解与知晓本合同所约定的权利义务，存疑之处已向甲方咨询，乙方认可本合同文本内容，签署本合同系乙方的真实意思表示，并愿意遵守本合同之全部约定。*】

乙方 ＿＿＿＿＿ 本合同 ＿＿＿＿＿，充分 ＿＿＿＿＿ 与 ＿＿＿＿＿ 本合同所约定的 ＿＿＿＿＿＿＿，存疑之处已向甲方咨询，乙方认可本合同文本内容，签署本合同系乙方的 ＿＿＿＿＿＿＿＿＿＿，并 ＿＿＿＿＿＿＿ 本合同之 ＿＿＿＿＿＿＿。

本合同（含附件）一式两份，双方签字后，均具有同等法律效力；以下无内容。

送达记录：本人确认收到甲方送达的本合同已经完成签订手续一式两份文本中的壹份。

甲方：（盖章）　　　　　　　乙方正楷签名：

　　　　　　　　　　　　　　乙方常用签名：

＿＿＿年＿＿＿月＿＿＿日　　　＿＿＿年＿＿＿月＿＿＿日